우리가 몰랐던

옛적 서울 이야기

일러두기

✦ 도서·기록집은 《 》, 문헌·작품명·일간지는 〈 〉로 묶어 표기했습니다.
✦ 출처가 표기되지 않은 시각자료의 저작권은 저자에게 있습니다.
✦ 실록 자료의 날짜 표기는 음력 기준입니다.

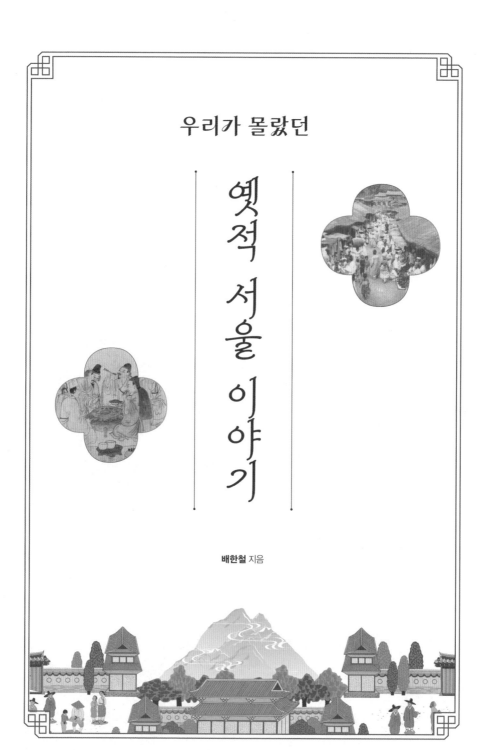

우리가 몰랐던

옛적 서울 이야기

배한철 지음

매일경제신문사

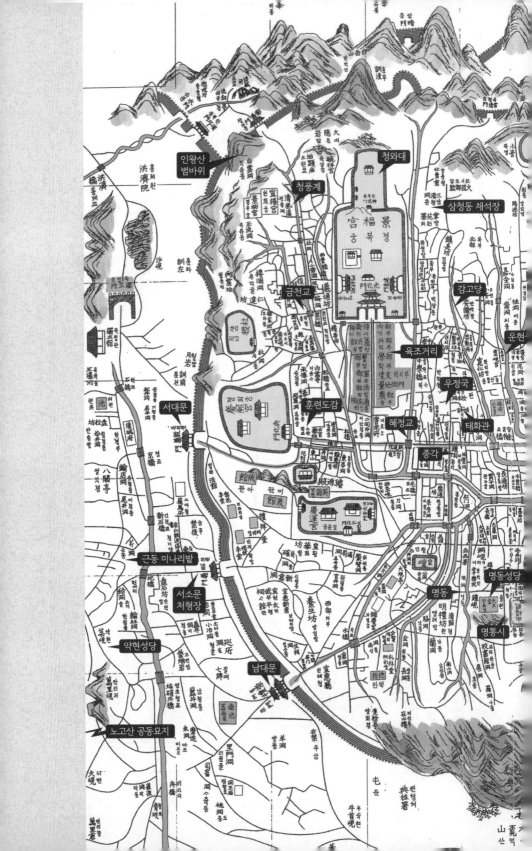

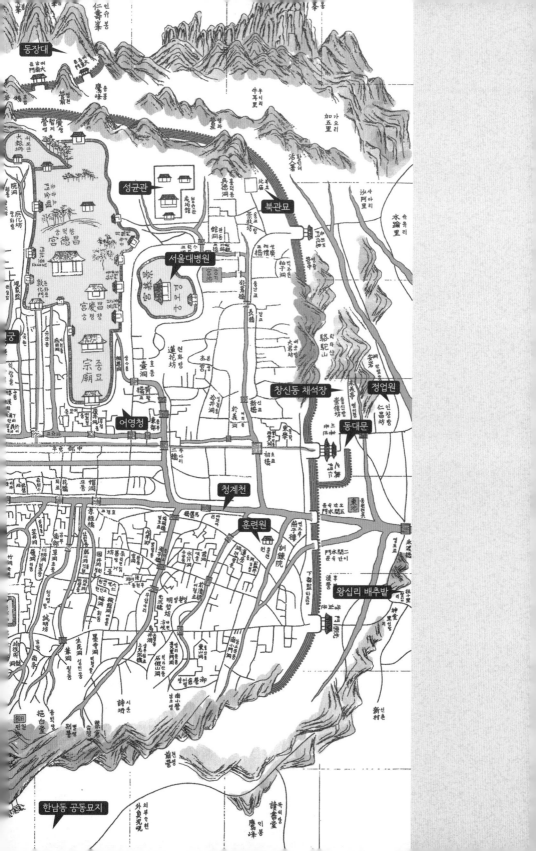

　　19살에 처음 상경해 서울역을 나서며 마주했던 대우빌딩(현 서울스
퀘어)의 충격은 쉽게 잊히지 않는다. 시야의 한계를 초월한 아이맥스 영
화관에 들어갔을 때의 심정이랄까. 고향에서 기껏해야 2~3층 정도의
건물만 봐오던 필자에게 거대한 구조물이 주는 위압감은 "서울은 이런
거야, 촌놈 까불지 마라"라는 무언의 경고처럼 받아들여졌다. 후일 전
해들은 말이지만 사기꾼들이 막 서울에 올라온 지방 사람들에게 '대우
빌딩을 봤으니 돈을 내라'고 협박한 사건도 실제로 있었다고 하니 필자
처럼 느꼈던 이가 적지는 않았던 모양이다. 서울 사람들이 쓰는 말은
또 얼마나 아름답고 다정스러운지. 경북에서 나고 자란 필자는 사투리
가 부끄러워 말을 제대로 하지 못했고 결과적으로 본의 아니게 과묵한
사람이 됐다. 지금도 그 시절을 떠올리면 피식 웃음이 나온다.

　　기자가 되고 나서 언젠가 기회가 되면 꼭 멋진 서울에 관한 글을 써
봐야겠다고 다짐을 했다. 필자는 한국사와 문화유산 분야에 천착해 오
랜 기간 연구를 하고 칼럼을 썼으며, 초상화나 국보, 고문헌 등을 주제
로 한 다수의 도서도 발간했다. 그러는 틈틈이 서울의 이야기를 발굴하
고 자료를 모으는 작업도 꾸준히 지속해 왔다. 근무가 없는 날이면 도
심을 활보하면서 서울의 진면목을 찾아다녔다.

도시는 멈춘 듯이 보여도 꿈틀대는 생명체처럼 끊임없이 변화한다. 도시는 그러면서 웅장한 지금의 모습 속에 켜켜이 쌓인 역사를 간직하고 있다. 필자가 언론에 몸을 담은 후 서울시청을 출입할 때의 일이다. 취재차 서울시 한강사업본부의 도움을 받아, 배를 타고 서강대교 아래의 밤섬에 들어간 적이 있다. 서울에 사람의 발길이 닿지 않은 야생 그대로의 무인도가 존재한다는 사실이 무척이나 흥미로웠지만 1960년 대까지만 해도 밤섬은 여의도의 일부였고 그곳에 주민 여러 명이 거주했다는 설명도 놀라웠다. 그랬던 밤섬은 1968년 여의도에 제방을 쌓기 위해 폭파하면서 자취를 감췄다. 하지만 세월이 흘러 퇴적물이 쌓이면서 자연적으로 예전처럼 다시 섬이 생겨 지금에 이르고 있는 것이다. 새삼 서울에는 사람이 살지 않는 작은 섬 하나에도 무궁무진한 스토리가 깃들어 있음을 느끼게 됐다.

송파구 잠실 일대의 한강은 더욱 변화무쌍한 역사가 있다. 123층의 롯데월드타워가 우뚝 선 잠실이 애초 한강의 북쪽 편 뚝섬(광진구)의 땅이었다는 것을 알고 있는 사람이 얼마나 될까. 잠실은 조선 제 11대 중종대 한강의 홍수로, 뚝섬 가운데에 물길이 만들어지면서 섬으로 분리된다. 원래의 이 일대 한강의 명칭은 송파강이었으며 홍수로 새로 만들어진 물길은 신천으로 불렸다. 송파구 신천동 지명이 여기서 유래했다. 그러다가 1970년대 한강을 대대적으로 정비하면서 잠실섬을 육지화하고 송파강은 막아 인공호수를 조성했다. 이것이 오늘날의 석촌호수다. 현재의 한강은 신천의 폭을 넓혀 조성됐다. 이런 역사를 주변에 들려주면 모두 무척 놀라워한다.

서울 도심도 곳곳이 역사 이야기의 보고다. 종각역 네거리의 SK종
로타워 뒤편은 이문里門동으로 불렸던 구역이다. 부근의 설렁탕집이 이
문 지명을 상호로 삼아 여전히 유명세를 타고 있다. 이문은 도둑이나
잡인들의 출입을 통제하는 방범초소를 말한다. 왕실 가족의 대궐 밖 거
처인 별궁 등 서울의 여러 장소에 이문이 세워졌지만, 종로타워 북편이
대표적인 이문으로 인식된 것은 이문 안쪽에 거주했던 능성 구씨들에
의해서였다. 능성 구씨는 조선 전기부터 왕실과 복잡한 혼맥婚脈을 통
해 권문세가로 발돋움한 집안이다. 그들의 이문동 대저택은 언덕 위에
위치했고 경복궁을 내려다볼 수 있어 그들의 위세를 상징했다. 능성 구
씨들은 그러나 조선말 벼슬에서 멀어지면서 뿔뿔이 흩어지게 되고 저
택도 여러 사람들 소유를 거쳐 요릿집 '태화관'이 들어섰다. 태화관은
3.1운동 때 민족지도자 33인이 독립선언서를 낭독하면서 역사적인 명
소로 떠오르기도 했다.

서울의 고갯길에도 우리 조상들의 삶의 애환이 서려 있다. 서울은
외사산外四山, 내사산內四山에 둘러싸여 있고 여기에서 발원한 물길이 한
데 모였다가 다시 한강으로 흘러나가는 지형이어서 무수한 구릉지와
고개가 존재했으며 현재도 그 흔적이 어렵지 않게 찾아진다. 종묘 오른
편의 종로4가 일원에는 난전인 이현梨峴시장이 존재했다. 이현은 순수
우리말로 배오개(배고개)라고 했다. 고갯길 주변으로 배나무가 많이 심
겨 있다고 해서 이렇게 지칭됐다.

그런데 조선 후기 이곳에서는 상인들의 돈과 물건을 노리는 도둑 떼가 활개를 치는 무법지대였다. 따라서 대낮에도 100명이 모여야 고개를 겨우 넘어갈 수 있는 지경이었다. 이상한 것은 배오개가 사람의 발길이 뜸한 한적한 지역이 아니라 관허시장인 종로시전市廛에 인접한 번화가였다는 점이다. 허가를 받지 않은 상인들이라 국가에서 보호 해주지 않았던 것인지, 아니면 이현시장 상인들이 워낙 부자여서 도적들이 위험을 무릅쓰면서까지 강도질을 감행했는지 알 수 없는 노릇이다.

이 시기, 서울 인구는 30만 명을 넘어서게 된다. 이로 인해 각종 도시문제가 불거지고 살인 등 강력범죄도 빈번하게 발생했다. 이를 통제하기 위해 조선 조정은 엄벌주의 사형제를 시행한다. 사람들이 붐비는 시장 한복판에서 중대 범죄자를 잔인하게 처형했다. 가급적 많은 사람들이 사형 장면을 볼 수 있도록 해 일벌백계의 효과도 얻고자 했다. 한양도성의 가장 번잡한 거리인 종로 시전 일대와 도성 밖 최대 시장 중하나인 서소문 밖 네거리는 끔찍한 방법으로 죄수를 죽이는 한성부의 대표적인 사형장으로 악명을 떨쳤다.

오늘날 부촌으로 각광받는 한남동과 옥수·금호동, 마포, 광희문 밖 신당동이 무덤으로 가득한 공동묘지였다는 것도 매우 낯설다. 산 전체를 빼곡하게 뒤덮은 묘지를 보고 외국인들은 "천연두 흉터 같다"고 묘사하기도 했다. 묘지는 오늘날 대표적인 혐오시설로 인식돼 화장장만 들어서도 인근 주민들이 머리에 띠를 두르고 결사반대를 외친다. 그러나 땅이 절대적으로 부족한 서울은 과거 '무덤의 도시'였으며 서울 사람들은 묘 터 위에서 살 수밖에 없었고 또 죽어서는 그 자리에 묻혔다.

조선시대 하면, 극소수 양반들만 모든 권리를 독점해 떵떵거리며 살고 일반 백성들은 노예와 같은 비참한 삶을 살았을 것으로 지레짐작한다. 물질적으로도 낙후되고 궁핍했다는 것도 흔한 인식이다. 이런 고정관념은 일제강점기 식민주의를 정당화하고 미화하기 위해 조선을 의도적으로 폄훼하는 역사의식을 주입한 것과 무관하지는 않을 것이다.

과연, 우리는 조선의 서울이라는 도시를 얼마나 알고 있는 것일까. 당시의 시대상을 개략적으로라도 파악하려면 먼저 경제사적 배경에 대한 이해가 필요하다.

17세기 후반은 서울의 인구 여건과 경제 상황이 급변하던 시기였다. 양대 전란(임진왜란, 병자호란)의 수습이 마무리되고 사회적으로 안정화 국면에 접어들면서 인구가 증가하고 경제도 성장을 거듭했다. 그러한 가운데 전 세계를 강타한 소빙기小氷期는 조선에도 지대한 영향을 끼쳤고, 특히 서울의 사회경제적 대격변을 초래했다. 현종과 숙종 대에 걸쳐 이상기후가 수년간 반복되면서 대기근이 만성화하고 전염병까지 창궐하면서 사망자가 속출했다. 실록의 서술에 의하면, 숙종 때 닥친 을병대기근으로 나라 인구의 20%가 목숨을 잃었다. 기아에 허덕이던 농민들은 국가가 나눠주는 구휼미를 구하기 위해 정든 고향을 버리고 앞다퉈 서울로 몰려들었다. 기근 상황이 진정된 후에도 대부분의 유민은 고향으로 돌아가지 않고 서울에 정착한다. 이들은 도성 밖의 경강 연안과 산간 지역인 이른바 '연강산저沿江山低'에 터전을 잡게 된다.

수탈과 봉건적 권력의 구속에서 이탈한 인구도 서울로 집중되며 경강 변에 촌락이 속속 생기고 한성부에 7개 방이 신설돼 이들 촌락을 편입한다. 이 과정에서 상인, 수공업자와 임노동자 등 다양한 계층과 직업이 등장한다. 빈민들은 세곡의 하역운송을 통해 생계를 유지하기도 했지만 선운 업자, 여객 업자로 막대한 부를 축적해 경강 지역을 지배한 세력도 등장한다. 한강변은 버려진 땅에서 일약 서울의 상업 중심지로 부상한다.

대동법大同法은 변화의 속도를 더욱 빠르게 했다. 대동법은 공물을 특산품 대신 쌀과 포布로 납부하게 하는 한국 경제사의 혁명적 제도로 꼽힌다. 종전의 공납제貢納制는 지방 특산물로 세금을 납부하는 것이었지만 해당 지역과 무관한 물품을 부과하기도 했고 일가와 이웃에 대납하게 하는 족징族徵, 인징隣徵 등이 성행하면서 백성들의 피해가 심각했다. 이를 개선하기 위해 고안된 대동법이 충청, 경상, 전라의 삼남지역까지 확대되면서 대동창倉이 차례로 한강 변에 들어섰다. 대동미를 종전 지방에서 진상 받던 물품으로 교환하는 과정에서 한양에서 유통되는 상품의 양이 폭발적으로 늘어나게 됐다.

경강과 도성의 중간지점인 서소문 밖의 칠패시장(서울 중구 봉래동), 서소문 네거리, 동부의 이현시장(서울 종로4가) 등의 무허가 난전도 크게 번성했다. 이들 시장은 삼남과 함경도의 물류가 집결돼 도성으로 반입되는 통로에 위치해 미곡과 어물을 중심으로 관허시장인 종로시전을 오히려 압도하며 서울의 시장을 주도했다. 《정조실록》의 "서울의 백성

중 장사로 생활하는 사람이 90%"라는 서술에서 조선 후기 경제 실상이 적나라하게 확인된다.

서울의 변화상을 이해하는데 군인 인구의 변동도 주목해야 한다. 임진왜란과 인조반정을 겪으면서 수도 방위의 필요성이 대두되고 16~17세기 이후 수도방위 군대인 삼군영(훈련도감, 어영청, 금위영)이 차례로 창설된다. 세 군대는 관할구역만 달랐을 뿐 설립목적은 거의 대동소이한 것이었다. 이들 군대의 규모는 훈련도감 5,000명, 어영청 1,000명, 금위영 2,000명 가량이었지만 시기별로 변동이 심해 삼군영 군대는 대략 1만 명 수준이었던 것으로 가늠한다. 군대는 지방의 장정으로 충원됐고 초기에는 교대로 올라와 서울에서 근무하는 번상제番上制로 운영되지만 점차 상비군화 하면서 지방의 군인들이 서울에 살게 된다. 삼군영 소속 군인들은 가족을 동반하고 서울에서 상주해 한양의 군인 인구는 5만 명에 달했던 것으로 추정한다. 삼군영 군인들은 급여를 받았지만, 그 액수가 적어 근무외의 시간에는 장사를 하면서 돈벌이를 했다. 지방에서 올라온 가난한 삼군영 군인들 역시 자연스럽게 상인 계층에 합류하면서 서울의 상업 도시화에 기여했다.

도성 안이 여전히 유교적 명분과 신분 질서가 지배하는 갇힌 사회였다면 다양한 신분의 상인들이 뒤섞여 역동적으로 살았던 연강산저는 근대적 경제원리가 작동하는 열린 공간으로 해석할 수 있다. 학계 일각에서는 이러한 조선 후기 서울의 상업 팽창 현상을 한국 자본주의 맹아萌芽로 평가하기도 한다.

이처럼 벼슬아치가 아닌 일반 백성들이 생계를 위해 서울로 올라와 살기 시작하자 주택 부족과 지가 상승 현상이 심각한 국가적 문제로 떠올랐다. 17~19세기 한성부 가옥 매매 문서를 분석해 보면, 종로를 중심으로 1년 만에 집값이 두 배 이상 폭등하는 사례도 비일비재했다. 왕조시대였기에 망정이지 요즘 같았으면 폭동이 일어났을지도 모를 일이다.

서울의 어느 빌딩이나 대로 옆, 언덕 위에 서서 200~300년 전의 광경을 상상해 보라. 마치 빛바랜 흑백사진을 보듯 그 시절의 장면이 머릿속에 어렴풋이 그려질 것이다. 저명한 역사학자 E. H. 카Edward Hallett Carr는 "역사란 현재와 과거의 끊임없는 대화"라고 했다. 시간의 문을 가로질러 과거의 공간과 소통한다면 역사를 이해하는 새로운 시각을 가질 수 있다.

서울은 이제 아시아의 대표 도시를 넘어서 세계인이 사랑하는 도시가 됐다. 지금부터 매력적인 도시, 서울의 모든 과거를 현장 취재를 하듯 생생하면서도 심층적으로 파헤쳐 보려고 한다.

2부 한양의 사람, 삶의 이야기

7장   삶과 죽음이 공존하는 공간

8장   오백년 사직 지킨 이데올로기

1부

조선의 서울,
한양

1장

낯선 조선, 뜻밖의 서울

소고기 맛에 흠뻑 취하다

조선은 소고기 왕국

"화로에 숯불을 피워놓고 석쇠를 올려놓은 다음, 기름·간장·계란·
파·마늘·후춧가루로 양념한 소고기를 구워 먹는데 이를 '난로회燻爐
會'라고 한다. 숯불구이는 추위를 막는 시절 음식으로 이달(음력 10월)
부터 볼 수 있으며 난로회는 곧 옛날의 난란회燻暖會와 같다."

홍석모(1781~1857)가 《동국세시기》에서 소개한 음력 10월 서울의
풍속 중 하나다. 책이 언급하는 음식은 조선시대 소고기 요리의 최
고봉이라는 '설하멱적雪下覓炙'이다. 음력 10월쯤이면 한양에는 겨울
이 본격적으로 시작됐다. 눈이 내릴 때쯤, 화로 앞에 삼삼오오 둘
러앉아 구워 먹던 고기가 바로 설하멱적이다.

가난하고 궁핍했던 조선시대, 소고기는 큰 솥에 물 한가득 붓고

| **작자미상의 풍속도 병풍(조선 후기)** | 추운 겨울날 나무 밑에서의 소고기 파티를 그렸다.

끓여 멀건 국으로 겨우 맛볼 수 있는 귀한 음식이었을 것 같지만, 뜻밖에도 그 시절 사람들은 소고기를 숯불에다 구워 먹었다. 사실 조선 사람들은 소고기 마니아였고, 조선은 한 해 40만 마리의 소를 도축하는 '소고기 왕국'이었다.

소고기 빠지면 잔치가 아니다?

조선 사람들은 여러 육류 중 소고기를 제일 좋아했다.

> "우리나라의 풍속이 소고기를 가장 좋은 맛으로 생각해서 이를 먹지 못하면 살 수 없는 것 같이 여깁니다. 비록 금령이 있지만 오히려 이를 거들떠보지도 않습니다."

숙종 9년(1683) 1월 28일 송시열(1607~1689)이 숙종에게 소를 늘리는 대책을 제안하며 언급한 내용이다. 박제가(1750~1805)의 《북학의》에서도 "어떤 사람이 돼지 두 마리를 사서 짊어지고 가다가 서로 눌려서 돼지가 죽었다. 하는 수 없이 그 고기를 팔게 되었지만, 하루가 다 지나도 돼지고기는 팔리지 않았다. 이는 사람들이 돼지고기를 좋아하지 않아서가 아니라 소고기를 유난히 좋아하기 때문"이라고 했다. 오늘날 전라도에서는 잔치에 홍어가 빠지면 잔치가 아니라고 하는 것처럼, 조선시대 서울에서는 잔칫상에 반드시 소고기가 올라와야 했다. 이덕무(1741~1793)의 《세시잡영》에서는 잔치 때 잡는 소의 수가 "부자들은 2~3마리, 중간 부자들은 1마리"라고 했다.

임금의 수라에는 소고기가 빠지는 날이 없었지만, 폭군 연산군(1476~1506·재위 1494~1506)의 소고기 사랑은 유별났다.《연산군일기》중 1506년 3월 14일 기사에 따르면, 연산군은 소고기를 좋아해 불시에 고기를 올리라 했다. 미처 준비하지 못했을 때는 길 가는 소를 빼앗아 바치게 하여, 원망하는 자가 길에 가득했다. 실록에서 연산군은 송아지와 지라, 콩팥 등 특수 부위를 즐겼다고 전한다.

소고기는 전투를 앞둔 군사들의 사기를 북돋우기 위해 술과 함께 지급됐다. 진주성 전투를 앞둔 김시민(1554~1593) 장군이 그랬다. 성여신(1546~1632)의 《부사집浮査集》은 "왜적이 성을 포위하여 바야흐로 긴급하지만 구원병은 오지 않았다. 공(김시민)이 밤낮으로 성을 순시하며 소고기와 술을 군사들에게 먹였다"고 했다.

매년 얼마나 많은 소를 잡았나?

"우리나라는 날마다 소 500마리를 도살하고 있다. 국가의 제사나 호궤犒饋†에 쓰기 위해 도살하고 성균관과 한양 5부 안의 24개 푸줏간, 그리고 300여 고을의 관아에서 빠짐없이 소를 파는 고깃간을 열고 있다. … 서울과 지방에서 벌어지는 혼사, 연회, 장례, 활쏘기 할 때

---

† 병사들의 노고를 위로하는 의식.

잡는 것과, 법을 어기고 사사로이 도살하는 것까지 포함하여 그 수를 대충 헤아려보면 500마리라는 통계가 나온다."

《북학의》에서는 이렇게 기록했지만, 《승정원일기》의 통계는 이를 훨씬 능가한다. 영조 51년(1775) 3월 24일 《승정원일기》의 한 기사에는 무분별한 도축의 폐단을 고발하는 인천의 유생 이한운의 상소가 올라와 있다. 여기에 도축 규모가 상세히 언급돼 있다.

"서울에는 24개의 현방이, 지방에는 360개의 고을, 26개의 큰 병영과 여러 작은 병영, 여러 진보鎭堡,[+] 여러 우관郵官[++]이 도축한 것이 이미 500여 마리를 넘는다. 서울과 지방의 불법 도축에 의한 것이 또 500여 마리를 넘으니 이를 합치면 하루에 1,000여 마리가 되고 한 달이면 3만 마리가 넘는다."

그는 이어 "또 사명일[+++]에 서울과 지방에서 도축하는 것이 2~3만 마리이니 1년이면 38~39만 마리가 된다. 해마다 이 수를 도축하니 죽는 소의 숫자는 우역 때보다 더하다"고 했다.

[+] 진영과 보루.   [++] 역참의 외관직.   [+++] 설과 단오, 추석, 동짓날을 합하여 일컫는 말.

소 한 마리가 쌀 4석 가격

조선 사람들이 소고기에 매료된 것은 솟값이 너무 저렴해서였다. 1659년, 조정은 번식된 소가 너무 많아 고민이었다.《현종개수실록》에서 다음해인 효종 10년(1660) 8월 17일 기사에서 대사간 이정영이 왕에게 다음과 같이 아뢴다.

| 밭가는 소 | 소는 농업이 근간인 조선에서 매우 긴요한 가축으로, 도살을 금지했지만 제대로 지켜지지 않았다.
©용산역사박물관

"소가 많이 번식되고 나서는 도리어 민간의 큰 폐단이 되고 있습니다. … 죽음에서 구제되기에도 겨를이 없는 백성들이 소를 사육하여 살찌게 한다는 것은 사정이 더욱 어렵습니다."

우역이 발생해 소가 대량폐사되면 도축금령이 강화되고, 또 몇 년 뒤에는 소의 수가 다시 증가하는 사이클이 반복됐다. 우역이 발생하지 않은 평소의 솟값은 대략 20냥 수준이었다.《승정원일기》영조 51년(1775) 3월 24일 기사에서는 "예전에 솟값은 10냥을 넘지 않았고, 지금은 30냥 정도 한다"고 했다. 이를 쌀값과 비교하면, 개략적인 오늘날의 가치로 환산할 수 있다. 《정조실록》정조 18년(1794) 12월 30일 기사에 따르면, 쌀 한 석(144kg)당 가격은 4~6냥이며, 평균 5냥이다. 소 한 마리 가격이 쌀 4석밖에 안 된다는 계산이다.

요즘 물가로 쌀 한 석 가격이 36만 원 정도라고 가정할 때, 소 한 마리는 144만 원에 불과한 것이다. 물론 지금과 조선시대 쌀값의 절대 비교는 어렵지만 솟값이 저렴했던 것은 분명한 사실이다. 조선 사람들이 소고기를 자주, 그리고 많이 먹을 수 있었던 이유다.

도살은 불법이었지만 느슨하게 적용

소 도축은 원천적으로 불법이었다. 조선 중앙 행정기관인 육조六曹의 법례를 구체적으로 수록한《백헌총요》을 보면, 도살한 사람을 영원히 관노로 삼아 외딴섬에 속하게 하고 국경선 변두리에 위

| 성현(생몰년도 미상) 필 풍속도(19세기) | 남자 5명이 숯불 위에 소고기를 구워 먹고 있다.

치한 곳에 온 가족을 이주시켰다. 도살을 지시한 사람도 장杖 100대 형벌과, 가족과 함께 변방으로 강제로 이주해야 했다. 그러나 이러한 금지법은 국초부터 지켜지지 않았다. 임금부터 그랬다. 《세종실록》 세종 16년(1434) 8월 2일 기사에서 사헌부는 좌승지 권맹손, 좌부승지 정갑손, 우부승지 윤형, 동부승지 황치신이 함께 모여 소고

| 일제강점기 소가죽을 벗기는 백정들 | 도성 밖에도 무허가 현방이 지속적으로 생겼다.   ©국립중앙박물관

기를 먹었다고 탄핵하자 세종은 "소고기는 사람마다 먹지 않느냐.
예전에 대사헌 허지가 '신이 항상 형장刑杖 100에 해당하는 죄를 범
한다'고 하였으니 이는 실로 솔직한 말이다"라며 옹호했다. 도성 내
에서 합법적으로 소를 잡을 수 있게 허가된 곳도 있었다. 바로 성
균관이다.

성균관은 당대 최고의 국립교육기관이자 각종 제사를 담당하는
관청으로서 국가의 아낌없는 지원을 받았다. 소 도살은 성균관에
소속된 노비들, 즉 반인泮人들이 도맡았다. 성균관이 반궁泮宮✝으로

✝ 중국 주나라의 학궁이 반수가에 있어서 생긴 명칭이다.

불려 성균관 노비도 반인이라고 했다. 이들 반인은 성균관에 고기를 공급하는 동시에, 현방懸房을 운영하며 도성 내 일반 백성들에게도 소고기를 팔아 그 이익으로 생계를 유지했다. 현방은 나라에서 공인된 소고기 판매시장이었던 것이다.

19세기 편찬된《동국여지비고》는 "현방은 소고기를 파는 곳이다. 반인이 판매하는 일을 맡았으며 고기를 걸어 놓고 팔아 '현방'이라 부른다"고 했다.

도성 내 소고기 판매점은 어디에?

현방은 조선 후기 서울에서 23~24개 정도가 운영됐다. 정약용(1762~1836)의《목민심서》에서 말하길, "반촌과 서울 5부 안에 있는 푸줏간이 24개"라고 했다.

《동국여지비고》에서는 중부에는 성균관, 하량교(현 중구 입정동), 이전履廛(신발시장), 승내동承內洞(현 종로 인사동), 향교동(현 종로 교동), 수표교의 여섯 곳, 동부에서는 광례교(현 종로 혜화동), 이교二橋(현 종로 연지동), 왕십리 세 곳, 남부는 광통교, 저동, 호현동好賢洞(현 중구 회현동), 의금부(현 종로 공평동)으로 총 네 곳, 서부는 태평관(현 중구 서소문동), 서소문 밖, 정릉동(현 정동), 허병문許屛門(현 종로1가와 서린동), 야주현冶鑄峴(현 신문로 1가 고려빌딩), 육조 앞, 마포까지 일곱 곳, 북부는 의정부, 수진방(현 청진동), 안국방의 세 곳 등 총 23곳이라고 했다.

현방은 소고기를 독점 판매하는 조건으로 삼법사三法司[+]에 수수료인 속전贖錢[++]을 바쳤다. 삼법사는 현방 수탈에 혈안이었다. 《승정원일기》, 《비변사등록》 등 문헌을 종합하면, 한해 징수된 속전은 숙종 30년인 1704년에 7,700냥이었다가 1733년에는 1만 3,800냥으로 올랐고, 정조 17년(1793)에는 무려 2만 1,800냥으로 늘었다. 19세기에는 4만 7,000냥까지 치솟았다.

18세기 후반은 도성 외곽에 무허가 소고기 시장이 개설되면서 이들 관허 우전牛廛이 크게 반발했다. 《승정원일기》 정조 5년(1781) 4월 10일 기사에 따르면, 송파, 사평장沙坪場(한남대교 남단), 동도의 누원樓院[*]과 서로西路의 점막店幕(주막촌) 등이 도성 밖 소고기 시장들이었다. 이들은 지방에서 도성으로 올라오는 소를 모두 수집해 매매했다. 《비변사등록》 순조 23년(1823) 12월 12일 기록은 "서울 밖에 사포私鋪[**]의 폐단이 전에 비해 날로 심해져 심지어 점막과 장시에서도 낭자하게 도살해서 파는 데에 거리낌이 없다"고 했다.

[+] 형조, 한성부, 사헌부의 세 부서를 뜻한다.
[++] 죄를 면하기 위해 바치는 돈.
[*] 1호선 도봉산역 앞에 위치했던 공립 여관 및 주막촌.
[**] 무허가 가게.

미식 천국 조선의 소고기 요리

오늘날 소고기는 숯불에 굽거나 국을 끓여 먹는 게 보편적이다. 조선시대 요리법은 훨씬 다양했다. 현대의 숯불구이와 흡사한 설하멱적은 조선 후기 미식가들의 초겨울 별미였다. 수육도 큰 인기를 끌었다. 조선 중기 문신 유몽인(1559~1623)의 《어우야담》에 의하면, 중종의 스승 김계우(미상~1539)는 부인과 함께 잘 삶은 소고기를 큰 쟁반에 펼쳐놓고 하루에 세 번 배부르게 먹었다. 조선시대 도살된 소는 주로 질긴 늙은 소나 어린 황송아지였다. 장계향(1598~1680)의 《음식디미방》은 "살구씨 빻은 것과 떡갈잎을 한 줌 넣고 삶으면 쉽게 무르고 연해진다"고 했다.

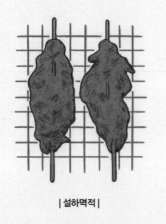

| 설하멱적 |

| 소고기 수육 |

김유(1491~1555)의 《수운잡방》에서는 육면과 분탕을 소개한다. 육면은 고기를 가늘게 썰어 밀가루·메밀가루를 입힌 뒤 삶아 국수처럼 먹는 요리이고, 분탕은 밀가루를 풀어 끓인 맑은 소고기 장국이다.

또한 조선 요리서에는 서여탕, 삼하탕, 황탕, 양숙 등 수많은 소고기 조리법이 등장한다. 조선시대 사람들이 현재 소고기 요리를 접한다면, "무슨 맛이 이 모양이냐?" 혹은 "또 쓸데없이 왜 이렇게 비싸냐?" 등의 불평을 늘어놓을 게 뻔하다.

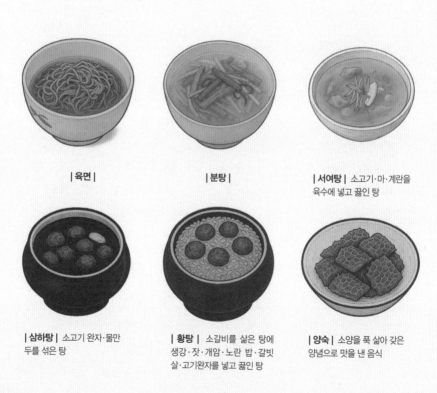

| 육면 |

| 분탕 |

| 서여탕 | 소고기·마·계란을 육수에 넣고 끓인 탕

| 삼하탕 | 소고기 완자·물만두를 섞은 탕

| 황탕 | 소갈비를 삶은 탕에 생강·잣·개암·노란 밥·갈빗살·고기완자를 넣고 끓인 탕

| 양숙 | 소양을 푹 삶아 갖은 양념으로 맛을 낸 음식

술을 숭배하다

조선의 만연한 음주문화

而聞近來閭巷酒家太多	듣자 하니, 요즘 민간에 술집이 너무 많아
十居七八	10가구 중에 7~8가구 정도이고
而兩班家	양반집에서도
亦多賣酒爲業	술 파는 것을 생업으로 삼는 경우가 많으며
其中多釀者	그중에 많이 빚는 경우는
幾過百餘石云	거의 100여 석(石)†이 넘는다고 합니다

《승정원일기》영조 4년(1728) 7월 13일 기사에서 형조판서 서명균(1680~1745)이 시중의 곡식 낭비 실태를 지적하며 영조에게 이처럼 아뢰었다. 술집 한 곳에서 100석, 즉 14톤이 넘는 엄청난 양의

---

† 1석은 144kg이다.

| **기생과 술 마시는 남자(20세기 초)** | 조선 후기 경제의 안정화로 술 소비가 급증했다.

술을 제조했다는 것이다. 이는 당시 한양에서 양조 산업이 크게 번성했음을 잘 보여준다. 그러다 보니 양반들도 체면 불사하고 경쟁적으로 술을 만들어 팔았다. 영조는 폭증하는 술 소비를 억제하기 위해 역대 가장 강력한 금주령을 실시한다. 하지만 결과는 그때뿐이었다.

近來城市之間	근래 도성 안에는
大釀彌巷	큰 양조장이 골목에 차고
小酤連屋	작은 술집이 처마를 잇대어
擧國若狂	온 나라가 미친 듯이
專事衘杯	술 마시는 것만 일삼고 있습니다

《정조실록》 정조 14년(1790) 4월 26일 기사에서 대사간 홍병성 (1734~?)이 정조에게 보고한 내용이다. 영조의 고강도 금주령이 무색하게도 정조 시대에는 도성의 골목마다 크고 작은 양조장이 빽빽하게 들어찼고, 도성 백성들이 술에 미쳐 있었다.

조선 후기 경제가 좋아지면서 양조업이 번성하다

우리 민족 하면 술을 빼놓고 이야기하기 힘들다. 위로는 임금부터, 아래로는 백성들에 이르기까지 술 마시는 풍조가 만연했다. 술에 관대한 유교를 국교로 삼은 것과 무관치 않을 것이다.

《논어》는 공자의 음주 습관에 대해 "술의 양을 헤아릴 수 없으나 어지러운데 이르지 않았다"고 기술한다. 취하지만 않는다면 술을 얼마든지 마시든 아무 문제가 없다는 의미다. 거의 모든 종교에서 음주를 금기시하지만 유독 유교에서만은 예외인 것이다.

사실 유교에서는 술은 숭고한 음식이며 백성을 교화하는 수단으로까지 인식됐다. 유교에는 향음주례鄕飮酒禮라는 독특한 의식이 있다. 향촌의 지방관 또는 유생들이 학덕과 연륜이 높은 노인을 주빈으로 모시고 베푸는 잔치다. 이를 통해 존현양로尊賢養老[+]와 효제충신孝悌忠信[++]의 유교 덕목을 훈련한다. 오늘날, '술은 어른한테서

[+] 어른 존중, 노인 봉양.
[++] 효도, 우애, 충성, 신의.

| 기생집에서 술 마시는 한량들(일제강점기) |

©국립민속박물관

배워야 한다'는 인식이 바로 여기서 기원한 것이다. 조선은 유교 통치 이념 및 사회질서 구현과 지방 통제 수단으로서 향음주례를 적극 권장하면서 술을 숭상하는 '숭음崇飮' 풍조가 확산했다.

　아무리 그렇기로 농경시대에, 부족한 식량을 술로 탕진하는 것은 옳지 않다. 음주는 개인의 건강을 해치고 폭력, 가산탕진 등의 폐해도 적지 않다. 따라서 조선은 건국 초부터 금주법을 유지했고, 가뭄이나 홍수 등 재해가 닥쳤을 때는 단속 강도를 높였다. 하지만 제사와 각종 잔치, 손님 접대 등 유교 의례에 쓰는 술을 예외로 허용하며 금주령을 무력화시켰다.

술에 관대한 유교의 영향으로 숭음 풍조가 확산되다

임금부터 금주령을 우습게 알았다. 대궐에서는 5일마다 새벽에 문무백관이 정전에 모여 왕에게 문안을 올리고 정사를 논의하는 조회를 열었다. 조회를 마치면 임금은 참석한 관료들과 술자리를 함께했다. 《태조실록》 태조 7년(1398) 윤 5월 26일 기사는 "일출 전 임금이 궐내 누각에서 좌정승, 우정승과 봉화백 정도전(1342~1398), 의성군 남은을 불러 술자리를 베풀고 모두 취하였다. 임금이 술에 취하여 이내 건국한 일과 최운해를 방면한 그릇된 일을 논하였다" 고 했다. 사관이 태조가 취중에 말실수를 했다고 비판한 것이다.

태종 이방원(재위 1400~1418)은 형제 중 유일하게 과거에 합격했 다. 젊은 시절 자신이 재학했던 성균관을 각별하게 여겼으며, 후배 들에게 자주 어주御酒를 내렸다. 태종 17년(1417) 9월 9일 기사는 "어 육과 함께 어주 100병을 지급했다"고 했고, 1418년 8월 3일 기사도 "술 50병과 말린 노루, 사슴 고기를 각각 5구口씩 성균관에 하사했 다"고 했다. 태종은 그러면서 "내가 젊었을 때 성균관에 있었는데 술을 마시면 반드시 노래하고 춤을 추어 흥을 돋웠다. 이제 이것을 마시는 유생들도 마땅히 그렇게 하라"고 말했다.

주색에서는 조선 임금 중 연산군을 따라올 이가 없다. 연산 9년 (1503) 11월 21일 밤에 임금이 영의정 성준(1436~1504), 좌의정 이극 균(1437~1504) 등 신하들과 편전에서 술자리를 가졌다. 술이 오른 연 산군이 성준에게 호피와 어의를 선물로 줬다. 이어 이극균에게도 어의를 입혔는데, 만취한 이극균이 그만 어의에 구토 하는 사건이 발생했다. 이극균은 다음날 입궐해 임금에게 용서를 빌었다. 11월 22일 실록에 의하면, 이극균은 "만 번 죽어도 마땅하다"며 아뢨다. 연산군은 뜻밖에도 "어제 과음해서 취한 뒤의 일은 아무것도 생각 나지 않는다"라며 무마했다. 그러나 성준과 이극균은 이듬해 연산 군이 폐비 윤씨(1455~1482) 보복으로 사림들을 숙청한 갑자사화 때 처형됐다.

83세까지 장수한 영조 의외로 애주가

영조(재위 1724~1776)는 83세까지 살았지만 의외로 애주가였다. 신하들이 절주를 요청했지만, 영조는 변명으로 일관했다. 《영조실록》 영조 12년(1736) 4월 24일 기사에 따르면, 경희궁 흥정당에서 야간 경연을 마치고 술을 마셨다. 경연청의 정6품 관직인 검토관 조명겸이 "항간에 성상께서 술을 끊을 수 없다는 말이 떠돈다고 하니 조심하고 염려하여 경계함을 보존토록 하소서"라고 했다. 영조 는 "목이 마를 때 간혹 마시는 오미자차를 남들이 소주인 줄 의심한다"고 했다.

반면 세종대왕(재위 1418~1450)은 술을 극혐했다. 세종 4년(1422) 5월 10일 태종이 승하한다. 의정부와 육조 대신들은 건강을 해칠 수 있다며 술을 마실 것을 강권했다. 5월 26일 실록에 의하면, 정부와 육조가 다시 청하기를 "전하께서 비록 술을 자신들 대효大孝에 무 슨 손상이 있겠습니까. 바라건대, 종묘와 사직을 위하여 억지로라도 한 잔 들어 성체를 보호하소서"라고 하자, 세종은 "나의 성품이 술을 좋아하지 아니하니 마시지 않는 것이 도리어 편하다. 대신이 재삼 청하니 힘써 그 말을 따르겠다"며 소주를 올리라 했지만 겨우 반잔만 마셨다.

조선시대 독특한 음주문화 중 하나는 관리들이 업무시간에 차나 커피처럼 술을 마셨다는 것이다. 조선 전기 문신이자 학자인 성현(1439~1504)의 《용재총화》는 관리들의 상습적 음주행태를 비판하며 "관청에 있는 자는 조반早飯†, 조반朝飯, 주반晝飯을 먹으며 술은 때를 가리지 않고 먹는다. … 술이 깨어 있는 날이 없으니 이렇게 하여 병을 얻어 폐인이 되는 사람도 헤아릴 수 없다"고 했다.

모든 관아에서 음주는 일상이었지만, 그 중에서도 관리를 탄핵하던 사간원이 심했다. 업무가 과중하지 않아 음주를 업으로 삼았다. 서거정(1420~1488)의 《필원잡기》에 따르면, 사간원은 새벽부터 술을 마셨다. 숙직한 관원이 일어나기 무섭게 잡무 보는 서리들이 아침 인사를 하면서 술상을 올린다. 안주는 약과였고 잔이 거위알처럼 컸다. 관원들이 모두 출근한 후에도 과일 상을 차려놓고 종일 술을 마셔댔다. 사간원은 금주령을 전혀 개의치 않았으며 이를 오히려 큰 자랑으로 삼았다.

---

† 아침 먹기 전에 드는 식사.
†† 궁궐 자물쇠를 관리하던 잡직.

임금의 최측근 승지·내시, 술에 취해 물의

임금과 학문을 강론하고 국정을 협의하던 경연 자리에 임금의 비서인 승지가 만취 상태로 나타나기도 했다. 《정조실록》 정조 14년(1790) 11월 12일 기사에 따르면, 승지 신기가 술이 몹시 취한 상태로 경연에 들었다. 정조(재위 1776~1800)는 "면전에서 글을 받아쓸 때 술 냄새가 코를 찌르니 너무도 조심성이 없다. … 무엄하게도 어찌 이처럼 과음할 수 있단 말인가"라며 화를 냈다. 임금을 가장 가까이에서 모시던 내시들도 술에 취해 지냈다. 《연산군일기》 연산 3년(1497) 6월 2일 기사에 의하면, 환관 박인손은 연산군의 심부름을 갔다가 술에 취해 밤이 되도록 임금에게 결과를 아뢰지도 않은 채 바로 귀가해 버렸다. 박인손은 두 달 뒤에도 임금이 준 술을 갖고 정승 노사신의 집에 갔다가 만취했다. 다음날에도 술이 깨지 않아 연산군에게 보고하면서 횡설수설했다. 연산군은 "내관들은 술에 취하게 마시지 않는 것이 법이다. 국문하라"고 말했다.

새로 부임하는 관원을 맞는 '환영연'과 동료가 떠날 때 여는 '전별연'도 유별나게 극성스러웠다. 세종 16년(1434) 7월 26일, 나라에 수재가 발생하자 전별을 핑계로 관리들이 술 마시는 것을 금지했다. 이를 비웃기라도 하듯, 8월 2일 임금의 최측근인 승지들이 전별을 빙자해 기생을 끼고 술을 마셔 물의를 빚었다. 실록에 따르면, 좌승지 권맹손, 좌부승지 정갑손, 우부승지 윤형, 동부승지 황치신이 밤에 주자소(활자 주조 관청)에서 기생을 데리고 음주를 한 데 이어 상중인 사약司鑰의 집에서도 각도 감사를 전별한다며 술을 마신 일이 사헌부에 적발됐다. 사흘 뒤인 8월 5일에도 전 판서, 참찬 등 고위직들이 함께 모여 전별연을 하며 술판을 벌인 사실이 드러났다.

자기관리가 철저할 것 같은 대학자 중에서도 술주정으로 오명을 남긴 인물이 적지 않다. 세조의 남자 정인지(1396~1478)는 술에 취해 임금 면전에서 여러 차례 치명적 실수를 해 곤욕을 치렀다. 술만 취하면 임금을 무시하거나 임금의 발언에 반기를 들기 일쑤였다. 세조 4년(1458) 9월 15일 정인지가 만취해 임금에게 '너'라고 부르는 참담한 불경죄를 저질렀다. 9월 17일 자 실록에 의하면, 의정부·육조와 충훈부가 정인지의 죄를 청했고, 영중추원사 이계전은 "베어 죽여야 한다"며 격분 했다. 세조는 "오랜 벗의 정을 잊지 못하고 한 말로 다른 뜻이 있어서가 아니다"라며 정인지를 감쌌다.

가사 문학의 대가 송강 정철(1536~1594)도 술주정이 심해 비판받았다. 사헌부는 정철이 새로운 관직에 임명될 때마다 그의 주사가 심해 부적격하다고 반대했다. 《선조실록》 선조 15년(1582) 9월 13일 기사에 의하면, 정철이 도승지에 제수되자 사헌부는 "술주정이 심하고 미친 사람처럼 망령되다"라고 탄핵했다. 사헌부는 선조 16년(1583) 4월 1일 정철이 예조판서로 발탁되자 또다시 "술을 좋아하고 실성하였다"라며 불가를 외쳤다. 18세기 이후 사회가 안정화하고 경제가 발전하면서 술 소비도 가파르게 증가한다. 《승정원일기》 영조 1년(1725) 9월 24일 기사에서 전前 만호 이태배는 "도성 안과 근기†의

---

† 서울 근처의 경기지역.

백성들은 누더기를 입고 구걸하러 다닐지라도 취하지 않은 자가 없습니다"라고 했다. 구걸하는 거지들까지 술에 절어 살았다는 것이다.

유명무실 금주령, 힘없는 백성만 골탕

술을 즐겼던 영조 때 엄격한 금주령이 집행된 것도 이러한 사회 분위기를 반영한다. 영조는 국법을 어긴 종2품 절도사를 참형에 처했다. 《영조실록》 영조 38년(1762) 9월 5일과 17일 기사에 따르면, 대사헌 남태회가 "남병사[+] 윤구연이 멋대로 술을 빚어 매일 취한다. 파직해야 한다"고 고했다. 영조는 "파직으로 되겠냐"며 윤구연을 잡아들이라고 명했다. 윤구연의 집에서 술 냄새가 나는 빈 항아리가 나오자 분노한 영조는 친히 숭례문으로 나아가 윤구연을 참했다.

그러나 무분별한 금주령은 단속 아전들만 배를 불렸다. 영조 28년(1752) 12월 20일 실록은 "금주를 내린 뒤로 술집이라는 이름만 붙어 있으면 형조와 한성부의 아전들이 별도로 금란방禁亂房[++]을 설치하여 날마다 돈을 징수하고 있다. 기타 속전贖錢[+++]을 남용하는 폐단은 이루 다 낱낱이 들기가 어렵다"고 했다. 정조는 지나친 금주령에 부정적이었다. 《정조실록》 정조 16년(1792) 9월 5일 기사에 따

[+] 함경남도의 병마절도사. 병마절도사는 조선시대 각 도의 육군을 지휘하는 종2품 무관직이다.
[++] 단속반을 의미.
[+++] 죄를 면하기 위하여 바치는 돈, 벌금.

| 신윤복(1758~?) 필 풍속도화첩(국보) 中 유곽쟁웅 |

©간송미술관

르면, 가을철에 치솟는 쌀값 안정을 위해 양조장을 금해야 한다는 주장이 제기되자 정조는 "명령만 내리고 일체 금지시키지 못할 바에야 차라리 신중히 하는 편이 낫다"며 "(명령부터 내려) 어찌 먼저 백성들을 동요시키려고 하는가"라고 질책했다. 지키지도 못할 법은 범법자만 양산할 뿐이라는 정조의 혜안이 새삼 돋보인다.

술도 적당량 마시면 약이라고들 한다. 그렇지만 매사가 그렇듯 정당한 선을 지키는 것이 얼마나 힘든 일인가.

조선시대 한양도 부동산 불패

주택 광풍 도성을 휩쓸다

"종친이나 재상의 집안은 물론, 재산이 조금 있는 일반 선비들도 가옥이 화려하고 복식이 찬란하다. … 여항閭巷†의 백성들은 부러워하며 본받아서 앞다퉈 사치와 화려함을 숭상한다. 광대나 천민들도 비단옷을 입고 맛있는 쌀밥에 고기반찬을 배불리 먹는데도 금지할 줄 모르니…"

《승정원일기》 영조 20년(1744) 음력 4월 2일자 내용이다. 조선 후기, 임진왜란과 병자호란의 전후 극복이 마무리되고 경제가 안정화 국면으로 접어들자 사회 전반에는 사치풍조가 만연했다. 재

---

† 여염. 백성의 살림집이 많이 모여 있는 곳.

| 숭례문 안팎의 조밀한 민가(1905년) | 서울은 조선 후기 전국의 인구가 몰려들면서 땅값 상승, 주택난이 극심했다.

상이나 양반들은 물론 일반 백성들, 심지어 천민들까지 경제적 여유만 좀 있으면 과시성 소비에 여념이 없었다. 옷, 장신구, 음식 소비에 돈을 물 쓰듯 했지만 《승정원일기》에서도 알 수 있듯, 사치의 정점은 주택에 있었다.

성종 7년(1476)에 완성된 《경국대전》은 신분별 집터 크기를 규정했다. 즉, 대군이나 공주는 30부負, 왕자나 옹주는 25부, 1품과 2품은 15부, 3품과 4품은 10부, 5품과 6품 8부, 7품 이하로는 4부, 서인은 2부로 제한했다. 1부는 40평(132m²)이었다.

집터 외의 건물도 상한선을 두었다. 세종 13년(1431)의 정해진 건물 면적 규제를 보면 대군 60칸間, 군주와 공주는 50칸, 옹주나 종친, 2품 이상은 40칸, 3품 이하는 30칸, 서인은 10칸 이하였다. 길이 1칸은 8척尺이다. 1척이 30.3cm이니 길이 1칸은 2.4m이며, 면적 1칸은 5.8m²(2.4×2.4)인 셈이다.

조선 후기 사치 확산되어 대저택 건립 유행

한국학중앙연구원 장서각 소장 〈조선 후기 가옥 도면〉의 서울 주택들은 대부분 이 기준을 넘는 호화 저택이다. 심익현(1641~1683)은 효종 3년(1652)에 효종의 차녀 숙명공주(1640~1699)에게 장가들어 청평위靑平尉에 제수됐다. 효종의 명으로 청나라에 세 차례나 다녀왔으며 그때 받은 금과 비단 등을 모두 수행원들에게 나누어주어, 청렴하다고 칭송받았다.

반면, 인경궁仁慶宮† 터에 지은 그의 집은 대궐처럼 으리으리했다. 〈청평위궁 도면〉을 보면, 심익현 가옥의 집터는 52부다. 52부는 2,080평(6,876m²)으로, 실로 엄청난 면적이다. 심익현 집터는 부인인 숙명공주에게 허용된 30부를 크게 웃돈다. 건물도 165.5칸으로, 법을 3배 이상 초과한다. 165.5칸은 290평(959.9m²)이다. 《효종실록》효종 5년(1654) 6월 3일 기사에 의하면, 좌의정 김육(1580~1658)은 "청평위의 신궁이 … 전하 잠저††에 비하여 칸 수가 배나 많습니다. 어찌 궁가를 이다지 과도하게 만듭니까"라며 따졌다. 효종은 "소문이 잘못된 것"이라고 변명했다.

벼슬아치들도 법을 우습게 알았다. 이유명(1767~1817)은 순조 1년(1801)이 되던 해 문과에 급제해 대사성, 병조와 형조, 예조 참판, 종2품의 의금부 동지사 등의 벼슬을 지냈다. 선조의 4남 신성군의 후손이지만 그의 선조들이 높은 벼슬을 한 것은 아니었다. 그러나 주동(현재의 중구 주자동)에 있던 그의 가옥은 법 규정을 훨씬 상회했다. 〈주동 이유명 참판 가옥 도면〉은 집터 21부, 건물 160칸이다. 집터도 법 제한치인 15부를 위반했지만, 건물은 상한선인 40칸의 무려 4배가 넘는다. 그렇다보니 일반 백성들도 앞다퉈 고래등 집을 지으려고 했다. 〈소공동 홍고양 가옥 도면〉은 집터 51부, 건물 172칸이다. 심익현의 청평위궁과 맞먹는다. 사실 홍고양洪高陽은 실록 등 문헌에 나타나지도 않는다. 소공동은 당시 중인계층 밀집 지역이어서, 홍고양도 역관이었거나 중국과의 무역을 통해 부를 쌓은

---

† 광해군이 서촌에 건설한 궁궐.
†† 임금이 되기 전 거처하는 집.

| 종로3가 돈화문로 일대 전경(1931년 9월 25일 촬영) | 집들이 빼곡하게 들어서 있다.

상인일 가능성이 높다.

　조선 후기 한양에는 김한태(1762~1823)라는 갑부가 살았다. 역관 출신의 김한태는 소금 거래로 막대한 부를 축적했다. 그는 예술에도 조예가 깊어, 단원 김홍도와 같은 유망한 화가들을 후원했다. 1795년작 〈을묘년화첩〉은 김홍도가 후원자인 김한태에게 그려준 작품이다. 김한태는 사치가 심했고 그의 집은 궁궐처럼 컸다. 이조원(1758~1832)의 《옥호집玉壺集》에서도 "서울의 큰 장사치, 그의 이름은 김한태 … 우람한 저택 수백 칸 저자거리에 우뚝 솟았네. 그래도 부족하다 여기는지 세 배로 증축하는데 … 최고 좋은 날만 골라 공사를 하니 완성은 오년이나 걸렸네 … 전후 수백 년 사이 이와 견줄 것이 있으랴"라며 그 크기를 기록한 바있다.

이주민 늘며 도성 과밀화는 갈수록 심각해지다

한양은 처음부터 계획도시로 건설됐다. 조선을 건국한 태조 이성계(재위 1392~1398)는 궁궐과 종묘, 사직 그리고 관청, 시전市廛[+] 등 공공용지를 우선 배정하고, 그 나머지 공지를 왕족 이하 서민에 이르기까지 품계별로 분급했다. 신청자가 도성 내 거주를 희망하는 장소를 선정해 청원서를 제출하면, 한성부에서 심사 후 '입안立案'이라 부르는 인증서를 발급해주었다. 토지사용권을 무상으로 부여하되, 집을 지은 후 가옥세를 징수했다.

도성의 면적은 한정돼 있는 현실에서 이주자가 늘면서 인구밀도가 높아졌다. 조선 전기 한성부의 인구통계는 《세종실록》 세종 10년(1428) 윤 4월 8일 기사에 기록된 "도성 안의 10만 3,328명, 성저십리에 6,044명, 합계 10만 9,372명"이라는 숫자가 유일하다. 다만 실록에는 태종 5년(1405)에 수도를 한양으로 환도한 이후부터 세종 집권 때까지, 한양의 호수 변동에 관련해서는 일부만 언급돼 있

[+] 조선시대 서울 종로에 설치한 관허시장.

다. 이에 따르면, 태종 9년(1409)은 1만 1,056호, 세종 17년(1435)은 2만 1,891호다. 호수가 불과 26년 동안 두 배나 늘어난 것이다.

《세종실록》세종 17년(1435) 9월 2일 기사에서는 "도성에 인가가 빽빽하여 어린아이가 겨우 두서너 집 문만 지나도 길을 잃어버린다"고 기록할 정도였다. 조정에서는 도성 밖에 방坊을 신설해 인구를 분산시키는 정책을 시행했고, 그 결과 도성 밖에도 동대문, 남대문, 서소문 주변에 인구가 밀집하는 지역이 생겨났다.

서울의 인구 과밀화는 조선 후기 심각한 국가적 문제로 대두된다. 임진왜란과 병자호란을 겪으면서 관료가 아닌 일반 백성들도 생계를 위해 서울에 올라와 살기 시작해, 경강과 도성 주위에 사람들이 집중됐다. 영조의 즉위년인 1724년 10월 18일자《승정원일기》기사에서 "지금 지방에서 겨우겨우 살아가는 자들은 양반이고, 평민은 줄줄이 떠나서 집에 남은 자들이 매우 적다. 이 때문에 집값, 인가人價(품삯), 논값이 전보다 크게 떨어졌는데도 사지 않는다"라며 지방공동화를 개탄했다. 여기에 양란 이후, 서울을 방어하는 군영인 삼군문†이 창설되고 병사들을 지방민에서 충원하면서 서울의 인구확장을 부채질했다.

《현종실록》현종 13년(1672) 9월 19일 기사는 "처음에는 수백 명도 채 못 되었으나, 현재는 도성에 포수砲手 5,500여명, 별대別隊

---

† 한성부 수비 군대인 훈련도감(訓鍊都監 또는 훈국)과 금위영(禁衛營), 국왕 호위 군대인 어영청(御營廳)이 삼군문에 해당한다.

1,000명, 어영병御營兵이 1,000명, 정초병精抄兵이 500명, 금군禁軍 7,000명이며, 각 청의 군관도 1만 명에 가까운데 …"라고 했다. 이는 거의 2만 명에 가까운 규모다. 그러나 여러 기록을 종합할 때 한양의 군인은 1만 명 수준으로 추산한다.

숙종 이후 땅값이 폭등하는 등 부작용이 속출하다

실록에 기록된 조선 후기 한성부의 호구조사에 따르면, 인조 26년(1648)에 9만 5,564명이던 서울 인구가 숙종 4년(1678)에는 16만 7,406명으로, 영조 29년(1753)에는 17만 4,203명, 정조 22년(1798)에 이르면 19만 3,783명으로 가파르게 늘어, 순조 7년(1807)에는 20만 4,886명까지 증가했다. 학계에서는 당시 통계 작성 기법이 낙후된 것을 감안할 때 17세기 후반 20만 명, 18세기 전반 26만 명, 18세기 후반 31만 명, 19세기 33만~34만 명 등으로 추계한다.

이는 땅값 상승과 주택 대란을 초래했다. 한양의 가옥 가격 변동 분석 연구[†]에 의하면, 1800년대 초 기와집과 초가를 합한 서울 가옥의 1칸 당 평균 가격은 22.14냥이다. 1800년대 말은 91.33냥으로 4.1배나 상승했다. 이 중 초가는 같은 기간에만 13.03냥에서 97.19냥으로 무려 7.5배나 급등했다. 상대적으로 신분이 낮은 계층에서 서울로 이주하는 경우가 많아지면서, 주택 수요가 초가에 집중됐기 때문이다. 한성부 내에서도 5부部[††]마다 격차가 있었는데, 그중에서도 중부의 집값이 나머지 4부보다 2배 이상의 차이를 보이며 가장 높았다.

한성부의 5부 중, 조선시대판 강남이라 할 수 있는 중부는 오늘날처럼 투기 행위가 극성이었다. 서울역사박물관 소장의 〈부동산

---

† 유현재, 김현우, 〈조선 후기 서울 주택 가격 변동과 의미〉, 《조선시대사학보》 95호, 2020
†† 한성부는 동부와 서부, 남부, 북부, 그리고 중부의 다섯 부로 구성되었다.

매매 관련 문서)에 따르면, 17~19세기 한성부 건물과 집터의 매물 거래는 76건이라 기록돼 있다. 중부 장통방 흑립전계(현재의 종로2가 일대)⁺에 위치한 너비 17칸, 마당 3칸의 한 기와집 가격 변동을 살펴보면, 서울 중심가인 종로 시전 주변의 집값 상승 추세를 엿볼 수 있다.

이 주택은 영조 6년(1730)에 첫 거래가 일어난 뒤부터 순조 2년(1802)까지 72년간, 총 12차례에 걸쳐 손 바뀜이 활발했다. 이 집은 처음 정은자丁銀子⁺⁺ 60냥에 매도됐고, 2년 뒤인 1732년, 5냥이 올라 정은자 65냥에 다시 팔렸다. 이때 집을 구입한 사람은 '김진택'이라는 인물이다. 김진택은 다시 1년 뒤 집을 조금 개조해 두 배 이상 비싼 정은자 140냥에 매도했다. 1년 새 집값이 두 배 넘게 폭등한 것은 오늘날의 서울에서도 흔치 않은 일이다.

정조 22년(1798)에 들어 전문錢文⁺⁺⁺ 200냥에 이 집을 매수한 오국선 역시 4년 후인 순조 2년(1802), 집을 약간 손보고서는 두 배 값인 전문 400냥에 매도했다. 이 가옥은 최종적으로 동전 450냥에 거래됐다. 정조 10년(1786) 구윤명(1711~1797)이 편찬한《전율통보典律通補》'호전'은 "정은 1냥은 동전 2냥으로 환산한다"고 했다.

중부에 인접한 동부 창선방(현재 종로 5~6가 일대)의 기와집 역시 지속적으로 가격이 올랐다. 이 집은 21.5칸, 마당은 28.5칸 구조로, 영조 50년(1774)에 동전 350냥에 거래됐고 정조 21년(1797)에는 매

⁺ 한성부를 5부로 나누고, 그 아래는 방(坊)과 계(契), 동(洞)으로 나누었다.
⁺⁺ 당시의 은화 단위.
⁺⁺⁺ 동전인 상평통보.

| 청계천 수표교 위의 인파(1884년) | 조선 후기 서울의 과밀화가 빠르게 진행됐다.

매가가 500냥으로 상승했다. 이후 35년 뒤인 순조 32년(1832)에는 800냥으로, 헌종 10년(1844) 때는 900냥에 매매됐다. 그러다가 철종 3년(1852)에 1,000냥을 넘어섰고 철종 10년(1859)에는 1,500냥까지 올랐다.

가장 번잡한 종로 중심으로 투기 행위 극성

주택난이 가중되면서 임차 제도인 '세입賃入'이 탄생한다. 주택 부족을 해결하기 위해, 정부는 임차료를 지불하고 주택을 빌리는 세입을 권장했고, 17세기 이후에는 이 제도가 일반화된다. 오늘날 전세와 월세의 역사가 400년 이상 되는 셈이다. 세입자는 지방 출신의 고위 관료에서 군병까지 다양했으며, 1년 단위로 세를 지급했다.

거래를 중개하는 공인중개사도 존재했다. 이들은 가쾌家儈, 집주름, 혹은 집 거간居間 등으로 불렸다. 당시 매매의 경우 쌍방에게 매매가의 1%, 임대차는 집세의 0.5%씩 받도록 했으나, 부당하게 수수료를 챙기는 일도 잦았다. 주로 훈련도감 포수들이 중개사를 겸직했지만, 수입이 많다 보니 다양한 신분의 사람들이 중개업에 뛰어들었다.

《영조실록》에 실린 영조 29년(1753) 7월 5일 기사에 의하면, 윤성동이라는 자가 남부의 집에서 도둑질한 혐의로 체포됐다. 그는 놀랍게도 도위都尉†의 후손으로, 사족이었지만 집주름을 생업으로 삼았다.

2024년 현재, 서울 편중과 강남 집중 현상은 갈수록 극심해지고 있다. 김포, 과천, 광명, 구리, 하남 등 주변 도시들은 앞다퉈 서울로 편입되고 싶어 한다. 이러다간 대한민국은 사라지고 서울민국이 될는지도….

---

† 왕의 사위.

떠들썩했던 한양의 설날

고정관념 허무는 정월 풍속도

아래는 숙종 대의 학자 김창흡(1653~1722)의 《삼연집》에 수록된 〈설날 한탄新歲歎〉이란 시의 일부다.

家家椒酒酒千壺	집집마다 향기로운 술 넘쳐나고
牛炙羊烹爆竹俱	쇠고기 구이, 양고기찜, 폭죽 모두 준비됐지
老者斑白耐屠蘇	반백 노인은 차례술 고통스레 들이켜고
少年意氣覓呼盧	소년은 의기양양 장군, 멍군 외치네

김창흡의 글에서 묘사된 18세기 전후 한양의 설날풍경은 조선이 가난하고 낙후됐다는 통념을 여지없이 허문다. 그가 살던 시절의 설날은 풍요롭고 활력이 넘쳤다.

都人士女途中賀	남녀 길 위에서 만나 서로 새해인사를 건네니
是日顏色兩敷腴	이날만은 모두 즐거운 표정들
(…)	
靑樓鼓瑟錦川橋	금천교는 기방의 가야금 연주 소리
朱帕蹴鞠鐘樓衢	종각 네거리는 붉은 머리띠의 소년들 공차기 놀이

김창흡은 그러면서 "문을 나서면 바깥 놀이가 사흘 동안 계속되니 … 가련타, 송구영신의 즐거움이여"라고 했다. 사흘간이나 요란하게 놀러 다니려니 심신이 괴로울 수밖에.

음력 1월은 농업을 근간으로 했던 한민족에게 매우 중요한 달이었다. 한해는 봄·여름·가을·겨울 순으로 이어진다. 마땅히 1월 1일은 봄이 돼야 하지만, 실제 양력설은 1년 중 가장 추운 겨울이다. 음력 1월 1일에 와서야 비로소 봄이 시작되는 것이다. 이날은 동시에 한해의 농사가 시작되는 날이기도 하다. 그런 만큼 우리 조상들은 음력설을 1년 중 가장 특별한 날로 인식하고 기념했다. 옛사람들은 뜻깊은 1월을 어떻게 축하했을까.

사흘간 모든 관청 문 닫고 소 도살 허용하다

설날은 사흘간 연휴였다. 조선 후기 학자 김매순(1776~1840)이 서울의 풍속을 적은 《열양세시기》에 의하면, 설날부터 3일간은 모든 관청이 휴무에 들어가고 시전市廛도 문을 닫았으며 심지어 감옥도 죄수를 내보내고 비웠다. 소를 잡지 못하게 하는 우금牛禁도 이

| 색동저고리를 입은 어린이들 |

©국립민속박물관(엘리자베스 키스 판화)

기간 풀렸다. 《열양세시기》는 "단속 관리들이 우금패를 깊이 보관하고 사용하지 않아 민간에서는 소를 자유롭게 잡아 팔았다. 큰 고깃덩이를 시내 곳곳에서 많이 볼 수 있었다"고 했다. 대궐에서는 아침 일찍 삼정승이 모든 관원을 이끌고 정전 앞뜰에 나아가 임금에게 새해 문안을 드린다. 이를 '정조하례正朝賀禮'라 한다.

조선 건국 이래 첫 정조하례는 태조 2년(1393)에 열렸다. 《태조실록》에 의하면 태조 이성계(1335~1408·재위 1392~1398)는 중앙과 외관의 인사를 받았는데, 각 도에서는 토산품을 바쳤고 알도리斡都里[•]는 살아있는 호랑이를 진상했다. 좌의정인 조준(1346~1405)이 술잔을 받들어 "큰 경사를 감내하지 못하여 삼가 천세수千·歲壽를 올린다"고 하자, 모든 신하가 '천세'를 세 번 외쳤다.

새해 첫날 농업생산성을 높이라는 특명을 내리다

농업은 국부의 원천이었다. 조선 왕들은 새해 첫날 지방관들에게 백성들의 농사에 각별히 신경 쓰라는 '권농윤음勸農綸音'을 내렸다. 《정조실록》에 따르면, 22대 정조는 재위 기간 중 단 한 차례도 거르지 않고 설날 윤음을 팔도관찰사와 유수들에게 하달했다.

정조는 양란으로 피폐해진 농업이 많이 회복됐지만, 그래도 부족한 부분이 많다고 인식했다. 그러나 지방관들은 왕명에 단 한 차

[•] 흑룡강성에 거주하였던 동여진의 대표집단.

례도 응답하지 않았다. 화가 난 정조는 정조 23년(1799)에 "책자를 작성해 (지시 사항을) 조목조목 보고하라"고 엄명했다. 그러나 권농 윤음은 정조의 사후부터 더 이상 관례화되지 못하고 사라진다.

민간에서도 집안에 마련된 사당으로 나아가, 새해가 됐음을 고하는 제사를 지낸다. 이어서는 집안 어른과 직장 상사를 찾아뵙고 세배를 했다. 도성 안의 모든 남녀는 울긋불긋한 옷차림을 하고 떠들썩하게 왕래했다. 무엇보다 어린이들은 새 옷으로 한껏 단장했다. 《열양세시기》는 이를 "세장歲粧 또는 설비음歲庇陰(음기를 덮는 새해 옷)"이라고 기록했다. 설비음은 오늘날에는 '설빔'이라 부른다. 새해에 모든 것이 새롭기를 바라는 마음을 담았다. 또한, "방문객이 붐비는 정승·판서 등 권세가들은 손님들을 집안으로 들이지 않고 세함歲銜(명함)만 받았다"고 기록했는데. 붓과 종이를 별도로 구비해 명함 없는 손님이 이름이라도 남기게 했다. 찾아온 손님에게는 세찬歲饌과 차례주인 세주歲酒를 대접했다. 세찬은 떡국이다. 홍석모의 《동국세시기》는 떡국에 대해 이렇게 설명한다.

"멥쌀가루를 쪄 나무판 위에 놓고 떡메로 무수히 쳐서 길게 늘여 만든 떡이 백병白餠*이다. 이를 엽전 두께만큼 얇게 썰어 장국에 넣고 끓인 다음 쇠고기나 꿩고기를 넣고 후춧가루를 쳐서 조리한 것을 병탕餠湯**이라 한다. … 시장에서 시절음식으로 판다. 병탕 몇 그릇 먹었냐고 물어보는 것은 곧 나이가 몇 살인가 물어보는 것과 같다."

✝ 가래떡.　✝✝ 떡국의 옛말.

현재와 별반 다르지 않다. 떡국 문화가 오랜 세월 온전히 유지되고 있는 것이 흥미롭다.

세주로는 갖가지 한약재로 빚은 도소주屠蘇酒[+]를 내놓았다. 세주는 어린아이부터 마셨다. 선조 때 우의정을 지낸 심수경(1516~1599)의 《견한잡록》은 "설날 아침에 도소주를 마시는 것은 옛 풍습이다. 젊은이가 먼저 마시고 노인이 뒤에 마신다"고 했다. 나이가 적을수록 전염병에 취약해, 먼저 나쁜 기운을 떨쳐 버리라는 어른들의 배려다.

아무리 들뜨는 설날이라지만, 양반가 부인들은 여전히 바깥출입이 불편했다. 이들은 정초 사흘 연휴가 끝나는 날부터 대보름인 15일 사이에 화려하게 치장한 어린 여자종을 일가친척에게 보내, 새해 인사를 교환했다. 문안을 대신하는 여종을 '문안비問安婢'라고 했다. 대궐은 갇힌 공간이다 보니 문안비의 왕래가 잦았고 이를 둘러싼 잡음도 많았다. 내시가 문안비를 희롱했다가 처벌받기도 했다.《성종실록》성종 24년(1493) 5월 25일 기사에서 국왕은 의금부에 "내관 이양이 계성군 집의 문안비에게 농을 걸었으니 장형 70대에 처하라"고 명했다. 기묘사화[++] 때 조씨가 나라를 농단한다는 뜻의 '조씨전국趙氏專國'이라는 소문을 퍼뜨려, 조광조를 몰아낸 것도 경빈 박씨의 문안비였다.

집안의 여성들은 설날에 널뛰기 놀이를 통해 담장 밖의 세상을 훔쳐봤다. 널을 잘 뛰면 시집가서 아기를 순풍순풍 낳는다는 말이

[+] 악한 기운을 잡는 술.
[++] 1519년, 훈구파가 신진 사람을 숙청한 사건.

떠돌아, 높이뛰기 경연도 펼쳐졌다. 유득공(1748~1807)의 《경도잡지》는 "여염집 부녀자들이 몇 자 높이로 올라가며 패물 울리는 소리가 쟁쟁하고, 지쳐 떨어져 나가기도 한다"고 했고, 순조 때 이낙하가 지은 '답판사踏板詞'[+]는 "높이 솟을 때는 3척尺[++]에 이르네"라고 했다. 병과 재앙을 팔기도 했다. 《견한잡록》에서는 "설날 아침에 일찍 일어나서 사람을 만나면 그 이름을 부르고, 그 사람이 대답하면 '나의 허술한 것을 사가라'고 한다. 자기의 병을 팔고 재앙을 면하고자 함이다"라고 전했다. 대보름 더위팔기의 원조인 셈이다.

정월 세시 행사는 대보름날 정점을 이룬다. 현대인은 1월 1일에 산이나 바닷가로 몰려가 해맞이를 하지만, 과거에는 대보름 달맞이를 하며 한 해의 소원을 빌었다. 음력을 사용하는 사회에서 첫 보름달의 의미는 컸다. 《동국세시기》는 "초저녁에 횃불을 들고 높은 곳에 오르는 것을 달맞이라 한다. 먼저 달을 보는 사람이 길吉하다"고 썼다.

대보름 종로에서 남녀 뒤섞여 밤새 다리밟기

대보름 밤에는 다리밟기踏橋(답교)를 하며 밤새도록 노는 야회夜會가 벌어졌다. 《동국세시기》는 "서울 장안의 주민들이 신분이나 남

[+] 널뛰기 노래. 널뛰기를 '답판 놀이'라 불렀다.
[++] 1척은 30cm 정도이다.

녀 구분 없이 모두 몰려나와 열운가에서 저녁 종소리를 들은 뒤 여러 곳의 다리를 찾아다닌다. 다리橋를 밟으면 다리脚에 병이 나지 않으며 대광통교와 소광통교 및 수표교에 가장 많이 모인다"라며 "인산인해를 이룬 군중들이 퉁소를 불고 북을 쳐대며 일대가 굉장히 소란하였다"고 했다. 나라에서도 이날만은 특별히 통행금지를 해제했다. 《정조실록》 정조 15년(1791) 1월 13일 기록도 "사흘간 야금을 풀고 숭례문과 홍인문을 열어 도성의 백성들이 답교하는 것을 허락하였다"고 했다.

사람이 많이 모이면 사고도 생기게 마련. 이수광(1563~1629)의 《지봉유설》은 "남녀가 길거리를 메워 밤새 왕래가 그치지 않았다. 그리하여 법관이 이를 불허하고 체포하는 데까지 이르게 되었다"고 했다.

여성의 북문외유北門外遊도 허용됐다. 도성의 북문인 숙정문은 다른 문에 비해 외지고 음기가 강한 북향이어서 평소에는 폐쇄되어 통행이 금지됐다. 이로 인해 "숙정문 밖에 뽕밭이 많다", "못난 사내가 북문에서 호강 받는다" 등 다양한 속설이 퍼졌다. 여성들이 대보름날 북문을 세 번 왕래하면 그해 모든 액운이 없어지고 일 년 내내 몸이 건강해진다고 생각했다.

돌팔매 놀이 또는 편싸움이라 부르는 '석전石戰'도 대보름 때 행해졌다. 마을 단위로 편을 갈라 서로 돌을 던져 도망가는 편이 생기면 승부가 갈린다. 돌팔매를 통해 우환을 떨치고 한해의 안녕과 풍년, 무병을 기원했다. 《동국세시기》는 서울에서 벌어진 석전을 소개한다.

| 북적북적한 옛거리 풍경(일제강점기) |

©국립중앙박물관

　《동국세시기》에 의하면, 남대문과 서대문, 서소문 밖 주민들과 아현 주민들이 떼를 이뤄 석전을 했다. 만리재 위에서 고함을 지르고 돌을 던지다가 몽둥이를 들고 달려들기도 했다.

　삼 문 밖이 이기면 경기에 풍년이, 아현이 이기면 팔도에 풍년이 든다고 했다. 《동국세시기》는 "바야흐로 싸움이 심해져 이마가 터지고 팔이 부러져 피를 보고도 그치지 않는다. 그러다가 상처가 나고 죽기도 해 나라에서 특별히 금지하지만, 고질적인 악습은 고쳐지지 않는다"며 "성안의 아이들도 본받아 종각 거리나 비파정琵琶
亭† 부근에서 편싸움을 하였다"고 기록했다.

정치적 혼란기 속 설날 전통 퇴색 ,

구한말에 이르면 극심한 정치적 혼란기 속에 설날의 활기 넘치던 설 분위기도 침체되고 퇴색된다. 왕실과 관청의 도자기 납품 공인貢人인 지규식이 1900년 전후 쓴《하재일기》속 설날은 이전 세대와 아주 다르다. 지규식은 설날 아침에 간단히 차례를 지내고 평소처럼 일터로 출근했다.

> "차례를 마치고 곧바로 관성제군(관우)을 배알하였다. … 공방(직장)에 도착하니 자리에 시축†† 하나가 보였다. 바로 유 초사의 설날 시였다. 곧바로 차운하여 가볍게 작은 목소리로 읊조렸다."

오늘날 서양 문화의 급속한 확산 추세 속에 안타깝게도 우리 고유의 세시풍속이 점점 사라지고 있다. 그렇더라도 가족들이 모처럼 한데 모여 차례 지내고 세배하는 설날 전통은 지속될 수 있기를 희망해본다.

---

† 종로 관수동에 있던 정자.
†† 시를 적은 두루마리.

| **작자미상 풍속화(조선 후기)** | 다리 주변의 풍경을 묘사한 그림. 신명 난 놀이판이 한창인 가운데 남자들이 다리를 건너가는 젊은 여성을 쳐다보고 있다.

2장

지옥보다 못한 최악의 헬조선

숙종 호시절을 휩쓴 대기근

소빙기 한반도 강타한 대재앙

《숙종실록》숙종 23년(1697) 10월 23일의 내용이다.

"팔도에 크게 기근이 들었는데, 경기와 호서(충청도)가 더욱 심하였으며 도성 안에는 시체가 산더미처럼 쌓였다."

또 다음은 1년 뒤인《숙종실록》숙종 24년(1698) 10월 21일 기록이다.

"심한 흉년이 겹친 것이 지금 4년이 되었도다. 살아남은 백성들은 혹독한 질병까지 걸려 봄부터 겨울까지 날과 달로 악화하여 병들지 않은 마을이 없으며, 지금은 옮길 만한 지역도 없구나. 죽은 시체가 겹쳐 누웠으니 경사京師(서울)와 팔로八路(전국)의 참혹한 재앙은 옛날에도 드문 일이라네."

19세기 유행한 한글 소설들은 첫 부분이 한결같이 "숙종대왕 호시절에…"라는 상투적 표현으로 시작한다. 그만큼 숙종 재위기가 가장 태평했다고 인식했던 것이다. 오늘날 우리의 생각도 크게 다르지 않아, 숙종 치세를 흔히 18세기 영·정조 황금시대의 서막을 여는 시발점으로 이해한다. 그러나 실록에 드러난 당시의 실상은 이런 통념과는 전혀 다르다. 한국 역사상 유례를 찾기 힘든 최악의 대기근과 전염병이 한꺼번에 덮치면서 서울을 포함해 전국적으로 희생자가 속출한 '총체적 난국의 시대'였다. 숙종 21년인 1695년(을해)과 1696년(병자) 조선을 강타한 대재앙을 '을병대기근'으로 부른다. 참상은 두 해에만 그치지 않고 1699년까지 계속됐다. 따라서 을병대기근은 흔히 17세기 말 5년간의 기근 상황을 통칭한다.

냉해·가뭄·홍수 반복되며 대기근 맹위

앞선 현종 대에도 대기근은 있었다. 현종 11년인 1670년(경술)부터 1671년(신해)까지 2년간 조선을 초토화한 '경신대기근'이다. 실록 속 처참한 참상은 목불인견 수준이다.

"서울 버외에 굶어 죽은 시체가 도로에 이어지고 있다. 부모와 처자가 서로 베고 깔고 함께 죽었고, 혹은 어미는 이미 죽고 아이가 그 곁에서 엎드려 젖을 빨다가 따라 죽기도 한다. … 사방에 염병이고 (환자들을 격리해 수용한) 움막이 끝없이 펼쳐지니 참혹한 광경과 놀라운 심정을 이루 말로 할 수 없다.”

- 《현종개수실록》 현종 11년(1671) 6월 4일

“주리고 병들어 사망한 무리를 한성에서 매우 가까운 곳에다 묻은 것이 이루 다 헤아리지 못한다. … 주인이 없는 주검이 모두 6,969구, 구덩이에 메꾸어져 있는 해골을 수습하지 못한 것이 또 얼마인지 알 수 없다.”

- 《현종개수실록》 현종 12년(1672) 9월 30일

두 번의 역대급 대기근이 일어난 17세기는 기후학적으로 ‘소빙기’였다. 세기 전반에 걸쳐 지구의 평균 기온이 1~2도 내려가 서늘한 여름과 한랭한 겨울이 장기간 지속되면서, 전 세계적으로 냉해와 가뭄, 홍수 등 자연재해가 끊이지 않았다. 이로 인해 대흉작과 기근이 해마다 되풀이되면서 기하급수적 사망자를 냈다. 조선도 마찬가지로 이상저온의 직격탄을 맞았다.

“남북의 각 고을이 하나같이 가뭄, 수해, 바람, 우박의 재난을 당하여 각종 곡식이 거둘 것이 없게 되었으며 상수리 열매도 익지 않았다. 농민들이 진을 치고 모여서 통곡하는 소리가 들판을 진동시켰다.”

- 《현종실록》 현종 11년(1670) 8월 11일

주린 배를 채우기 위해 초근목피로 연명했고 심지어 인육도 마다하지 않는 지경에 이르렀다. "굶주린 엄마가 죽은 남매를 삶아 먹었다"(《현종실록》 1671년 3월 21일), "실성한 백성이 사람고기를 먹었다"(《숙종실록》 1696년 2월 5일)는 끔찍한 소식들이 임금에게 속속 보고됐다.

조정, '인육을 먹었다'는 보고에 경악하다

굶주린 백성들을 먹여 살리느라 나라의 창고는 텅텅 비었고, 조선 정부는 자존심도 버리고 오랑캐국 청에 양곡 지원을 요청하기도 했다. 조선조정은 숙종 24년(1698) 청에서 3만 석을 실어와 1만 석은 무상으로 제공하고, 2만 석은 유상으로 판매했다.

기근의 만성화는 사람들의 면역체계를 약화시켜 전염병 감염 위험을 높인다. 기근기에는 늘 역병이 기승을 부리며, 역병으로 인해 대규모 사망자가 생긴다. 조선에서는 유리걸식하던 백성들이 진휼청에서 나눠주는 식량을 먹기 위해 서울로 몰려들면서 역병이 급속도로 번졌고, 속수무책으로 인명피해가 발생했다.

우리 역사상 최악의 기근 참사라는 경신대기근 시기의 피해는 어느 정도였을까.

"홍수와 가뭄이 재앙이 되고 해마다 흉년이 져서 굶주려 사망하는 참상이 지난해에 이르러 극도에 달했다. … 기근·전염병으로 죽은

| 해골이 뒹구는 계곡(1900년대 초) |　　　　　　　　　　　　　　　©국립민속박물관(헤르만 산더 기증 사진)

토착 농민까지 온 나라를 합하면 그 수가 백만에 이르고, 더욱이 한
마을이 모두 죽은 경우가 비일비재하다."

　　　　　　　　　　　　－《현종개수실록》 현종 12년(1671) 12월 5일

　《숙종실록》에도 경신대기근의 사망자가 언급된다. 숙종 21년
(1695) 10월 8일 기사는 "경술년(1670), 신해년(1671)의 구휼책이 완전
무결하다고 할 수는 없었으니, 수레에 시체를 가득 실어 하루에도
6~7차례 성문을 나아가서 온 나라의 죽은 자가 백만에 가까웠다"
고 했다.

　경신대기근 때 인구감소와 관련한 좀 더 구체적인 숫자는 《증

보문헌비고》'호구조'의 식년호적을 통해 파악가능하다. 식년호적은 호구를 파악하기 위해 3년마다 작성해야 하는 신고서인데, 이에 의하면 실록의 기록에서 참상이 최고조에 달했던 1670년을 전후한 1669년과 1672년의 3년간 가구수는 16만 5,357호, 인구는 46만 8,913명이나 축소됐다.

역병까지 겹치면서 사망자는 눈덩이처럼 불어나

그런데 '숙종 호시절'에 닥쳤던 을병대기근은 이를 크게 능가한다. 숙종 25년(1699) 11월 16일자 실록에서는 "1696년에 처음으로 호구장적帳籍(대장)을 만들고자 했지만, 흉년으로 인해 못하고 이제야 비로소 완성하였다. 전국을 통틀어 호수가 129만 3,083호이고 인구가 577만 2,300명이다. 1693년과 비교해 보면 호수는 25만 3,391호, 인구는 141만 6,274명 감손되었다. 1695년 이후 기근과 전염병이 참혹해 이 지경이 된 것"이라고 했다. 을병대기근으로 나라 전체 인구의 20%가량이 사라져 버렸다는 것이다. 하지만 실제 피해는 이보다 많았을 것으로 추정된다. 지방관이 처벌을 두려워해 사망자 수를 축소해서 보고했을 개연성이 있기 때문이다. 학계는 당시의 조사가 실제 피해 호구의 50%가량만 기록됐을 것으로 본다.

대재앙은 농촌의 붕괴를 가져왔고 대량의 유민을 양산했다. 실록에 따르면 북방 유민이 충청도, 전라도, 경상도의 삼남까지 대거 옮겼고, 무엇보다 서울로의 유민 이동이 두드러졌다. 조선 정부는 유민들을 강제로 고향으로 되돌려 보내려고 했지만, 성과는 미미했다. 《숙종실록》 숙종 29년(1703) 3월 27일자 기록은 "진휼청에서 귀향을 원하는 굶주린 자를 뽑는다 하니, 응한 자는 10분의 1에도 못 미쳤고, 다음날 병을 이유로 가지 않거나 도망쳐 흩어진 자가 또 3분의 1이 넘었으니, 본토에 도달한 자가 과연 몇이나 되는지 알지 못한다"고 했다.

결국 조정은 난상 토론 끝에 유민을 수용하는 쪽으로 방침을 바꿨다. 숙종 29년(1703) 2월 26일 기록에 의하면, 고향으로 가는 도중 양식 확보가 어렵고 고향에서도 곡식이 부족할 수 있어 유민들을 경기지역에 나누어 소속시켰다.

기후 재앙 결과로 도성 주변 사막화 가속

17세기를 강타한 소빙기는 중장기적으로 다양한 변화를 불러왔다. 이상저온으로 수목 생장이 극도로 제약되는 환경에서 서울의 인구 집중은 산림의 극심한 황폐화를 초래했다.

조선 중기 이전만 해도 상류층은 중국처럼 침상과 탁자를 사용한 입식 위주로 생활을 했고, 온돌은 환자치료 등 특수목적을 위해 매우 작은 규모로 설치했다. 그러나 17세기 이후 사대부 계층은 물론이고 왕실에서도 온돌을 적극 도입한다. 이익(1681~1763)의 《성호사설》은 "천한 종들이라도 따뜻한 방에서 잠을 자지 않는 자가 없다"며 "산에 나무가 어찌 고갈되지 않을 수 있겠는가"라고 했다. 게다가 재해와 기근을 피해 도시로 이주한 유이민들이 산비탈을 마구잡이로 개간하면서 도성 인근의 산은 나무는커녕 풀도 없는 사막으로 변했다. 민둥산이 되어버린 도성의 사산四山에서는 비만 오면 모래와 자갈이 흘러내렸고 도성 내 물길을 막았다. 도성을 가로지르는 청계천은 흙이 쌓여 여름철이면 범람을 되풀이하다 보니, 청계천 준설은 국가적 관심사였다.

모든 게 절망적이었던 것만은 아니다. 이상저온으로 조선 후기 동해에서는 한류성 어종인 명태가 넘쳐났다. 이규경(1788~1856)의

| 청계천(1906~1907년) | 조선 후기 비가 오면 서울의 민둥산에서 토사가 흘러내려 청계천의 물길이 막혔다.

©국립민속박물관(헤르만 산더 기증 사진)

《오주연문장전산고》는 "명태를 말린 건제품이 전국에 유통되어 매일 반찬으로 삼고, 여염뿐 아니라 유가儒家에서도 이를 제사에 쓴다"고 했고, 이유원(1814~1888)의 《임하필기》도 "이 물고기가 해마다 수천 석씩 잡혀 … 마치 한강에 쌓인 땔나무처럼 많아서 그 수효를 헤아리지 못한다"고 했다.

무엇보다 도성 인구 증가 과정에서 자본주의의 맹아가 출현했다. 《비변사등록》, 《장빙등록藏氷謄錄》 등 고문헌을 분석한 기존 연구[+]에 따르면, 도성 밖 연강산저민沿江山低民[++]은 인조 23년(1645) 2,261호에서 현종 11년(1670) 5,000호로, 영조 19년(1743)에는 8,463호까지 증가한다.

유민들 정착한 한강 변 상업중심지로 부상

이에 따라 17세기 후반 한강 변에 신생 촌락이 속속 생기고 이들 촌락이 한성부에 편입되면서 한강 변은 상업 중심지로 부상한다. 빈민들은 세곡의 하역 운송을 통해 생계를 유지하기도 했지만, 어부이거나 선운업자, 여객 주인 업으로 막대한 부를 축적해 경강 지역을 지배한 세력도 등장했다. 연강산저 지역은 유교적 명분과 신분적 질서가 지배하는 도성 안과 달리 근대적 경제 원리가 작동하는 공간이었다.

[+] 고동환, 〈조선후기 서울 상업발달사 연구〉, 《역사비평》 통권 43호, 1998
[++] 강변과 산간지역 거주자를 뜻한다.

이들과 연계해 18세기 전후로 서소문 밖에는 칠패시장(현 중구 봉래동)이 번성했다. 칠패시장은 무허가 난전 시장이었지만 삼남의 물류가 집결돼 도성으로 반입되는 통로에 위치해 어물전을 중심으로 관허시장인 종로 시전을 압도하며 서울의 시장을 주도했다.

17세기 기근은 후대에도 '경신을병'으로 묶여 회자됐을 만큼 사람들의 기억 속에 오랫동안 각인됐다. 21세기에 직면한 글로벌 기후변화는 우리의 삶을 어떻게 변화시킬 것이며, 또한 우리에게 어떻게 기억될 것인가.

서소문 밖에 내걸린 범죄자의 머리

한양 백성들 떨게 한 도심 사형장

세조 2년(1456) 6월 2일, 성삼문, 박팽년 등이 세조를 시해한 뒤 단종(1441~1457)을 복위시키려고 모의하다가 발각된다. 연루자 70여 명이 참혹하게 목숨을 잃은 '단종 복위 사건'이다. 고문 도중 죽은 박팽년, 자살한 유성원을 제외한 성삼문, 이개, 하위지, 유응부, 김문기, 성승, 박쟁, 권자신 등 주모자들은 군기감軍器監† 앞길에서 거열형에 처해졌다. 흔히 능지처참, 능지처사라 불리는 '거열형車裂刑'은 수레나 우마에 사지를 묶어 몸을 조각내 죽이는 최고 극형이다. 세조는 백관을 모아 빙 둘러서게 한 다음, 거열장면을 지켜보게 했으며 사흘간 머리를 저자에 효수梟首했다. 군기시는 현재의 서울시

---

† 1466년에 군기시로 개칭했다.

청, 한국프레스센터 자리에 있던 조선 병기 제조 관청이었다.

한편, 조선 중기 천재 시인 허균(1569~1618)은 민중봉기를 선동하는 '남대문 괘서 사건'의 주모자로 지목돼 참수형을 당했다. 《광해군일기》 광해 10년(1618) 8월 24일 기사는 "서쪽 저잣거리에서 모든 벼슬아치가 지켜보는 가운데 허균의 형이 집행됐고 머리는 효시 됐다"고 기술한다. 그의 가족도 죽거나 귀양 갔으며 재산이 몰수되고 집은 헐려 못이 됐다. 그러나 허균은 죄가 없었고 당대에도 논란이 제기됐다. 대북파의 영수 이이첨의 모함에 의해 살해됐던 것이다. 그가 허무한 죽음을 맞이했던 서쪽 저잣거리는 서소문 바깥쪽의 네거리이다. 서소문 밖 사형장은 오늘날 중구 중림동, 순화동 일대다.

처형장은 뜻밖에 큰길과 대형 시장 옆에 설치

세조 입장에서야 사육신이 대역죄인이기는 하지만 경복궁 가까이의 도성 한복판 대로에서 수많은 사람을 한꺼번에, 그것도 공포스럽고 끔찍한 방식으로 처형한 사실이 놀랍다. 무력으로 왕위를 찬탈한 후 급속한 민심 이반에 직면한 세조의 다급한 심정이 짐작된다. 같은 모반혐의의 허균은 도성 바로 밖 시장에서 처형됐다. 흔히 사형장이라면 인적이 드문 장소에 둬야 한다고 생각하지만, 조선시대는 달랐다. 한양의 사형장은 이들 지역 외에 또 어디에 있었을까?

| 새남터 형장 효수 모형 | 용산구 신계동 새남터에는 왕의 호위 군대인 '어영청'의 훈련장이 있어 국사범 처형 터로 자주 활용됐다. 모형은 새남터 기념관에 전시돼 있다.

《고종실록》 1872년 4월 30일 기사는 "본래 사형은 서소문 밖에서만 거행했지만, 급히 처형해야 할 죄인은 무교武橋[+]에서 집행했다"고 밝힌다. 공식 처형장은 서소문 밖이었지만 시급을 다투는 중대 범죄자는 도성 안에서 죽였다는 것이다.

전근대사회의 형벌 제도는 동서를 막론하고 모든 나라에서 일벌백계의 원칙하에 엄벌주의를 지향했다. 조선도 잔인하고 엽기적인 처벌을 통해 많은 사람들에게 경각심을 주어 범죄를 예방하고

[+] 당시 군기시 앞의 다리 명칭.

자 했다. 조선시대 사형은 사약을 먹이는 '사사賜死', 목을 매다는 '교형', 목을 자르는 '참수형', 머리와 손·발을 자르는 '능지처참'의 4등급으로 구분된다. 신체를 보존할 수 있는 사사와 교형은 왕족과 고관을 대상으로 선고되는 우대형이었다. 반면 신체 훼손을 금기시했던 조선에서 몸과 머리를 분리시키는 참형 이상은 훨씬 무거운 형벌로 간주됐다. 극형을 받았던 국사범 등 중범죄는 공개형을 원칙으로 했다. 거열된 뒤 절단한 머리는 '효수梟首' 또는 '효시'라하여 대개 사흘간 거리에 매달아 두었으며, 또한 잘라낸 팔과 다리는 팔도의 각 지역에 돌려서 보도록 했다. 전시된 시신을 수습하는데에는 1년여가 걸렸고 신체 전부를 되찾는 것도 쉽지 않았다.

인구 늘며 강력범죄 빈발

범법자를 잔인한 방법으로 죽이는 것은 많은 사람들에게 경종을 울리는 동시에, 국왕의 존엄과 국법의 권위를 과시하려는 목적이었다. 사실, 조선시대 한성은 도시화와 유민의 유입 등으로 범죄발생률이 지방에 비해 훨씬 높았다. 조선 후기 강력범죄 판례집인 《심리록審理錄》에는 정조가 재위 기간 판결한 1,112건의 중범죄 사건이 실려 있다. 이에 의하면, 한성부에서 발생한 범죄건수는 조선전체 범죄의 14.5%에 달했다. 한성의 당시 인구가 18만 9,000여명으로 전체의 2.6%에 불과한 것과 비교할 때 한성의 범죄율이 현저히 높았음을 알 수 있다. 한성부 내 5부에서는 신흥 상공업 지역

조선시대 한양의 사형장

구분	장소
도성 안	◦군기시(서울시청·프레스센터) 앞 저자거리 ◦무교(군기시 다리) ◦혜정교(세종대로 사거리 광화문우체국 앞 우포도청 다리) ◦파자교(종로 3가 단성사 옆 좌포도청 다리) ◦철물교(보신각 근처 다리) ◦금천교(종로구 체부동 금위영 다리)
도성 밖	◦서소문 밖(중구 중림동·순화동 일원) ◦당고개(용산구 신계동) ◦새남터(용산구 이촌동 어영청 훈련교장 입구) ◦절두산 및 양화나루터(마포구 합정동 총융청 훈련교장)

이었던 서부(지금의 용산, 마포 일대)에서 가장 많은 69건의 범죄가 일어났다. 폭증하는 범죄 해결을 위해 강력한 처벌이 필요하다고 여겼던 것이다.

이에 따라 공개 처형은 많은 사람들이 오가는 시장이나 그 주변에서 거행됐다. 〈코리아 리뷰〉 1903년 12월 호는 1894년 이전에 있었던 서울의 사형장으로 경복궁의 바로 서쪽에 위치한, 아주 오래된 다리인 금천교, 종로의 서쪽이자 대로의 첫번째 다리인 혜정교, 무교, 서소문 밖, 한강변의 새남터 등 5곳을 꼽았다. 〈코리아 리뷰〉는 미국 감리교 선교사인 호머 헐버트(1863~1949)가 일본의 조선 침략을 폭로할 목적으로 1901년부터 1906년까지 발간한 영문 월간 잡지다. 금천교는 '금청교' 또는 '금교'라고도 했다. 종로구 체부동 일대 청계천의 지류인 백운동천에 있었던 다리로 5군영의 하나인 금위영禁衛營†이 한때 이 다리 앞에 있어 사형 터로 활용됐던 것이다. 혜정교는 광화문 북쪽에서 흘러내린 중학천이 청계천으로 유

---

† 대궐과 도성 수비 군대

입되는 지점의 다리로 그 옆에 우포도청(현재의 광화문우체국)이 자리
했다. 포도청은 한양 일대의 치안을 담당하는 경찰기관으로, 좌포
도청, 우포도청 등 두 개의 청사가 있었다.

대역죄인 군기시·종로 육의전에서 처형

무교는 정동과 서소문동 쪽에서 흘러내리던 정릉동천에 놓인
다리였다. 군기시 동쪽에 있어 군기시교, 군기교라고도 했다. 1920
년대에 정릉천이 복개되면서 없어졌다. 무교뿐만 아니라 군기시
대로에서도 사형이 거행됐다. 철물전이 밀집했던 철물교(보신각 근처
다리), 좌포도청 파자교도 처형장으로 쓰였다. 연산 10년(1504) 무오
사화 때 김굉필(1454~1504)의 머리가 철물교에 효수됐다. 이들 처형
장은 경복궁에서 가깝기도 했지만, 종로의 육의전을 비롯한 관허
상점이 산재한 곳이기도 했다. 도성 안에서는 주로 군율을 적용한
국사범 처형이 이뤄졌다.

도성 밖의 서소문 밖 네거리는 조선 건국 이래 정부가 지정한
공식 사형장으로 운영됐다. 서쪽은 사물을 죽이는 성질이 있다는
뜻의 '숙살肅殺'이 있는 방향으로 여겨, 형벌도 서쪽에서 행해야 한
다고 인식했다.

서소문 밖은 성저십리⁺ 내 가장 번화한 지역이기도 했다. 강화

⁺ 城底十里. 도성에서 4㎞(10리) 이내의 지역을 일컫는 말.

| 조선시대 공식 사형장이었던 서소문 밖 | 서소문 밖 네거리는 삼남의 물산이 집중돼 성저십리 중 가장 번화한 장소였다. 많은 사람들에게 경각심을 주기 위해 조선 정부는 이곳을 사형장으로 운영했다.

©국립민속박물관

도를 거쳐 양화진과 마포, 용산 나루터에 도착한 삼남의 물류가 집결하여 도성으로 반입되는 통로였다. 이에 따라 서소문 밖 네거리는 17세기 후반에서 18세기 칠패시장과 서소문 시장이 번성했다. 백성들에게 경종을 울리기에 최적의 조건을 갖춘 장소였던 것이다. 서소문역사공원에 있던 이교泥橋 밑 만초천蔓草川 백사장이 형장이었다고 전한다.

공식 사형장은 서소문 밖

이곳에서의 처형은 일상사였고 백성들도 무감각했다. 영국의 여행 작가 이사벨라 버드 비숍(1831~1904)은 서소문 네거리를 지나다가 동학군의 잘린 머리를 목격했다. 그녀의 책《조선과 그 이웃 나라들》에서는 "그들의 머리는 세 발의 장대에 묶여 허공에 매달려 있었다. 장대가 쓰러져 먼지투성이의 길 위에 머

| 서소문 밖 네거리에 효수된 동학군 머리 |
©미국 헌팅턴도서관(책 런던 컬렉션)

리가 버려지자 개가 뜯어먹었고, 그 옆에서 어린아이들이 아무렇지 않게 놀았다"고 했다.

용산 만초천 하류의 당고개(현 용산구 신계동)도 공식 사형장으로 애용됐다. 경종의 편에 섰던 김일경(1662~1724)과 목호룡(1684~1724)이 영조 즉위 직후 이곳에서 목이 잘렸다. 당고개는 헌종 5년(1839) 기해박해 당시 천주교 신자들이 순교한 장소이기도 하다. 천주교에서 1986년 순교 기념비를 세웠고 주변은 신계 역사공원으로 단장됐다.

조선 후기 이후 사회가 안정되고 경제가 발달하면서 조선 초기 10만 명이었던 서울 인구가 18세기 후반에는 30만 명까지 늘어난다. 서소문 밖과 당고개 일대에도 민가가 조밀하게 들어서며 사형장이 기피시설이 됐다. 결국 사형장은 한강 백사장(현 새남터와 절두산)으로 밀려난다.

용산구 이촌동의 새남터는 훈련도감과 어영청의 훈련장이 위치했다. 도성의 서쪽 방위이고 또한 경강 유통경제의 중심지로 부상한 용산장에도 접해 군율 적용 처형 터로 맹위를 떨쳤다. 순조 1년(1801) 신유박해 때 중국인 주문모(1752~1801) 신부가 처형당한 뒤로 많은 천주교 신자들의 순교지가 됐다. 김대건 신부도 헌종 12년(1846) 7월 25일 새남터에서 효수됐다. 1950년 천주교회가 순교 기념지로 지정했다.

사형장, 민가 밀집하자 한강 변으로 이전

마포구 합정동의 양화진은 경기도 방어 군대인 '총융청'의 훈련장이었다. 잠두봉 바로 아래 양화진 나루터는 한강을 통해 각 지방에서 조세곡 수송선과 어물, 채소 등을 실은 배가 드나들었다. 잠두봉은 경치가 좋아 한강의 명승 중 하나였지만 고종 3년(1866) 병인박해 때 천주교 신자들의 집단 처형이 벌어진 후 '절두산切頭山'이라 불렸다. 1956년 순교 성지로 성역화했고 1967년 순교 성지 기념성당과 박물관을 건립했다. 갑신정변의 주역 김옥균(1851~1894)도

양화진 강변 백사장에서 능지처참 돼 전시됐다. 당시 서울 주재 각
국 외교관들이 조선 정부에 전시 중단을 요구했지만 시신은 16일
간 효수된 채 방치됐다.

처형장으로 끌려가는 사형수의 심정을 비장하게 읊은 걸작 시
가 있다.

擊鼓催人命	북소리 울려 목숨을 재촉하고
回頭日欲斜	고개 돌리니 해가 저무는구나
黃泉無一店	황천길에는 주막도 없다는데
今夜宿誰家	오늘 밤은 뉘 집에서 묵을 것인가

심금을 울리는 이 시는 대표적 절명시絕命詩[+]로 요즘도 자주 언
급된다. 춘원 이광수의 《단종애사》에 소개된 후 사육신 성삼문
(1418~1456) 유작으로 인식됐지만 아쉽게도 작자는 중국인이다. 생
육신인 남효온의 《육신전》에 누군가 이 시를 소개하면서 성삼문의
시라고 주석을 단 게 오해의 시작이었다. 그러자 어숙권이 《패관
잡기》에서 양억의 《금헌휘언今獻彙言》을 인용하며 "명나라의 손궤孫
蕢라는 인물이 남옥藍玉의 옥사 때 형장으로 끌려가면서 쓴 시"라고
판명했고, 《순암집》, 《육선생유고》 등 후대 여러 책에서도 동일한
사실을 밝혀냈다.

| **1960년대 절두산 모습(1968년 3월 18일 촬영)** | 천주교 박해 때 수많은 신자가 절두산에서 참수형으로 죽었다. 잘린 목은 강으로 던져졌다고 전해진다.

©서울 역사박물관

능지처참 폐지 후에도 고통스러운 집행 지속

1894년 갑오개혁 이후 야만적인 능지처참 형벌은 역사 무대에서 자취를 감췄다. 그렇지만 사형수들은 여전히 참형 이상의 고통을 받았다.

1904년 스웨덴 여기자 아손 그렙스트가 쓴 《나, 코리아I,Korea》는 "관군 20여 명을 살해한 산적의 교수형은 굵은 막대기로 안다리 뼈, 팔뼈, 갈비뼈를 차례로 부러뜨린 뒤 고통스럽게 목숨을 끊는 방식으로 진행됐다"고 전했다. 제도가 바뀌어도 관념과 의식은 더디게 변하기 마련이다.

한양은 호랑이 소굴

한양을 강타한 호환의 공포

1390년, 고려 34대 공양왕(재위 1389~1392)은 송도[+]의 기운이 다했다는 도참의 주장을 받아들여 한양으로 천도를 추진한다. 한양에는 이미 15대 숙종(재위 1095~1105)이 완공한 남경 궁궐[++]이 있었다. 공양왕은 간관들의 반대를 무릅쓰고 결국 그해 음력 9월 수도이전을 단행하고야 만다. 그런데 불과 5개월 만인 이듬해 다시 송도로 되돌아왔다.

귀환한 이유가 뜻밖이다. 《고려사》 중 〈공양왕세가〉에서는 "(한양에서) 호랑이가 출몰하는 등의 재해가 일어나는 바람에…"라고 밝

[+] 지금의 개성.
[++] 연흥정(延興殿)이라 부르며, 현재의 청와대 자리이다.

히고 있다. 천도라는 역점 국가사업을 백지화시킬 만큼 한양에서 호환虎患이 끊이지 않았다는 것이다.

인구 10만의 거대도시에 맹수 우글우글

흔히 서울의 역사를 600년이라고 하나 서울은 사실 고려시대부터 거대도시였다. 한양에는 고려 11대 문종 21년(1067) 고려 3경 중 하나인 남경南京이 설치됐고, 이어 숙종 9년(1104) 남경 궁궐까지 지어졌다.

고려시대 한양의 인구를 알기는 어렵지만 조선 초에는 10만 명 가량이었다. 《세종실록》 세종 10년(1428) 윤 4월 8일 기사에 의하면, 한성부가 한양의 인구를 왕에게 보고하는데 그 수는 도성 내의 경성 5부 10만 3,328명, 성저십리 6,044명 등 총 10만 9,372명이다. 한양도성 둘레가 18.6km에 불과하다는 점을 고려하면 상당한 규모의 인구다.

인구밀도가 높았던 한양은 놀랍게도 호랑이가 우글대는 맹수의 소굴이기도 했다. "인왕산 모르는 호랑이 없다"는 속담도 있듯 인왕산은 호랑이 출몰이 빈번했다. 《인조실록》 인조 4년(1626) 12월 17일 기사는 "인왕산 성곽 밖에 호랑이가 나타나 나무꾼을 잡아먹었다"고 했다. 이 호랑이는 성안으로 들어왔다가 결국 도성을 수비하는 훈련도감과 총융청의 군사들에게 포획됐다. 《승정원일기》에도 인왕산 호랑이가 허다하게 언급된다.

| 마지막 한반도 호랑이 | 1921년 한반도 남부의 마지막 호랑이가 불국사에서 가까운 경주 대덕산에서 사살됐다. 이후 한국호랑이는 멸종된 것으로 알려졌다. 호랑이 옆 넥타이를 매고 중절모를 쓴 신사는 경주 유력자였던 이복우 씨.
©엔도 키미오

"인경궁仁慶宮(광해군이 지었으며 서촌 대부분을 차지했던 큰 궁궐) 남쪽 성문 밖에 호랑이가 들어왔다. 호랑이는 지난달 29일과 이달 1일 밤중에 계속 돌아다니며 형조판서 이명(1570-1648)의 집에서 기르는 개를 물어갔다. 6개월 전에 (호랑이를) 포획해 근래에는 이런 일이 전혀 없었는데 도성 안에서 걱정거리가 생겼다."

— 《승정원일기》 인조 16년(1638) 6월 2일

도성·궁궐 출몰하며 인명과 가축 살상

궁궐이라고 안전지대가 아니었다. 태종 5년(1405) 7월 25일 실록은 "밤에 호랑이가 경복궁에 들어와 근정전 뜰을 돌아다녔다"고 서술했다. 대궐을 범하는 것도 모자라 제 집인 양 보금자리를 틀기도 했다. 선조 40년(1607) 7월 18일 실록은 "창덕궁 안에서 어미 호랑이가 새끼를 쳤는데 그 새끼가 한두 마리가 아니다"라고 기술한다.

한양은 지형적으로 내사산†과 외사산††에 둘러싸여 있어 야생의 호랑이가 서식하기 아주 좋은 환경이었다. 산속에 낮에 숨어 살다가 밤이 되면 먹잇감을 노리고 수시로 민가에 내려와 사람과 가축을 살상했던 것이다.

한양의 호환은 조선 후기에 더욱 기승을 부리게 된다. 《영조실록》 영조 10년(1734) 9월 30일 기사는 "사나운 호랑이가 마음대로 돌아다니며 여름부터 가을에 이르기까지 140명을 물어 죽였다"고 했다. "피해는 서울·경기지역이 더욱 극심해 식자들이 걱정한다"고 실록은 설명을 덧붙인다.

영조 30년(1754) 윤 4월 19일 실록도 "경기지방에 호환이 심해 한 달 동안 먹혀 죽은 자가 120여 인이었다"고 쓰고 있다. 실록에 나열된 피해 실상은 목불인견의 지경이다. 호랑이가 어머니를 공격하는 것을 아들이 막대로 뒤쫓다가 함께 물려 죽었고, 아버지를 물고 가는 호랑이 꼬리를 잡아당기다가 아버지, 아들이 모두 희생되기

---

† 内四山. 북악산, 인왕산, 남산, 낙산이 이에 해당된다.
†† 外四山. 북한산, 관악산, 용마산, 덕양산을 뜻한다.

도 했다. 영조는 두 아들을 효자로 정표하고 '휼전恤典[*]'을 내렸다.

외국인들의 기록에도 맹수들이 등장한다. 주한 미국 공사이자 의사였던 호러스 알렌Horace Allen(1858~1932)은 호랑이 공격을 받은 환자를 직접 치료했다. 1908년 발간된《조선의 풍물Things Korean》에서 "내가 조선에서 처음 집도한 수술은 호랑이 공격을 받은 어떤 조선인의 팔을 잘라내는 절단 수술이었다. 팔꿈치 바로 위에 있는 뼈가 호랑이에게 물려 썩고 있었다"고 했다. 알렌은 "그러나 상처가 잘 회복돼 그의 친구들도 의아할 정도였다"고 덧붙였다.

기후변화, 서식지 파괴로 인간 영역 침범

《조선왕조실록》,《비변사등록》,《승정원일기》,《일성록》,《각사등록》 등 문헌을 종합적으로 분석해 보면, 숙종에서 정조 대 도성·경기지역의 호환기록은 숙종 52건, 경종 9건, 영조 80건, 정조 48건 등 총 189건으로 나타난다. 이는 전국에서 가장 높은 수치였다. 같은 기간, 강원과 경상은 그 다음으로 각각 172건, 85건의 피해를 입었다.

숙종(1674)~정조(1800) 시기 한양·경기지역 호랑이 출몰 기록

계	숙종	경종	영조	정조
189건	52건	9건	80건	48건

문종상. 17~18세기 조선 정부의 포호정책 검토. 2020

---

[*] 위로금

| 인왕산 정상에서 내려다본 범바위와 도심 전경 | 성벽을 따라 오른쪽에 범바위가 보인다. 조선 후기 인왕산에는 호랑이가 유독 많이 살았다.

 이 시기 호환이 급증한 것은 기상이변과 무관치 않다고 분석한다. 17세기 소빙하기가 도래하면서 전대미문의 대기근이 덮치고 전염병마저 유행해 대량의 아사자와 병사자가 생긴다. 뿐만 아니라, 식물이 자라지 못하고 우역이 야생동물에게로 퍼지면서 호랑이 먹이가 급감했다. 서식 환경이 파괴되면서 호랑이가 인간의 영역을 침범하기 시작한 것으로 이해할 수 있다.

 호랑이의 개체수도 늘어났다. 청나라는 1681년부터 1820년까지 전 황실과 대신들을 이끌고, 허베이성 위장현의 황실 사냥터에서 대규모의 가을수렵 행사를 무려 105차례나 벌였다.

청나라 4대 황제 강희제(재위 1661~1722)는 사냥을 통해 호랑이 135마리, 표범 25마리를 잡았고, 6대인 건륭제(재위 1735~1796)는 1752년 위장의 악동도천구岳東圖泉溝에서 호랑이를 사냥한 것을 기념해 '호신창기虎神槍記'라고 쓴 비석을 남겼다. 호랑이는 청나라의 이런 대대적인 사냥을 피해 국경을 넘어 한반도로 대거 이동했던 것이다.

숙종 28년(1702) 11월 20일 실록에서 병조판서 이유(1645~1721)도 "신이 듣건대, 청나라 사람이 늘 사냥을 일삼아 사나운 짐승이 우리나라의 경계를 피해서 온다 합니다"라고 보고한다. 그러면서 "만약 서북 변방의 장수와 수령으로 하여금 군사를 동원해 때때로 사냥하게 한다면 호환을 미리 제거할 수가 있을 것"이라고 대책을 아뢴다.

중국 사냥대회 피해 한반도 대거 유입

조선도 초기까지만 해도 착호갑사捉虎甲士 설치·운영, 국가 주도의 사냥으로 포호정책은 괄목할 만한 성과를 냈다. 하지만 착호를 위한 군사편제가 부세와 부역의 성격으로 변질되면서 시간이 갈수록 효과는 줄어들었다. 무엇보다 착호군이 국가반란에 동원되면서 대규모 착호활동은 철저히 금지된다. 실제 이귀(1557~1633)는 평산 부사로 재직하면서 황해도와 경기도의 착호를 빌미로 군사를 일으켜 인조반정에 성공하기도 했다.

출입이 엄격히 통제되는 능침지역은 한양 호랑이의 주요 소굴이었지만, 신성한 왕릉을 훼손할 수는 없어 속수무책이었다. 이상기후, 화전 등으로 산림이 황폐화하면서 서식지를 잃은 호랑이들이 수목이 울창했던 왕릉의 금양지禁養地[+]로 몰려들었던 것이다.

도성 주변 왕릉 호랑이 소굴화

| **청나라 군사의 사냥 모습을 그린 호렵도 병풍(조선 후기)** | 조선 후기 호랑이가 늘어난 것은 청나라가 벌인 대규모 국가 사냥 행사를 피해 호랑이가 한반도로 대거 유입됐기 때문이라는 분석이 제기된다. ⓒ국립고궁박물관

[+] 일반인의 출입을 금지한 일종의 그린벨트.

《승정원일기》 영조 6년(1730) 8월 9일 기사는 궁중의 마필 관청인 사복시가 "살곶이 마장† 안에서 연이어 호환이 있어 그동안 물어 죽인 국마가 9필이나 되니 매우 놀라운 일입니다. 호랑이가 낮에는 강릉††, 숭릉††† 안의 수목이 무성한 곳에 숨어 있다가 밤이면 마장 안으로 넘어 들어옵니다"라고 보고했다고 적고 있다.

정조 재위기에는 도성의 호환이 의소묘懿昭廟*, 의열묘義烈墓**로 인한 것으로 인식했다. 정조 3년(1779) 3월 24일 실록은 "두 묘소가 너무 넓고 수목이 울창해 호랑이와 표범이 백성들의 우환이 되고 있다"고 지적한다. 능터를 축소하거나 벌목을 해야한다는 의견이 제기되기도 했지만, 결과적으로 가지를 조금 잘라내거나 추가적인 식목을 제한하는 미봉책으로 일관했다. 그렇다고 호환이 속출하는 데 마냥 손 놓고 있을 수만은 없었다. 조선 조정은 사냥대회를 개최하는 대신 백성을 동원했다. 이를 위해 군·민은 물론 신분 고하를 막론하고 모든 백성을 대상으로 하는 착호장려책을 수립한다. 숙종 25년(1699) 체계적 보상 규칙을 확립한 '착호절목捉虎節目'의 반포가 그것이다. 악호惡虎 한 마리 포획 기준으로 벼슬이 없는 무과 급제자는 지방의 군관에 임명하고 천민을 포함한 일반인들에게는 면포 20필을 하사하는 파격적 내용이다.

---

† 왕실 목장.　†† 공릉동 명종·인순왕후릉.　††† 구리 인창동 현종·명성왕후릉.
* 서대문구 북아현동 중앙여고 자리에 있던 정조의 동복형 묘.
** 연세대 자리의 사도세자 생모인 영빈 이씨 묘.

| 서울 노원구 소재 강릉 | 조선 13대 명종(재위 1545~1567)과 그의 부인인 인순왕후 심씨(1532~1575)의 묘소이다. 뒤쪽으로 불암산이 보인다. 서울에서 가까운 왕릉은 수풀이 우거져 호랑이의 주요 서식지가 됐다.

©국가유산청

| 일제강점기 기생까지 동원된 요란한 호랑이 사냥단 | 일본제국의 해운업 사업가인 야마모토 다다사부로는 1917년 11월 12일 부산에 도착해 다음 달 12월 6일 다시 부산을 출발해 일본으로 출국하기까지 함경도 일대에서 명포수들을 동원한 대대적인 호랑이 사냥을 벌였다. 사냥단은 '야마모토 정호군'으로 불렸다.

©야마모토 다다사부로

| 일본제국의 사업가인 야마모토 다다사부로가 잡은 호랑이 | 야마모토 정호군은 함흥에서 호랑이 2마리를 잡았다. 사진 중앙이 야마모토.

©야마모토 다다사부로

일제강점기 남획, 한국전쟁으로 멸종

포상 강화와 중앙군영[†]의 지속적 착호활동 등으로 그 많던 호랑이도 줄어들기 시작한다. 이어, 일제강점기 해수 구제 명분으로 진행된 대규모 남획과 3년간 한반도를 초토화한 한국전쟁으로 호랑이는 한반도에서 완전히 자취를 감춰버린다. 1921년 불국사 인근의 경주 대덕산에서 잡힌 호랑이를 최후로 한반도 남부에서 더는 호랑이가 발견되지 않고 있다. 표범은 1962년 가야산 국립공원 근처에서 마지막으로 생포돼 서울 창경원에서 사육됐다.

한때 학계나 언론에서 한국호랑이를 찾아다녔지만 성과는 전무했다. 인적이 끊긴 심산유곡, 어딘가에서 살아있는 야생호랑이나 그 자취를 발견했다는 소식을 들을 날이 올까.

---

† 훈련도감, 어영청, 금위영.

3장

혼돈과 격동의 역사

왜군이 점령했던 1592년

외세침략과 서울의 수난사

임진왜란 때 일본의 서울 점령 기간이 1년도 안 됐지만 백성들 사이에서는 일본풍이 유행했다.《선조실록》선조 26년(1593) 음력 10월 2일 기사에서 국왕 선조는 다음과 같이 명한다.

> "도성 백성들이 오랜 기간 왜적에게 점령되어 있어 왜어에 물든 자 가 없지 아니하다. 각별히 방을 버걸어 사용하지 못하도록 엄하게 금지하라."

조선 14대 선조(재위 1567~1608)와 제16대 인조(재위 1623~1649)는 임진왜란과 병자호란이라는 초유의 국가적 환란을 자초해 무능한 왕이라는 오명이 붙었다. 적군이 쳐들어오자 서울을 버리고 도망간 것도 공통점이다. 적 치하의 서울은 약탈과 살육이 난무하는 지상 지옥이었을까, 아니면 엄격한 신분 질서에 짓눌려 살았던 조선 백성의 억눌린 욕구가 분출된 해방구였을까.

임진왜란은 조선, 명과 일본이 대규모 병력을 동원해 7년간 벌인 국제전이다. 조선은 전 국토가 전쟁터로 변해 거의 모든 주거지가 파괴됐고 인구의 절반이 목숨을 잃었다. 그중에서도 수도 서울이 입은 피해는 실로 막대했다. 도요토미 히데요시豊臣秀吉는 "명나라로 가는 길을 빌려달라"는 정명가도征明假道 외교교섭이 실패하자 전쟁 준비에 돌입하여, 선조 25년(1592) 3월 13일 수륙 침공군을 편성하고 공격 명령을 하달했다. 육군은 9개 부대로 총병력이 15만 8,700명, 수군은 9,200명이었다. 4월 13일 오후 5시께 고니시 유키나가小西行長의 제1군 1만 8,700명을 태운 700여 척의 일본군 선박이 부산진 앞바다에 상륙하면서 임진왜란의 서막이 올랐다.

임진년 왜군, 개전 20일 만에 서울 입성

전쟁 발발 이후 서울을 중심으로 한 급박한 상황은 4월 17일 침략 급보 서울 도착, 순변사 이일(1538~1601) 파견, 4월 20일 삼도 도순변사 신립(1546~1592) 임명, 4월 25일 이일 패주, 4월 28일 신립 패배, 4월 30일 선조 파천, 5월 3일 왜군 서울 입성, 1593년 4월 18일 왜군이 서울에서 퇴각, 4월 20일 서울 수복, 10월 4일 선조 환도 순으로 전개됐다. 상주, 충주 전투의 패배가 잇달아 알려지고 국왕

| 낯선 이를 경계하는 어린이들
(20세기 초) | 수도 서울은 사변
때마다 적군에 의해 점령돼 막대
한 인명, 재산 피해가 되풀이됐다.
©미국 헌팅턴도서관(잭 런던 컬렉션)

마저 피난길에 오르자 서울의 혼란은 극에 달했다. 흥분한 난민들
은 궁궐과 관청을 약탈하고 장예원掌隸院과 형조에 보관 중이던 노
비 문서를 불살랐다. 이로 인해 경복궁, 창덕궁, 창경궁이 소실됐
고, 춘추관의 역대 실록, 다른 창고에 보관했던 고려사의 사초, 승
정원일기를 비롯한 역대 전적, 보물이 모조리 불타거나 도난당했
다. 이기(1522~1600)의 《송와잡설》은 "연기와 불꽃이 하늘에 넘쳐서

| 창신동 일원에서 바라본 흥인지문(1894년 이전) | 가토 기요마사 군대가 흥인지문을 통해 입성했다.

한 달이 넘도록 계속해서 불탔다. 그들의 마음이 흉적의 칼날보다
더 참혹하다"고 했다.

　적의 기병이 한강 남쪽 언덕에 나타나자 도성을 지키던 유도대
장留都大將 이양원(1526~1592), 도원수 김명원(1534~1602), 부원수 신각
(?~1592)이 모두 달아나 성이 텅 비었다. 고니시가 지휘하는 일본군
1군과 가토 기요마사加藤淸正의 제2군 2만 2,280명이 도성으로 진입
한 것은 5월 3일 새벽 무렵. 《선조실록》 선조 25년(1592) 5월 3일 기
사는 "적이 흥인문 밖에 이르러 문이 활짝 열려 있고 시설이 모두

철거된 것을 보고 미심쩍어 선뜻 들어오지 못하였다. 먼저 십수 명의 군사를 뽑아 수십 번을 탐지하고 종루까지 와, 군병이 한 사람도 없음을 확인한 후에야 입성하였다"고 했다. 이후 일본군의 후속부대도 속속 서울로 들어왔다.

서울·경기 총사령관 우키다 히데이에宇喜多秀家(1572~1655)는 7월 16일 군정軍政을 실시했다. 우키다는 종묘에 거주했으나 밤만 되면 괴이한 일이 생기고 군사들이 급사하자 종묘를 방화하고 진을 남별궁南別宮(현 소공동 조선호텔)으로 옮겼다. 예하 지휘관들도 화재를 면한 남촌에 자리 잡았다.†

적 치하 서울, 시장 열리고 상거래 활발

일본은 조선을 명나라 침략 전진기지로 삼고 이에 필요한 인력, 물자, 군량, 병력 등을 조달하고자 했다. 이를 위해서는 서울 백성들의 협조가 필요했다. 고니시는 서울에 도착하자마자 전 시가지에 자신의 깃발을 세우고 무법 행위를 금지했다. 백성을 도탄에 빠지게 한 조선 임금의 실정을 부각시키며 자신들이 점령군이 아니라 선정의 시혜자임을 알렸다. 굶주림과 피난 생활에 지친 도성민들은 일본군의 회유에 점차 서울로 돌아왔다. 통행증을 휴대하면

---

† 소공주동(중구 소공동), 정사룡 가옥(현 회현동 우리은행 본점 주변), 정릉동(현 정동), 서학동(西學洞, 현 서울시의회 부근), 계림군 이유 가옥(현 덕수궁), 미장동(美墻洞, 현 을지로입구 롯데호텔), 명례동(현 명동), 묵사동(현 묵정동), 호현동(현 회현동), 장흥고동(현 남대문1가 및 충무로1가)에 분산 주둔했다.

| **남대문 시장(20세기 초)** | 임진왜란 당시 적어도 왜군의 점령 초기에는 무법 행위를 금지하면서 도망갔던 백성들이 도성으로 돌아오고 시장도 활발히 열렸다.

도성 출입도 제한하지 않았다. 시장 기능이 회복되고 상거래도 활발해졌다. 《송와잡설》은 "삼의사[*]와 각 관청의 서리, 전복典僕(노복) 및 잡색雜色(천역) 무리도 모두 왜적에게 항복하였다. 그리하여 시장을 벌이고 물자 교역도 평시와 다름없이 하였다. 날마다 왜적들과 술자리를 벌이고 서로 방문하고 도박도 하였다"고 했다.

대신 저항의 움직임은 철저히 탄압했다. 《선조수정실록》 선조

---

[*] 내의원(內醫院), 전의감(典醫監), 혜민서(惠民署) 등 조선시대 의료기관 세 곳.

25년(1592) 5월 1일 기사는 "서로 모여 말을 하거나 거동이 수상한 자는 모두 불태워 죽여 동대문 밖에 해골이 산더미처럼 쌓였다"고 했다. 화형을 선택한 것은 적대행위에 대한 엄벌 의지를 각인시키려는 조치였다. 의병활동이 본격화되자 신경이 더욱 날카로워졌다. 경기감사 심대(1546~1592)가 군사를 규합해 서울을 회복하려고 시도하다가 삭녕†에서 일본군 습격을 받고 전사했다. 일본군은 심대의 머리를 종루에 60일 동안 효수했다. 점령이 장기화되면서 부역자도 속출했다.

《서정일기西征日記》는 이효인이라는 부역자를 소개한다. 《서정일기》는 고니시를 수행한 종군승려 텐케이天期가 기록한 일기다.

이효인은 술파는 상인으로 장사의 편의를 보장받으려고 텐케이에게 접근했다. 은은 물론 융복(군복), 《내외관안》†† 등 값진 선물을 수시로 바쳤고 일본군에 저항하려는 조선인 명단을 밀고했다. 《서정일기》 6월 5~6일 기사에서는 "조선인 이효인이 반란자 9명의 이름을 적어 내게 보여주었다. 이를 군영을 지키는 자에게 고하니 그가 즉시 9명을 잡아 우키다 히데이에 공에게 보냈고, 공은 즉시 법을 집행하였다"고 했다.

---

† 경기도 연천군과 철원군에 걸쳐있던 옛 지명.
†† 內外官案. 관직명, 품계, 관장사무를 수록한 책.

왜군, 평양전투 패배 후 도성 백성 학살

선조 26년(1593) 1월 9일 조명 연합군이 평양을 수복하고 조선 조정이 도성의 내응을 장려하자 도성민들이 동요했다. 위기를 느낀 일본군은 1월 24일 대량학살을 자행했다. 《선조수정실록》은 "고니시 등이 평양 패전을 분하게 여긴 데다 조선 사람이 명나라 군사와 몰래 통한다고 의심하여 도성 백성들을 모조리 죽였다. … 공공기관의 건물이나 개인 가옥도 거의 불태웠다"고 했다. 평양성 탈환 이후 조·명 연합군이 계속 남하했고, 경기도 일대 관군과 의병도 서울 수복을 목표로 일본군을 압박했다. 결정적으로 일본은 2월 행주산성 패전으로 사기가 크게 떨어져, 서울 철군과 남해안 지역으로의 재배치를 도요토미에게 건의해 3월 중순 쯤에 승인을 얻었다.

| 이동하는 조선인들(1904년) |

때마침 명과의 강화협상이 급진전되며 4월 18~19일 서울에서 철수를 시작했다. 왜군이 빠져나간 서울은 폐허 그 자체였다. 《선조실록》 1593년 4월 26일 기사에 의하면, 도체찰사 유성룡이 도성을 들어가 그 참상을 파악해 보고했다. 유성룡은 "모화관에는 백골이 쌓여 있고 성중에도 인마가 죽어 있는데 죽은 자의 수효를 헤아리기 힘들다. 악취가 길에 가득해 사람이 근접할 수 없었으며 인가도 4~5분의 1만 남아 있을 뿐"이라고 했다. 선조는 치안과 방어가 불안하다는 이유 등으로 1593년 10월 4일에서야 서울로 돌아왔다.

반정으로 왕위에 오른 인조, 세 번 도주

반정으로 왕위에 오른 인조(재위 1623~1649)는 무려 3번이나 서울을 비우고 달아났다. 처음은 인조 2년(1624) 1월 22일로, 평안 병사 이괄(1587~1624)의 반란으로 인해 2월 8일부터 2월 22일까지 공주 지역으로 파천한 일이다. 난민들에 의해 창덕궁과 창경궁이 소실됐지만 인명피해는 외침의 경우보다 비교적 경미한 편이었다. 《인조실록》 인조 2년(1624) 2월 22일 기사는 "적이 패하여 성으로 들어간 뒤 도성 백성 80여 명을 죽였다. 또 적이 처음 와서 성안에서 군사를 모집할 때 들어간 자가 매우 많았다. 그중에서 가장 현저한 자를 여러 관군 장수들이 처치한 것이 200인이다"고 했다.

인조의 두 번째 파천은 인조 5년(1627) 1월 정묘호란이 발발하면서 1월 26일부터 4월 12일까지 강화도로 피난간 것이다. 요동을 두고 명과 대치하던 후금은 배후 지원을 차단하고자 조선을 선제공격한다. 1월 13일 얼어붙은 압록강을 도하한 3만 6,000명의 후금군은 의주성, 창성부, 능한산성, 안주성을 차례로 함락시키고 1월 26일 황주에 이어 2월 7일 황해도 평산까지 진군했다. 인조는 강화도 피신을 결정하고 1월 26일 도성을 빠져나갔다. 김포를 경유해 원종과 인헌왕후의 능인 '장릉'에 참배하고 1월 29일 저녁에 강화도 행궁에 도착했다. 유도대장 김상용(1561~1637)은 적병이 임진강을 건넜다는 소식에 겁을 먹고 강화도로 도망쳤다. 그는 비축된 양곡을 적에게 넘기지 않기 위해 어고를 비롯한 각 관청의 양곡을 불질렀고 혼란에 빠진 난민들도 선혜청, 호조 창고를 방화했다. 정묘호란은 조선의 정복을 목적으로 한 전쟁은 아니었다. 조선을 겁줘 명나라의 편에 서지 않도록 경고하려고 했다. 1627년 3월 3일 양국이 강화도에서 정묘조약을 체결하면서 후금 군대는 철수했다. 조약에는 양국이 형제관계를 맺고, 조선이 후금과 명 사이에서 중립을 지켜야한다는 내용을 담았다. 인조는 이후 3월 12일 경덕궁으로 환궁했다.

마지막 파천은 인조 14년(1636) 12월 병자호란이 일어나 12월 14일부터 이듬해 1월 30일까지 남한산성으로 대피한 것이다. 그해 4월 후금의 태종은 국호를 대청으로 고치고 조선에 명과의 관계 단절, 군신의 맹약을 요구했다. 조선은 거부했다. 12월 2일 청 태종은 12만 8,000명의 원정군을 이끌고 직접 친정에 나섰다. 마푸타馬夫大가 이끄는 청군 선발대가 안주, 평양을 지나 이미 개성까지 도달한 사실을 접한 조정은 14일 강화도 파천을 결정했다. 이때는 이미 청군 일부가 강화도로 가는 길목인 양천강(현 강서구 가양동 공암나루)에 도달한 상태였다. 인조 일행은 급히 남한산성으로 발길을 돌렸다. 어가행렬이 구리개(현 을지로 1·2가 사이 고개)를 넘어 수구문을 나서자 울부짖는 도성민의 피난 행렬과 어지럽게 섞였다.

인조는 신천과 송파강을 건너 저녁 8시가 지나서야 겨우 남한산성에 도착했다. 청군 선봉은 12월 27일 임진강을 건넜고 29일 한강을 건너 남한산성 서쪽에 도착했다. 후발대도 쇄도했다. 인조가 떠난 서울은 곧바로 청군 선발대의 수중에 들어갔다. 미처 탈출하지 못한 사람들은 급한 대로 백악산과 삼각산 일대로 숨어들었으며 유도대장 심기원도 270여 명의 병력을 이끌고 서울 근교 산지에 잠복했다. 청군도 처음에는 약탈을 자제했다. 조경남(1570~1641)의 《속잡록》은 "적병이 모화관(현 서대문독립공원)에서 남관왕묘(현 남산 힐튼호텔)로 와서 주둔하였다. … 성중의 사람은 조금도 침해하지 아니하고 출입 내왕을 전혀 금하지 아니하였다. 다만 소, 말을 보면 빼앗고 어여쁜 여자는 잡아갔다"고 했다.

병자호란 때 굶주린 개들이 사람 시신 먹어

12월 29일 청 태종이 서울 부근에 도착해 휘하 장수들에게 서울의 조선 군사들을 수색하고, 재물과 가축 등을 약탈하도록 지시하면서 상황이 급변했다. 이때부터 약탈과 방화, 살육이 본격화됐다. 이긍익(1736~1806)의 《연려실기술》이 전하는 당시 참상이다. "여염집들은 무너지고 향교동(현 종로 경운동) 어귀에서부터 좌우에 있는 붓 가게의 행랑과 광통교 주변의 크고 작은 인가들이 모두 타버렸다. 닭, 돼지, 거위, 오리도 전혀 볼 수가 없었고, 단지 개 짖는 소리만이 있었다. (개들이) 사람고기를 먹으며 미쳐서 날뛰었다." 살아남은 사람들은 포로로 끌려갔다. 환도직후 호조의 보고에 따르면, 도성에 남은 백성은 10세 미만의 어린이와 70세 이상의 노인뿐이었다.

청군은 남한산성을 굴복시키기 위해 인조의 가족이 피신한 강화도를 급습한다. 인조 15년(1637) 1월 21일 강화도는 도르곤多爾袞이 지휘하는 3만여 명의 청군에 의해 단 하루 만에 함락된다. 그리고 1월 30일 남염의監染衣 차림의 인조가 삼전도에서 청태종에게 항복하면서 고통스러운 전쟁도 막을 내렸다.

우리는 불과 70여 년 전에도 서울을 적에게 내준 바 있다. 이제 다시는 정말 똑같은 불행이 없어야겠다.

반란군 온데도 임금은 유흥에 빠지다

역사 시계를 거꾸로 돌린 반정 사건

조선 역사에서 무력으로 국왕을 교체하는 반정反正 사건이 두 번 일어났다. 중종반정(1505)과 인조반정(1623)이 그것이다. 조선 초 1·2차 왕자의 난, 계유정난 등 정변이 있기는 했지만, 왕위 계승권 자들 간의 왕권다툼이었기 때문에 반정으로 분류하지 않는다.

두 번의 반정 모두 무능하고 포악한 왕을 몰아내 도탄에 빠진 백성을 구제한다는 명분을 내세웠지만 반정 후 정치구조나 제도의 변화는 전혀 일어나지 않았다. 백성의 입장에서는 그저 지배층 간 의 정치투쟁과 권력 교체에 불과했던 것이다. 더욱이 반정의 주역 들이 온갖 특혜를 독식하면서 오히려 역사발전에 부정적 영향을 끼치기도 했다. 그중에서도 인조반정은 그야말로 역사의 시계를 거꾸로 되돌려 놓은 사건이다.

像眞生先李今熙公定忠君院府平延政議領 贈 社功靖

| **인조반정의 주역 이귀 초상** | 이귀는 아들 시백과 시담, 시방까지 반정에 끌어들여 광해군 폐위에 모든 것을 걸었다.

©국립중앙박물관

인조반정의 거사 일은 광해 15년(1623) 3월 13일로 정해졌다. 거사의 주모자들은 전날 밤 10시까지 홍제원(현 무악재 밖 국영여관)에 군대를 집결시키기로 의견을 모았다.

반정은 전 강계부사 김류(1571~1648)와 전 평산군수 이귀(1557~

1633)를 두 축으로 해서 전 병조좌랑 최명길(1586~1647), 전 한림 장유(1587~1638), 유생 김자점(1588~1651), 전 승지 홍서봉(1572~1645), 유생 심기원(1587~1644) 등이 주도했다. 주모자는 대부분 백사 이항복(1556~1618)의 제자들이다. 이항복은 인목대비 폐모를 반대하다가 함경도 북청으로 유배 갔고 그곳에서 사망했다. 반정 세력들은 중풍을 앓아 반신불수가 된 스승 이항복을 광해군(재위 1608~1623)이 기어코 귀양까지 보내 죽게 만들었다고 생각했다. 인조도 초반부터 적극 참여했다. 능양군은 동생 능창군(1599~1615)이 신경희(?~1615) 옥사사건에 연루돼 목숨을 잃고 아버지 정원군(1580~1619)마저 화병으로 죽자, 광해군에게 원한을 품었다.

인조반정, 백사 이항복 제자들 주도

인조반정은 운 좋게 성공했다. 김류와 이귀 정도를 빼고는 참가자 대다수가 당시로서는 별 볼 일 없는 무명의 인물들이었다. 그런 이유에서인지 거사 3년 전인 광해 12년(1620) 모의가 시작된 이래 여러 차례 고변이 있었지만 광해군은 이를 무시했다. 거사 당일 홍제원에 집결키로 한 일도 이이반(?~1623)의 고변으로 사전에 탄로가 났다. 광해군은 보고를 받고도 유흥을 즐기느라 체포 시기를 놓치고 말았다. 《인조실록》 인조 1년(1623) 3월 13일 기사는 "이이반이 드디어 고변하니 이것이 바로 12일 저녁이었다. 그리하여 추국청을 설치하고 … 고발된 모든 사람을 체포하려 하였지만 광해는 바

| **창의문(1904년)** | 인조반정군은 도성 밖 홍제원에 집결했다가 자정 무렵 창의문을 도끼로 부수고 도성으로 물밀듯 쏟아져 들어갔다.

야흐로 후궁과 곡연[†]을 벌이던 중이었다. 그래서 그 일을 미루어 두고 결정을 내리지 않았다"고 했다.

이귀, 김자점, 전 곡산부사 한교(1556~1627) 등이 먼저 홍제원에 도착했지만 모인 병력은 겨우 수백 명에 불과했다. 고변이 있었다는 사실이 알려진 후 대장 김류 등 주력부대가 현장에 나타나지 않자 군중도 크게 동요했다. 김류가 뒤늦게 합류하고 장단부사 이서(1580~1637)가 이끄는 정예 군대 700여 명이 추가로 도착하면서 사

---

† 曲宴. 궁중연회의 일종.

기가 다시 고조됐다. 총병력 1,400여 명의 반정군은 창의문을 돌파해 도성 안으로 쏟아져 들어왔다. 실록은 "밤 3경(12시 전후)에 창의문에 이르러 빗장을 부수고 들어가다가 성문을 감시하는 선전관을 참수하고 드디어 북을 울리며 진입하여 곧바로 창덕궁에 이르렀다"고 했다.

창덕궁 수비는 훈련대장 이흥립(?~1624)이 총괄했다. 이흥립은 반정군 편이었고 반정군은 아무런 저항 없이 손쉽게 창덕궁 안으로 진입했다. 창덕궁을 장악한 반정세력은 즉시 광해군을 찾았다. 광해군은 북쪽 후원문을 통해 의관 안국신의 집으로 도망쳤지만, 안국신의 신고로 붙잡혔다. 실록은 "광해군이 체포 당시 상중이던 안국신의 상복을 입고 있었다"고 했다. 폐세자 역시 도망쳐 숨었다가 반정군에 체포됐다. 어둠 속에서 광해군을 수색하는 과정에서 발생한 실화로 정전인 인정전을 제외한 창덕궁의 주요 전각이 모두 불타버렸다.

반정세력이 내건 거사의 가장 큰 명분은 폐모였다. 따라서 경운궁에 유폐된 인목대비(1584~1632)부터 복위시키고, 이어 그녀의 승인을 받아 법궁인 창덕궁 인정전에서 새로운 왕의 즉위 절차를 밟으려고 했다.

이런 사정을 너무도 잘 알고 있던 인목대비는 창덕궁으로의 행차를 바라는 반정 세력의 집요한 요청을 끝내 거부하며 능양군의 왕위 계승을 쉽사리 승인하지 않았다. 능양군이 직접 경운궁으로 달려와 머리 숙여 절하자 비로소 사군嗣君으로 인정하며 옥새를 내주었다.

| **인조가 즉위한 창덕궁 인정전(1909년)** | 인정전 1층 공포 부분으로 연통 4개가 나와 있다. 창덕궁에는 순종이 1926년 4월 25일 승하할 때까지 거처했다.

인조반정 주도 서인, 명분 고집하다 전쟁 자초

　광해군은 목숨을 부지한 채, 부인인 중전 유씨(유희분의 누이동생)와 함께 강화도로 유배됐다. 폐세자 부부 역시 강화도에 연금됐다. 폐세자 이지(1598~1623)는 얼마 후 땅굴을 파다가 발각되면서, 자진하라는 명을 받고 목을 매 죽었으며 폐세자빈(박자흥의 딸)도 따라 죽었다.

　광해군은 1623년 10월에 부인 유씨마저 병을 얻어 세상을 떠나고 인조 19년(1641) 7월 1일 제주도에서 파란만장한 삶을 마감할 때까지 기나긴 유배 생활을 홀로 견뎌야 했다. 광해군이 남긴 혈육은 숙의 윤씨에게서 얻은 딸 하나뿐이었다.

광해군 말엽의 정국을 주도한 북인들은 대부분 처형되거나 자결했으며 목숨을 겨우 건진 나머지 북인들도 투옥되거나 유배되면서 붕당으로서 존재 의미를 완전히 상실했다. 대신 반정에 참여한 서인 세력들이 조정에 대거 포진하게 됐다. 북인들은 실천을 앞세우는 남명 조식(1501~1572)의 제자들이었지만 서인들은 실리보다는 형이상학과 명분을 중요시하는 정치철학을 추구했다. 중국 대륙의 주인은 바뀌고 있었지만 서인이 장악한 조선은 명나라에 대한 의리를 끝내 고집하다가 임진왜란 이후 최대 병화인 병자호란을 자초하게 된다.

폭군 폐위 내세운 중종반정, 속전속결 진행

중종반정은 더욱 일사천리로 전개됐다. 중종반정은 연산 12년 (1505) 박원종, 성희안, 류순장의 이른바 삼대장이 주도했다. 박원종(1467~1510)은 부친 박중선이 세조 대 이시애의 난을 평정하는 데 참여해 적개공신 1등에 책봉됐고 누나는 성종(1457~1494·재위 1469~1494)의 형 월산대군 이정의 부인이었다. 이같은 집안에 힘입어 음보로 벼슬을 시작해 연산군 대 병조참의, 한성부 우윤, 지중추부사, 경기도 관찰사 등 요직을 지냈다. 성희안(1461~1513)은 문과 출신으로 그 역시 연산군 때 형조·예조참의, 형조·이조참판 등의 청요직 엘리트 관료의 길을 걸었다. 류순정(1459~1512)은 문과를 장원으로 합격했고, 연산군 재위 시 평안도 병마절도사, 공조·호조 참판, 이조판서 등을 지냈다. 삼대장은 각자의 길을 걸었으며 서로 돈독한 관계가 전혀 아니었다.

반정을 처음 기획한 사람은 성희안이었다. 성희안은 연산군 말년에 왕에게 여러 번 밉보여 좌천되면서 원한을 품었다. 연산군이 아차산에 사냥을 갔을 때 성희안은 호위대장을 맡았다. 그런데 사냥 구역에 잡인이 출입했고 연산군은 단속을 제대로 못 했다며 곤장을 쳤다.

《연산군일기》 연산 10년(1504) 10월 23일 기사에 따르면, 의금부가 "성희안은 대장으로서 군율을 어겼으니 죄가 장 100대에 해당한다"고 아뢰자 연산군은 "그 율로 죄를 주라"고 명했다. 조선 중기 문신 이자(1480~1533)의 《음애일기》와 실록 등 기록을 종합하면, 성희안은 평소 박원종을 좋아하지 않았지만 반정의 성공을 위해 그에게 먼저 접근해 승낙을 받는다. 반정 참여 제안을 받은 박원종은 "밤낮으로 마음속에 담아두고 있는 일"이라며 반겼다.

류순정, 삼대장과 인연이 있던 군자부정 신윤무, 군기시 첨정 박영문, 수원부사 장정, 사복시 첨정 홍경주 등이 합세하면서 반정 수뇌부가 구성됐다.

드디어 연산 12년(1505) 9월 1일 저녁 모두 훈련원(현 종로 을지로 6가 국립중앙의료원)에 모였다. 애초 거사일은 9월 2일이었다. 연산군이 장단석벽에 행차하기로 한 날이다. 장단 석벽은 명승지로 유명한 연천 주상절리를 말하며 연산군은 이곳에 별궁을 지었다. 하지

| **류순정 초상** | 박원종, 성희안, 류순정을 중종반정 삼대장으로 부른다.

©국립중앙박물관

만 행사가 취소되면서 거사사실이 누설될까 염려해 하루 앞당겨
거병했던 것이다.

《연산군일기》, 《중종실록》, 《음애일기》, 《기묘록속집》에 소개된
반정 경위를 시간대별로 정리하면 다음과 같다. 반정군은 훈련원
에서 연산군이 있는 창덕궁을 향해 이동하다가 자정 무렵 창덕궁
어귀의 하마비동下馬碑洞(현 종로 명륜동)에 진을 쳤고 이 소식이 빠르
게 퍼지면서 문무백관들과 군민이 반정군 대열에 속속 합류했다.

| **도봉구 방학동 연산군과 그의 부인 신씨 묘** | 한때 왕이었던 인물의 무덤으로는 너무 초라하다.   ©국가유산청

　　반정군은 진성대군(중종·재위 1506~1544)의 사저[†]로 가서 호위했다. 진성대군은 처음에는 자신을 죽이러 온 줄 알고 겁을 먹었다. 경복궁에 가서 대비 정현왕후(1462~1530·자순대비)에게 거사 사실도 보고했다. 동시에 군사를 보내 임사홍과, 연산군의 아내인 폐비 신씨의 오빠인 좌의정 신수근, 신수근의 동생인 형조판서 신수영을

[†]　어의동 본궁. 현재의 종로 효제초교.

그들의 집에서 척살하고, 신수근의 또다른 동생인 개성 유수 신수
겸 역시 개성부에서 처단했다. 전동, 심금손, 강응, 김효손 등 연산
군의 핵심 나인들과 그 척족들도 끌고와 군중에서 참형에 처했다.
창덕궁 밖이 소란하자 궁궐을 지키던 장사와 시종·환관들이 앞다

튀 수챗구멍으로 빠져나가 순식간에 궁궐은 텅 비었다. 상황을 보고받은 연산군은 승지의 손을 잡고 떨면서 말도 하지 못했다. 승지들도 바깥 동정을 살핀다고 핑계 대고 모두 달아나 버렸다.

반정군은 이튿날 날이 밝자 창덕궁 궐문 앞으로 진군했으며 돈화문과 창덕궁 주변에 경비를 세워 연산군의 탈출을 막았다. 오후 2시께 경복궁에서 연산군을 폐위하는 대비의 교지가 반포되고 오후 4시쯤에 경복궁 근정전에서 진성대군의 즉위식이 거행됐다. 연산군은 강화도 교동으로 옮기고 폐비 신씨는 사저로 내쫓았으며, 세자 이고(1498~1506)와 모든 왕자들도 각 고을에 안치했다. 연산군이 총애하던 전비 '숙용 전씨'와 장녹수, 백견은 백성들이 지켜보는 가운데 군기시(현 프레스센터) 앞에서 참수 당했다. 연산군은 유배지에서 두어달 살다가 전염병에 걸려 사망하고 폐세자와 왕자들은 중종 1년(1506) 9월 24일 사사됐다.

반정 이후 공신에 과도한 특전 폐해

연산군은 폭정으로 관료들과 백성들의 원성이 드높았다. 따라서 중종반정은 단 한 차례의 군사적 충돌도 벌어지지 않았고 반정 소식이 퍼지자, 순식간에 합류자들이 몰려들었다. 영의정 유순, 우의정 김수동, 병조판서 이손, 도승지 강혼, 연산군의 총신寵臣 한성판윤 구수영 등 연산군의 측근 인사들도 목숨을 부지하기 위해 반정에 가세했다. 훈련원 회합에서 새로운 왕이 즉위까지 24시간이 채 걸리지 않았다. 반정 과정에서 조정의 신료와 종친 대부분이 참여하면서 117명이라는 역대 최대의 공신책봉†이 단행된다. 공신들이 정국을 장악하고 이들을 견제하기 위해 조광조가 등장하면서 훈구파와 사림 간 대립이 격화되고 극심한 정치혼란이 초래된다.

반정은 무엇보다 공신들에게 과도한 특전을 몰아줘 폐해가 컸다. 극적으로 반정에 성공한 인조반정이 특히 그랬다. 사대부 관료가 납세와 병역 등 기본 의무에서 해방된 것이 인조반정 이후부터다. 《일성록》은 정조의 동정과 국정을 기록한 일기다. 이에 따르면, 정조는 양반들에게 조세·군역이 부과되지 않는 것을 개탄했다. 《일성록》 정조 23년(1799) 기사에서 정조는 "옛날에는 종1품 이하가 모두 군포††를 냈다. ··· 인조반정 후에 연평부원군 이귀 등 여러 훈신의 말로 인해 혁파하였다. 지금 군역에 응하는 자는 어디에도 호소할 데 없는 소민小民들 뿐이니 양인 장정을 어떻게 충원할 것인가"라고 했다. 조선은 인조반정을 기점으로 역사의 진보를 거부한 채 퇴행의 길을 걸었던 것이다.

---

† 정국공신(靖國功臣). 중종반정에 공을 세운 공신.
†† 軍布. 현역복무하지 않는 대신 내던 세금.

한국판 메이지유신의 3일 천하

한국 근대사의 최대 갈림길

고종 21년(1884) 10월 17일 저녁, 홍영식(1856~1884)이 책임자로 있던 우정국 낙성식 축하연이 마련됐다. 홍영식, 김옥균(1851~1894), 박영효(1861~1939), 서광범(1859~1897), 서재필(1864~1951) 등의 개화당은 한국 최초의 근대적 통신체제 출범을 기념하는 연회장에서 민씨 척족 등 수구파들을 몰살할 계획을 꾸민다.

청나라는 1882년 6월 10일 일어난 임오군란을 계기로 조선의 속국화를 꾀했다. 청은 민비 수구파의 요청을 받아 3,000명의 군대를 파병해 반란을 진압한 뒤, 군대를 서울에 계속 주둔시켰다. 그러면서 병권과 재정권을 장악했고 외교권까지 넘봤지만 민비 수구파는 청에 굴종하며 일문의 사리사욕을 채우기에 급급했다. 1884년 4월, 청불전쟁이 터지고 민씨 일파를 비호하던 청이 조선 주둔 병

력 중 1,500명을 베트남 전선으로 빼내면서 조선의 완전한 자주독
립국을 꾀하던 개화당은 행동에 돌입했다. 조선말 수도방위 군대
인 '친군영'의 좌영사 이조연(1843~1884), 우영사 민영익(1860~1914),
전영사 한규직(1845~1884), 후영사 윤태준(1839~1884) 등 4명의 군사
령관이 우선 척결대상이었다. 애초 거사일은 10월 20일로 정해졌
다. 이미 요란한 거사 계획은 시중에 파다했다. 황현의 《매천야록》
에 의하면, 후영사 윤태준은 개화당 서재필의 이모부였다. 윤태준
은 서재필을 불러 "박영효가 거사를 한다던데 듣지 못했느냐"고 물
었다. 서재필은 놀라 대답하지 못한 채 조용히 밖으로 도망치듯 빠
져나왔다. 윤태준이 좌찬성 민태호(1834~1884)에 이런 사실을 알리
자 민태호는 "벌써 오래전에 들었소. 대간에 전해 김옥균을 탄핵하
면 반드시 단서가 잡힐 것"이라고 했다.

정변 사전 누설, 수구파 설마하며 방관

개화당의 지도자 김옥균은 날짜를 앞당겼다. 장소도 처음에는
한규설(1848~1930)의 별장인 취운정翠雲亭(감사원과 삼청동우체국 일원)이
었지만, 우정국으로 조정했다. 개화당의 무력 조직은 김옥균이 정
변을 위해 조직한 충의계 장사와 도쿄 도야마육군학교戶山陸軍學校로
유학시킨 사관생도 50명과 친군영 전영 병력 500명, 일본군 150명
으로 준비됐다. 정변소문이 퍼져 우정국 연회에는 오직 우영사 민
영익만 참석했다.

| **갑신정변 4인방** | 왼쪽부터 박영효, 서광범, 서재필, 김옥균. 정변에 실패하고 일본으로 망명한 직후인 **1885년** 촬영됐다. 이들의 표정에서 조국 자주 근대화의 꿈을 이루지 못한 데 대한 절망감이 읽힌다.

　연회 도중 갑자기 밖에서 불이 나고 위험을 느낀 민영익이 나가려고 했다. 그때 누군가 민영익을 향해 칼을 내리쳤다.《매천야록》은 "(민영익의) 귀가 떨어져 나갔으며 칼이 어깨까지 다치게 했다"고 했다. 독일인 묄렌도르프(1847~1901)가 쓰러진 민영익을 부축해 달아났다. 박영효는 고종이 머물던 창덕궁 중희당으로 달려가 "청군이 난을 일으켜 긴박하니 피해야 한다"며 왕을 경우궁으로 옮기고 일본 공사 다케조에 신이치로竹添進一郎에게 연락해 일본 병력

| 갑신정변의 주무대였던 종로구 견지동 우정국 옛터 | 갑신정변이 일어났던 우정국 자리에는 체신기념관이 들어서 있다.
©문화재청

을 경우궁에 배치했다. 날이 밝자 박영효는 왕이 찾는다고 속여 좌영사 이조연, 후영사 윤태준, 전영사 한규직, 좌찬성 민태호, 지중추부사 조영하(1845~1884), 해방총관 민영목(1826~1884)을 차례로 경우궁으로 불러들여 대청에서 살해했다. 실록은 고종(1852~1919·재위 1863~1907)이 연거푸 "죽이지 말라"라고 했지만, 명을 듣지 않았다고 기술한다.

고종을 모시던 내관 유재현도 목숨을 잃었다. 유재현이 고종에게 음식을 올리자 김옥균은 "어느 시국이라고 한가하게 수라냐"며 발로 차버렸다. 화가 난 유재현은 "너희가 무엇이 부족해 미치광이 반역을 일으키느냐"고 대들자, 김옥균이 칼로 베어 죽였다.

| 개화당 지도자 김옥균 |
김옥균의 1889~1890년
일본 망명 시기의 사진이
다. 수척한 얼굴의 그는 무
슨 생각에 잠겼을까.

이참에 고종을 시해하자는 말도 나왔다. 개화파를 가장한 심상
훈(1854~1907)이 "천하의 악행을 범하려는가"라며 말린 덕에 고종은
죽음을 면했다고 한다. 심상훈은 청군 사령관 위안스카이의 지령
을 받았고 고종과 명성황후에게 창덕궁으로 돌아가야 한다고 몰래
고했다. 창덕궁은 개화당 소수 병력으로는 방어가 불리했다.

김옥균은 창덕궁 환궁을 반대했고 명성황후와 고종은 겨울철
경우궁의 방한시설이 변변치 못하다며 오전 10시, 일단 고종의 사
촌형인 이재원의 집 '계동궁'으로 옮겼다. 정변 세력은 여기서 신정
부 요인의 명단을 발표했다. 명성황후는 다시 창덕궁으로 가겠다

고 고집해 오후 5시경 환궁한다. 개화당은 19일 아침 9시, 창덕궁에서 완전 자주독립 선포하면서, 양반 신분제와 문벌 폐지, 내각제 수립·정부 조직 개편, 재정통일·경제 개혁 단행과 서양식 군사제 채택, 근대 형법·경찰제 설치 등의 개혁 조항을 공포한다.

그날 오후 3시, 청군 1,500명이 두 부대로 나눠 창덕궁 돈화문과 선인문으로 공격해 들어왔다. 비슷한 시각 일본공사관에는 일본 내무성 훈령이 도착했다. "조선 개화당 정변에 절대 가담하지 말라"는 전갈이었다.

조선군, 청군 방어 역부족

개화당은 고립무원이었다. 먼저, 친군영 전영의 조선군 500명이 청군을 맞아 용감히 응전했지만 수십 명의 전사자만 내고 중과부적으로 패퇴했으며, 충의계 장사·사관생도 50명도 창덕궁의 넓은 지역에서 고군분투했으나 쇄도하는 청군을 막아내는 데는 역부족이었다. 김옥균, 박영효, 서광범, 서재필, 변수(1861~1891), 유혁로(1855~1940), 이규완(1862~1946), 정난교(1864~1943), 신응희(1859~1928) 등 개화당 9명은 창덕궁 북문, 취운정 경로로 탈출해 일본공사관으로 사용되던 박영효의 집에 머물다가 인천항을 통해 일본으로 망명했다.

홍영식과 박영효의 형 박영교(1849~1884)와 생도 7명은 창덕궁을 벗어나 북관묘로 피신하는 고종을 따랐다. 북관묘는 명성황후 민씨의 전속 무당인 진령군이 관우의 딸이라고 자칭하며 거주했다. 홍영식 일행은 고종에게 위안스카이의 군대를 물리치라는 명을 내리라며 고함쳤다. 이어, 청군 장수 오조유가 고종을 알현하러 온다는 소식에 고종이 맞으러 가려 하자 홍영식 일행이 어의를 잡아당기며 소동이 벌어졌다. 그러자 왕을 호위하던 무예청 군사들이 달려들어 9명을 넘어뜨리고 난도질했다. 정변은 10월 17일 저녁 일어나 19일 오후에 막을 내렸다. 이를 두고 '3일 천하'라고 하지만 실제 시간으로 따지면 약 48시간, 즉 이틀이다.

외세에 의존한 개혁, 실패 예견

정변 실패의 결정적 원인은 청군의 개입이다. 정변 세력은 청군의 개입을 불 보듯 했지만 이를 과소평가하는 실수를 범했으며 기회주의로 일관했던 일본에게 지나치게 의존했다. 사실, 갑신정변 당시만 해도 일본은 청과 대적하기가 부담스러웠다. 일본은 청과 정면으로 부딪히는 것을 경계했고 실제로 청이 군사를 동원하자 발 빠르게 물러났다. 만일 청이 나서지 않았다면 일본은 개화파를 지원하는 척하며 조선에서 자신들의 영향력을 확대하려고 한 것이 분명하다.

정변 수개월 전에 미국으로부터 최신식 소총 3,000정을 구입해 각 영의 무기고에 보관해 뒀다. 개화당이 이를 꺼내 사용하려하자 총에 녹이 슬어 분해 소제해야 했다. 무기라도 준비가 됐으면 청군과의 전투 양상은 많이 달라졌을 것이다.

한국 사회의 낙후성과 시민층의 미성숙도 실패의 요인이다. 개화당의 혁신 정책은 근대 시민적이었지만 당시 민중은 개화당이 왜 정변을 일으켜 개화하려고 하는지를 전혀 이해하지 못했다. 심지어 "일본과 결탁한 개화 잡귀들의 씨를 말려야 한다"며 개화당에 대해 강한 거부감까지 가졌다.

결국, 정변 세력들은 비극적 최후를 맞았고 그들의 가문은 멸문지화를 면치 못했다. 거사 두 달 뒤인 12월 13일, 도망가지 못한 김봉균, 이희정, 신중모, 이창규는 시장에서 능지처참 됐고, 이점돌, 이윤상, 차홍식, 서재창, 남홍철, 최영식은 참형을 받았다. 일본으로 도망갔던 김옥균은 청나라 실력자 이홍장을 만나러 상하이에 갔다가 홍종우에게 암살된 뒤 국내로 송환돼 양화진 백사장에 효수됐다. 김옥균의 생부 김병태도 교수형에 처해졌고 어머니와 누이동생도 독을 마시고 자결했다. 홍영식, 박영효, 서재필 등 주모자의 부모, 아내와 자식도 자살했다.

개화당 엘리트들은 역설적이게도 하나같이 강경 수구 보수파였던 노론 명문가의 자손들이었다. 정변의 주무대 역시 신안동 김씨, 여흥 민씨 등 노론의 본거지였던 북촌이다. 정변 주역들의 집과 우정국을 비롯한 정변의 현장들은 개화파의 스승이었던 박규수 (1807~1877)의 집을 중심으로 반경 수백 미터 내에 있었다.

| 갑신정변의 주역 홍영식 일가 | 우정국 책임자였던 홍영식(우측 두 번째)과 그의 아버지 홍순목(중앙) 등 홍영식 가족. 홍순목은 강경 수구파의 우두머리로 영의정을 역임했다. 홍순목은 아들 홍영식이 갑신정변을 일으켜 3일 만에 실각하고 살해되자 며느리, 손자와 함께 자살했다. ©미국 보스턴미술관(퍼시벌 로웰 컬렉션)

| 1916년 박영효(왼쪽 세 번째 콧수염 기른 인물) | 감리교 신자였던 박영효가 조선을 방문한 허버트 웰치 주교를 위해 개최한 환영회 모습. 장소는 그의 집과 별장이 있던 '상춘원'(종로 숭인동)으로 추정된다. ©미국 드류대도서관(연합감리교회 아카이브)

정변 주역의 비참한 최후

박규수 집터는 헌법재판소 구내 서북쪽에 천연기념물로 지정된 '백송'이 있는 자리이다. 박규수의 집 사랑방은 1870년대 전반, 갑신정변의 주역들이 모여 박지원의 《연암집》과 서양사정을 소개한 중국의 신서적을 공부하며 개화사상을 싹틔운 장소다. 중국이 원산지인 백송은 중국을 왕래하던 사신들이 가져다 심은 것으로, 수령이 600살 정도이다.

근대 우편의 발상지이자 갑신정변의 주무대였던 우정국(현 종로 견지동)은 현재 체신기념관으로 단장돼 있다. 정변 실패 후 건물은 중국어(한어)학교로 사용됐다. 우정국 옆 회화나무는 나이가 300살이 넘었다. 일본 공사관은 천도교중앙대교당(현 종로 경운동)에 위치했다.

개화당이 창덕궁의 고종을 처음으로 모시고 간 경우궁의 옛터는 현대 사옥의 자리다. 경우궁은 순조의 생모인 수빈 박씨의 신주를 모신 사당이었다. 1906년 민씨 척족의 중심인물인 민영휘(1852~1935)가 이 자리에 휘문의숙(휘문고)을 설립했다. 경우궁이 너무 추워 경우궁 다음으로 옮겨간 계동궁 터는 현대사옥 앞마당이다. 개화당은 거사 이튿날 신정부 요인 명단을 이곳에서 발표하면서 역사의 현장으로 떠올랐다. 홍영식 등 9명의 개화파가 죽음을 맞았던 북관묘는 종로 혜화동 올림픽기념 국민생활관에 있었다.

정변 현장, 개화파 스승 박규수 집 인근 집중

김옥균 가옥 자리는 정독도서관 동편이다. 거사 실패 후 국가에 몰수돼 1900년 설립된 한성중학교에 편입됐다. 한성중학교는 1921년 경성제일고보로 교명이 변경됐고 1951년 경기중고로 분리·개편됐다가 1976년 강남구 삼성동으로 이전됐다.

단종복위를 도모하다가 역모죄로 처형된 성삼문 집터도 정독도서관 남쪽에 있다. 홍영식의 집은 스승 박규수의 집과 담 하나를 사이에 두고 있었다. 홍영식의 집터도 압수돼 광혜원(제중원)이 세워졌고, 이후 창덕여고, 헌법재판소가 차례로 들어섰다. 광혜원은 공교롭게도 우정국 사건 때 중상을 입은 민영익을 서양 의술로 살린 미국 북장로회 의료선교사 알렌Horace. N. Allen이 고종에게 건의해 설립한 우리나라 최초의 서양식 국립병원이다.

서광범 가옥 터는 덕성여고 교정 남쪽으로, 안동별궁과 담을 맞대고 있다. 갑신정변 거사의 첫 횃불을 올리는 장소로 안동별궁이 검토됐지만 계획이 변경돼 우정국 주변 민가를 방화했다. 안동별궁은 서울공예박물관(구 풍문여고) 자리다. 왕가의 혼례식이 거행되던 장소였으며 일제하에서는 퇴직한 상궁들이 거주했다.

박영효 가옥은 경운동 천도교중앙대교당과 관훈동 경인미술관 일대를 포괄하는 광범위한 지역이었다. 박영효가 1872년 철종의 딸 영혜옹주와 결혼해 정1품 금릉위에 봉해진 이후 살던 집이다. 개화당 인사들이 모여 정변을 모의하던 주요 장소로 활용됐다.

온건개화파였다가 갑신정변 전후로 민씨 외척 정권의 중심인물이 된 민영익의 집은 종로 관훈동 홍익빌딩에 위치했다. 순조의 장녀 명온공주와 부마 동녕위 김현근이 살던 집으로 죽동궁으로 불렸다. 개화당이 정변에 성공했다면 역사의 거대한 물결은 어떻게 달라졌을까.

정치 변화 따라 바뀌는 정자 주인

권력자의 놀이터, 누정

"서울 안에서 놀 만한 곳은 삼청동이 제일이다. 인왕동이 그다음이
고, 쌍계동, 백운동, 청학동이 또 그다음이다."

조선 전기 학자 성현(1439~1504)이 쓴 《용재총화》가 꼽은 옛 서
울의 명소다. 삼청동은 북악산, 인왕동·백운동은 인왕산의 이름 난
곳이다. 쌍계동은 성균관 위쪽 계곡이며 청학동은 남산 북쪽 골짜
기(현 중구 필동)에 있었다. 모두 한양도성을 둘러싼 내사산들이다.
이들 산에는 경치가 아름다운 장소가 많아 풍류를 즐기기 위한 누
정樓亭들이 빠짐없이 세워졌다.

성현이 으뜸으로 꼽은 삼청동은 도심에서 가까우면서도 숲이
울창하고 골이 깊다. 《용재총화》는 "지위가 높고 점잖은 사람들이

많이 와서 논다"고 했다. 순조의 장인이자 조선 후기 세도정치의 서막을 연 장동 김씨 김조순(1765~1832)의 별장, 옥호정玉壺亭이 삼청동에 있었다. 옥호는 '옥으로 만든 작은 병'으로, 신선의 세계를 의미한다. 김조순은 병자호란 때 척화파로 알려진 김상헌을 필두로 노론의 중심인물인 영의정 김수항(1629~1689), 김창집(1648~1722)의 직계 후손이다. 이조판서, 양관 대제학, 병조판서, 훈련대장을 지내며 조정의 실권과 군사권을 장악했고, 막강한 권력은 아들 김유근(1785~1840)에게 대물림됐다. 옥호정 역시 김유근에게 상속됐다.

삼청동·인왕동·백운동, 정자 터로 각광

국립중앙박물관에서 소장중인 '옥호정도'를 보면, 당대 최고 권세가 정자의 화려한 면모를 가늠할 수 있다. 정자 터는 북악산 동쪽 산자락의 명당에 자리한다. 드넓은 공간에 정원수 사이로 띄엄띄엄 호산방玉壺山房 편액을 건 본채, 죽정竹亭과 산반루山半樓, 첩운정疊雲亭 등 아름다운 정자각, 행랑채가 조화롭게 배치돼 있다. 집터 뒤로는 송림이 울창한 산록이 에워싸였고, 오른편은 계곡에서 흘러 내려온 물이 집 앞으로 돌아 흐른다. 집과 냇가 사이에는 버드나무들이 줄지어 서있다.

기묘한 형상의 바위가 산재하고 노송이 빽빽한 인왕산도 권력자들이 애호했다. 인왕산 동쪽으로 내리뻗은 돌산 중턱에 터 잡은 석파정石坡亭은 김조순의 5촌 조카 김흥근(1796~1870)의 별장이었다.

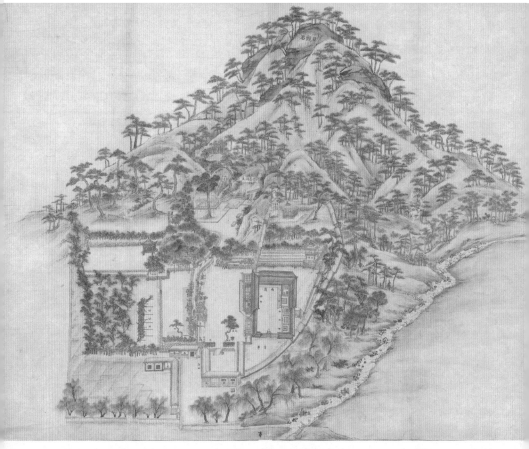

| 옥호정도(19세기) | 순조 때 최고 실력자 김조순의 삼청동 별장이다. 건물과 풍수 배치가 궁궐을 방불케 한다.
©국립중앙박물관

김흥근은 철종 때 좌의정을 거쳐 영의정에 올랐고, 고종이 즉위한 후에는 흥선대원군 이하응(1820~1898)이 장동 김씨 세력을 정계에서 몰아내는 과정에서 대립했다. 김흥근은 석파정 만은 지키려고 애를 썼지만 결국 흥선대원군에게 강탈당했다. 대원군은 건물 터의 형상에서 정자이름을 바위언덕, 즉 석파정으로 정했고, 자신의 아호도 석파라고 했다.

석파정에서 북쪽으로 700m 지점의 세검정洗劍亭은 인조반정과 관련이 깊어 일반인에게도 낯익다. 반정군들은 거사에 성공한 뒤 홍제천에서 칼을 씻어 칼집에 넣었다. 세검洗劍은 태평성대를 맞이했음을 상징한다. 정자도 반정군이 거사 성공을 자축하며 건축했다고 알려져 있다.

세검정은 층층의 바위와 어지럽게 쏟아지는 물줄기가 볼만했다. 《동국여지비고》는 "정자가 돌 위에 있으며 폭포수가 그 앞을 지난다. 장마 때마다 도성 사람들이 나가서 넘쳐흐르는 물을 구경한다"고 했다. 다산 정약용(1762~1836)도 정조 15년(1791) 여름, 폭포를 구경하기 위해 세검정으로 달려갔다. 그는 《다산시문집》에서 이렇게 말했다.

"흘러버리는 모래와 구르는 돌이 버리치는 물속에 마구 쏟아져 버리면서 물은 정자의 초석을 할퀴고 지나갔다. 그 형세는 웅장하고 소리는 맹렬하여 서까래와 난간이 진동하니 모두 오들오들 떨며 불안해했다. 내가 '어떻냐'고 물으니 모두 '이루 말할 수 없이 좋다' 하였다."

아쉽게도 세검정은 1944년 2월 25일 주변의 화재로 전소됐고 현재의 건물은 1977년 신축됐다. 부근에 주택가가 형성되고 도로가 나면서 옛날의 운치 있던 분위기는 퇴색됐다.

세검정, 비올 때 폭포 구경꾼 장사진

세검정 옆에는 연산군이 연산 12년(1506) 1월 27일 건축한 탕춘
대湯春臺(현 종로 신영동) 터도 있다. 탕춘대는 지붕을 청기와로 장식
해 화려하기 그지없었다. 탕춘대는 폭군 연산군의 음란한 놀이터
였다.《연산군일기》연산 12년(1506) 7월 7일 기사는 "경복궁에서
대비에게 잔치를 베풀고 잔치가 파하자, 내구마內廐馬 1,000여 필을
들이게 하여 흥청을 싣고 탕춘대로 가 나인들과 간음했다"고 했다.
탕춘湯春은 절정의 봄을 의미한다. 봄의 절정은 찰나처럼 지나가듯,
탕춘대를 지은 그해 9월 2일 연산군은 쫓겨난다. 영조 23년(1747)
서울 외곽을 방어하는 총융청을 탕춘대로 옮기면서 건물명도 연융

| 유숙(1827~1873년) 필 〈세검정〉 |

©국립중앙박물관

대鍊戎臺로 교체했다.

　종로 배화여고 뒤편 필운대弼雲臺는 이항복(1556~1618)의 집에 있던 정자다. 이항복은 백사를 포함해 여러 개의 호를 갖고 있었으며 필운도 그중 하나다. 주변에는 봄이면 꽃이 만발해 필운대에서 굽

| 세검정(1906~1907년) |

©국립민속박물관(헤르만 산더 기증 사진)

어보기 좋았다. 《동국여지비고》는 "주변 인가에서 꽃나무를 많이 심어 경성 사람들의 봄철 꽃구경은 반드시 먼저 이곳을 손꼽게 되었다"고 했다. 옛터에 필운대 각석이 남아있다. 《동국여지비고》는 "석벽에 새긴 필운대 세 글자는 곧 이백사의 글씨"라고 했다.

서촌 옥인동 송석원松石園은 정조 때의 평민시인 천수경(1758~1818)의 집이었다. 정조 10년(1786) 천수경은 송석원에서 중인 시인 13명과 시사詩社(시동인)를 결성했고, 하급계층의 한문학 활동인 '위항문학운동'의 구심적 역할을 했다. 천수경 사후 주인이 여러 차례 바뀌었으며, 이후 장동 김씨 일가를 거쳐 순종의 계비 순정효황후 윤씨의 백부인 친일파 윤덕영의 소유로 넘어갔다. 윤덕영은 1914

| 남산 기슭의 필동 노인정(일제강점기) | 세도정치가 조만영의 정자다. 이곳에서 갑오개혁 안건이 결정됐다.
©국립중앙박물관

년 송석원 터에 프랑스풍 대저택 벽수산장碧樹山莊을 지었다. 저택은 방이 40개나 돼 '경성의 아방궁'이라 불리기도 했지만, 지금은 주택가 골목에 돌기둥 등 일부 잔해만 쓸쓸히 남아있다.

궁궐의 안산인 '남산'에도 정자가 흔했다. 노인정老人亭은 필동 맨 안쪽에 자리 잡았다. 헌종 6년(1840) 조선말 세도정치가 풍양 조씨의 핵심인물 조만영(1776~1846)이 지은 정자다. 조만영은 익종(효명세자)의 장인이자 조대비 신정왕후의 아버지다. 노인정은 도교에서 장수를 주관하는 남쪽 하늘의 노인성老人星에서 땄다. 이곳에서 고종 31년(1894) 갑오개혁 안건을 결정하기 위한 조선과 일본 대표 간 역사적인 회담이 세 차례 진행됐다. 이를 '노인정 회담'이라고 한다. 현재 정자는 흔적 없이 사라졌고 서쪽 바위벽에 '조씨노기趙氏老基'란 글자만 희미하게 남아있다.

도성 서쪽 연못 천연정, 일본공사관으로 사용

천연정天然亭(현 서대문 천연동 금화초등)도 근대사의 아픔을 간직하고 있다. 조선왕조는 도성의 넘치는 불의 기운을 차단하기 위해 도성 밖 동·남·서쪽 3곳에 인공 연못을 팠다. 동지東池는 홍인문 동쪽에, 남지南池는 숭례문 아래 김안로의 집터에, 서지西池는 경희궁 서쪽에 위치했다. 서지에서는 기우제를 지냈고 천연정天然亭을 지었다.

《태종실록》 태종 8년(1408) 5월 19일 기사에서 "모화루慕華樓의 남쪽 연못이 완성되니 … 구경舊京(개성) 숭교사崇敎寺 못의 연蓮을 배

| 근대사 아픔을 간직한 천연정(1884년) |

로 실어다 심었다"고 했다. 조선 후기에 이르러 서지에는 경기 중
군영이 설치된다. 천연정天然亭은 군영의 부속건물로 지어졌다. 그
러다가 고종 17년인 1880년, 일본공사관으로 사용되며 청수관淸水
館으로 불렸다. 청수관은 1882년 임오군란 때 불에 탔다. 서지는
1919년 매립돼 초등학교가 들어섰다.

　굽이굽이마다 절경이 널려있는 한강에는 상류에서 하류로 내려
가면서 정자들이 빼곡했다. 기록을 종합하면, 한강에는 75개의 누
정이 존재했다. 광나루와 동호 일대에 18개, 용산 강에 9개, 서호에
35개, 노량진에 3개, 양천에 10개의 누정이 있었다. 동호와 서호의
경치가 뛰어나 상대적으로 누정이 집중됐다.

중랑천이 한강과 만나는 지점은 호수를 연상하게 할 만큼 강폭이 넓어 '동호東湖'로 불렸다. 저자도, 두모포, 응봉 등 동호 주변은 예로부터 한강 변에서 경관이 수려하기로 유명했다. 조선 전기의 권신인 한명회(1415~1487)의 '압구정狎鷗亭'이 동호 정자 중 하나다. 애초 여의도에 있다가 성종 7년(1476) 동호로 옮겨왔다. 한강 개발로 압구정 일대가 완전히 달라졌지만, 정자 터는 대략 동호대교와 성수대교 사이의 현대 5차 아파트로 추정한다. 압구狎鷗는 갈매기와 허물없이 가깝다는 뜻으로, 세상사에 욕심이 없다는 의미가 담겼다.

김수온의《압구정기》는 "(한명회가) 명나라에 사신으로 갔을 때 한림 예겸倪謙에게 정자 명칭을 부탁하여 압구를 받았다"고 했다. 한명회는 압구정을 호로 삼았다.

압구정 주인 한명회, 임금 깔보다 처벌받다

막강한 권력의 한명회는 임금도 우습게 알았다. 조선 중기 문신 이정형(1549~1607)의 《동각잡기》는 "명나라 사신이 정자를 구경하고자 하니 한명회가 용봉차일⁺을 가져가 화려하게 꾸미려고 하였다. 성종이 허락하지 않자, 한명회가 화난 기색을 드러내니 대간이 나서 임금에게 무엄하다 하며 죄주기를 정하였다. 한명회는

⁺ 임금의 행차 때 쓰는 장막.

외지로 귀양 갔다가 곧 풀려나 돌아왔다"고 했다. 압구정은 한명
회 사후, 선조의 사위 유정량(1591~1663), 선조의 증손 진평군 이택
(1659~1717), 참판 윤양후(1729~1776), 형조판서 조정철(1751~1831), 이
조판서 남병철(1817~1863), 한성판윤 김세호(1806~1884) 등 주인이 수
도 없이 교체됐다.

용산강의 대표 정자는 '용양봉저정龍驤鳳翥亭'이다. 한강대교 남
쪽 노들나루공원 옆 언덕(현 동작구 본동 10-30)에 있다. 정조가 아버지
사도세자의 무덤인 화성 현륭원에 참배하러 갈 때 한강을 건너 잠
시 휴식할 목적으로 정조 15년(1791) 완공한 행궁이다. 정조의 문집
인《홍재전서弘齋全書》는 "북쪽에는 높은 산이 우뚝하며 동에서는 한
강이 흘러와 마치 용이 꿈틀꿈틀하는 것 같고, 봉이 훨훨 나는 듯
하다. … 이에 대신들에게 명해 '용양봉저정'이라고 크게 써, 문 위
에 걸게 하였다"고 했다.

화성에 갔던 정조가 환궁하기 위해 한강을 건너는 장면을 묘사
한 〈한강주교환어도〉에 이 용양봉저정이 그려져 있다. 용양봉저정
건물들은 고종 때 유길준(1856~1914)에게 하사됐다가 1930년 일본인
의 손에 들어가면서 온천장, 운동장 등 오락시설과 요정으로 운영
되다가 광복 후 국유로 환원됐다.

권력 무상 보여주듯 정자 터, 희미한 흔적뿐

마포 일대 한강인 서호西湖에서는 망원정望遠亭(마포구 합정동 457-1)

| 정선 필 '경교명승첩' 중 서호 일대를 담은 양화환도(보물) | 오른쪽에 선유도가 있고 왼쪽에는 잠두봉과 양화진나루터가 보인다. 한강 개발로 자연과 정자가 어우러진 아름다운 경치는 더 이상 볼 수 없다.　ⓒ간송미술관

이 이름난 정자였다. 세종대왕의 형인 효령대군(1396~1486)이 세종 6년(1424)에 처음 세웠다. 정자에 오르면 전체 서호 전경과 선유도가 조망된다고 했다. 전국적으로 가뭄이 계속될 때 세종이 정자에 잠시 들렀는데 때마침 비가 와 정자 명칭을 애초 희우정喜雨亭이라고 했다. 성종 15년(1484) 성종의 형 월산대군(1454~1489)이 과거의 영화로운 자취를 잃어버린 채 쓰러져 가는 정자를 다시 고쳐 지으면서

망원정이라 했다.

　서울의 누정들은 하나같이 당대 최고 권력자들의 소유였지만 지금까지 그 명맥이 유지되는 것이 극히 드문 실정이다. 다시금 권력의 무상함을 느끼게 된다.

4장

발길 닿는
곳마다 명승지

조선 팔도 과거 응시자들의 성지, 한양도성

한양도성 성곽 40리길

"서울 성의 주위 40리(16km)를 하루 동안에 두루 돌아다니고 성 내외의 꽃과 버들을 다 본 사람을 제일로 친다. 그리하여 꼭두새벽에 오르기 시작하여 해질 무렵에 다 마친다. 그러나 산길이 험하여 포기하고 돌아오는 자도 있다."

북학파 학자 유득공(1748~1807)의《경도잡지京都雜誌》중〈유상游賞〉에 실려 있는 내용이다. 유득공이 살던 시대의 서울 사람들은 노닐며 구경하는 것 중 도성 걷기를 최고로 생각하고 있었다.

그의 아들 유본예(1777~1842)가 1830년 펴낸 서울의 인문지리서《한경지략漢京識略》은 "봄과 여름철에는 성안 사람들이 짝을 지어 성 둘레를 따라서 한 바퀴 돌면서 성 안팎의 경치를 구경한다. 한 바

| **성북지구 성곽길 복원 직후 모습(1978년 3월 31일 촬영)** | 성곽 안쪽 학교는 보성고(현 서울과학고)다. 서울 도성은 2000년대 이후 복원된 것으로 알려져 있지만 '서울 요새화 계획'의 일환으로 1975년부터 1980년까지 많은 부분 보수됐다.
©서울역사박물관

퀴 돌자면 하루해가 걸린다. 이것을 순성놀이라 한다"고 했다.

순성巡城은 '성을 따라 돌며 구경한다'는 뜻이다. 도성을 돌며 사계절의 경치를 즐기는 일은 오늘날도 그렇지만 조선시대 서울에서 흔히 볼 수 있는 놀이이자 일상이었다.

한양도성은 북악산과 인왕산, 남산, 낙산(낙타산) 등 서울의 내사산內四山 능선을 따라 축조됐다. 사산은 그 자체로도 아름답지만, 굽이굽이 뻗어있는 성곽과 조화될 때 더욱 빼어난 경관을 연출한다. 무엇보다 성곽 곳곳에 서울 도심을 한눈에 볼 수 있는 조망 지역이 산재해, 예로부터 시인 묵객들의 발길이 끊이지 않았다.

인왕·북악산 빼어난 자연환경과 조화

유득공은 1770년 음력 3월, 한양에서 봄 소풍을 하고 느낀 감흥을 적은 '춘성유기春城遊記'를 남겼다. 그는 남산에 올라 도성의 광경을 내려다보며, 이렇게 묘사했다.

城中之屋	성안의 집들은
如靑黎之田新畊而鄰	새로 갈아서 질푸른 빛띠는 밭처럼 맑고 깨끗하네
大道如長川之劈野	큰길은 긴 냇물이 들판을 가르고
而露其數曲	여러 굽이를 만든 듯하니
人與馬其川中	사람과 말은 그 냇물 속에서 헤엄치는
之魚鰕也	물고기와 작은 새우들

정조 때 삼정승을 지낸 채제공(1720~1799)도 순성을 했다. 그는 《번암집》에서도 이렇게 찬사했다.

人隨古堞蒼茫度	사람들은 옛 성곽을 따라 가물가물 넘어가고
川控妍岑委曲過	시내는 고운 봉우리 담아 굽이굽이 흘러가네
遷客天涯徒極目	쫓겨난 객이 하늘 끝 아스라이 바라보매
碧雲迢遞限京華	푸른 구름 아득히 도성을 가리는구나

외국인들도 찬사를 아끼지 않았다. 명나라 사신 예겸倪謙(1415~1479)은 '등부루登樓賦'에서 "북악산은 드높아 궁전이 더욱 찬란하고 남산 봉우리는 앞에 치솟아 성곽이 사방으로 둘려져 있네. 높은 암벽은 꿈틀꿈틀 서쪽을 가로막고 겹겹 산봉은 빙 둘러 동쪽

| 삼청지구 성곽 복원 공사현장에서 성돌을 운반하는 삭도(1976년 2월 29일 촬영) | 경사가 급한 삼청지구에는 12개 삭도 타워를 설치해 성돌을 옮겼다.

©서울역사박물관

으로 달린다"고 감탄했다. 영국의 탐험가 아놀드 새비지 랜도어 Arnold Henry Savage Landor(1865~1924)는 "도읍을 감싸고도는 성벽은 마치 커다란 뱀처럼 높은 절벽 위아래로 펼쳐져 있다"고 했고, 미국의 천문학자이자 외교관인 퍼시벌 로웰Percival Lawrence Lowell(1855~1916)도 "서울의 성벽은 매우 당당하고도 인상적인 모습을 하고 있다. 성안에서 보건, 성 밖에서 보건 성벽은 서울의 가장 독보적인 볼거리 중 하나"라고 했다.

조선 말, '과거급제 한다'는 미신도 유행

조선 후기 이후 미신적 요소까지 가미되면서 순성은 선풍적으로 유행한다. 1916년 5월 14일자 매일신보는 '오늘은 순성하세'라는 제목의 자사 주최 순례안내 기사에서 순성 시 유의사항, 준비물, 일정과 함께 그 유래를 상세히 보도하고 있다. 신문은 순성이 과거급제를 위한 신앙으로 행해졌다고 소개한다.

"순성은 옛날에도 풍성히 행했던 바이라. 더구나 옛날에 과거를 행하였을 때에는 고등문관 후보자(응시자)가 성히 순유를 행하였더라. 순로巡路는 서대문이나 또는 동대문을 시초로 삼아 성벽을 한번 돌아가지고 다시 서대문으로부터 동대문, 동대문으로부터 서대문까지 돌았는데, 이것은 동그란 데에 가운데를 뚫어 꽂은 모양같이 되어 자를 놓고 과거科擧의 점占이 되면 매우 길하다고 기뻐하였던 것이라."

도성을 한 바퀴 돌면 원圓모양이 되고, 다시 도성의 지름을 통과하면 '가운데 중中' 자가 완성된다. 中은 '명중하다 또는 맞히다'는 뜻도 있어, 순성을 하면 시험 문제를 잘 맞힐 수 있다고 믿었던 것이다.

신문은 "지금의 백작 이완용 씨, 자작 박제순 씨, 자작 임설준 씨 등도 청년시대에는 매우 많이 놀러 다녔던 모양이라"고 했다. 다만, 조건이 있었다. 신문은 "순성은 비가 오던지 바람이 불던지 꼭 하루에 마치지 않으면 효험이 없는 것인 즉, 그것이 또한 재미

있는 규정이라 생각하노라. 그중에는 종로의 상인들도 자기 상점의 운수를 축수하노라고 남몰래 가만히 성벽을 한번 도는 등 옛날에는 순성을 일종의 신앙으로 여겼던 모양'이라고 했다.

신문엔 순성대 모집 기사·광고 쇄도

신문에는 각급 기관 단체의 순성 참가 홍보 기사나 광고가 경쟁적으로 게재됐다. 〈동아일보〉 1930년 10월 31일 자는 백두산이학회白頭山理學會라는 잡지사의 '순성대 모집' 기사를 싣고 있다. 주최 측은 "11월 2일 단풍 쌓인 서울의 성을 한 바퀴 돌기로 되어 있어 남녀노소 불문하고 참가하기를 바란다"고 밝히고 있다. 주최 측은 참석을 독려하기 위해 "순성대에 시조 시인·사학자 노산 이은상(1903~1982) 외 여러 사람이 참관해 전설 등을 자세히 들을 수 있다"는 설명을 곁들이고 있다.

총길이 18.627㎞의 한양도성은 전 세계에서 최장기간인 514년간 도성 역할을 했다. 한양천도 2년 뒤인 태조 5년(1396) 1월 축성 공사가 시작돼 50일 만에 끝났다. 경상도와 전라도, 강원도와 서북면의 안주 이남, 동북면의 함주 이남까지 장정 11만 8,070여 명이 공사에 징발됐다. 하지만 토성이 많아 허물어지기 일쑤였고, 급기야 세종 4년(1422) 음력 1월부터 2월까지 성곽을 다시 지었다. 이번에는 경기, 충청, 강원, 황해, 전라, 경상, 평안, 함길 등 총 32만 2,400명이 동원됐다.

| 돈의문 밖 성곽길(1884년) | 강북삼성병원 동편의 송월길이 원래 성곽이 있던 자리다.　　　　　©서미국 보스턴미술관(퍼시벌 로웰 컬렉션)

| 성북지구 성곽 복원 전 모습(1976년 12월 1일 촬영) | 성북지구는 숙정문에서 혜화문 사이의 구간. 사진에서는 성곽이 유실되어 일부만 남아있다.

©서울역사박물관

《세종실록》세종 4년(1422) 2월 23일 기사에 의하면, 공사 중 죽은 사람이 무려 872명이나 됐다. 2월 26일 세종이 죽은 이유를 묻자, 공사 책임자인 공조참판 이천은 "30여만 명 중에서 500~600명 죽은 것이 무엇이 괴이합니까"라고 되물었다. 이들은 주로 성돌을 채석하고 옮기는 과정에서 사망한 것으로 추정된다. 조선 전기 채석지는 남산과 낙산 일대였다.

숙종 대에도 대대적인 보수를 실시한다. 공사는 숙종 30년(1704) 착수해 숙종 38년(1712)에야 마무리됐다. 지방민 대신 도성수비군인 오군영(훈련도감, 어영청, 금위영, 총융청, 수어청)에서 작업을 맡았다. 성돌은 정릉 주변 채석장에서 조달했다. 북한산성(1711)과 북한산성·도성을 연결하는 탕춘대성(1718)도 함께 축성해 수도외곽 방어시설을 확충했다. 한양도성은 영조, 정조, 순조, 고종 연간에도 고쳐졌다.

조선왕조 전반을 걸쳐 정비·보수돼온 한양도성은 일제강점기 식민정책에 의해, 또 1945년 해방 후에는 도시개발이라는 미명 아래 파괴를 거듭했다. 그 과정에서 1970년대까지 전체 18.6㎞ 중 6.7㎞, 도성의 36%가 사라졌다.

2000년 이후 역사적 관점의 복원 논의가 이뤄지고 2012년부터 한양도성 도감이 설립돼 국제기준에 부합하는 보존 계획이 수립돼 보존 작업이 진행됐다. 그러나 사실, 성곽의 외형은 1970년대에 상당 부분 보수됐다. 1968년 1월 21일 북한 무장공비가 창의문 안쪽까지 잠입한 이른바 김신조 사건이 직접적 계기가 됐다. 박정희 정권은 서울시 요새화 계획의 일환으로 '서울성곽 및 성문 복원공사 계획'을 세웠다. 이어 1975년부터 1980년까지 삼청, 성북, 삼선, 동숭, 광희, 장충, 남산, 청운지구 등 8개 구역으로 나눠 대대적인 수리를 했다.

| 한양도성 백악마루 구간 |

1970년대 대대적 보수 이후 복원 지속

서울이 글로벌 도시로 발돋움하면서 서울의 상징인 한양도성도 세계적 명소로 각광받고 있다. 서울시는 한해 한양도성을 찾은 사람이 100만 명이 넘는 것으로 분석한다.

한양도성은 성문과 성곽의 원형이 보존돼 있고 수축의 기록이 성벽에 잘 남아있다. 또한 성곽 주변으로 문화재와 역사적 명소도 산재해 있다. 무엇보다 인왕산, 북악산 등 자연환경과 어우러진 경관이 매우 아름답다. 인왕산 정상, 백악구간, 남산 잠두봉은 조망 명소로 인기다. 조선시대에는 도성길 최고의 명소는 뜻밖에도 낙산 일원이었다. 북서남은 지대가 높은데 반해 동쪽은 높이가 상대적으로 낮았고 물이 흘러가는 수구水口가 있었다. 유본예의《한경지략》은 "동쪽의 허함을 막기 위해 조산造山(인공산)을 만들고 버들을 많이 심었다. 이것을 식목소植木所라 일러, 봄이 되면 풍치가 볼만해서 성안 사람들의 놀이터가 되었다"고 했다.

기회가 된다면 역사가 흐르는 성곽길을 돌며 서울의 정취를 즐겨 보시길 바란다.

불우한 양반 거주지에서
외세 각축장으로, 명동

한류 명소 명동의 변천사

"외관을 정제하고, 대개는 꿇어앉아 사서오경을 비롯한 수많은 유교 전적을 얼음에 박 밀 듯이 백 번이고 천 번이고 내리 외는 것이 날마다 그의 과업이다. 이런 친구들은 집안 살림살이와는 아랑곳없다."

일석 이희승(1896~1989)의 수필 〈딸깍발이〉의 한 대목이다. 연암 박지원(1737~1805)의 한문소설 〈허생전〉도 아내의 삯바느질에 의지해 근근히 연명하면서도 수공업이나 장사 따위는 하지 않겠다고 고집부리는 남산 기슭 초가삼간의 선비가 주인공이다.

조선 후기 이후 서울의 남촌南村, 즉 남산골에는 몰락한 사족들이 집단적으로 거주했다. 황현(1855~1910)의 《매천야록》은 "서울 큰거리 종로를 사이에 두고 종각 이북은 북촌이라 하여 노론이 살고,

| 명동 우측의 삼일로 확장공사 모습(1967년 3월 18일 촬영) | 왼쪽에 명동의 상징인 명동대성당이 보인다. 명동은 충무로 1, 2가, 명동, 저동은 물론 회현동, 남산 쪽의 예장동, 남산동 일대를 포괄한다. ⓒ서울역사박물관

큰길 남쪽은 남촌이라 하여 삼색*이 섞여 살았다"고 했다. 지방에서 한양으로 진출한 사림세력들이 처음에 터를 잡은 곳도 남촌이었다.

남촌 중에서도 진고개에 가난한 선비들이 유독 많았다. 진고개 선비들은 굶기를 밥 먹듯 하면서도 과거에 급제한 그날만을 기다

---

* 소론, 남인, 북인

리며 글공부에 매달렸다. 권력을 쥔 세도가들이 과거마저 독점해 가난한 양반이 시험을 통과하기란 불가능했다. 진고개 선비들은 비가 와 고개가 질어지면 나막신을 신고 다녔다. 사람들은 "딸깍, 딸깍"하는 나막신의 소리를 본떠 '오기만 남은 불운한' 진고개 선비들을 '남산골 딸깍발이' 또는 '남산골 샌님(생원님)'으로 놀렸다.

남촌은 충무로, 명동, 저동을 중심으로 회현동, 주자동, 남산동, 예장동, 필동 등을 포괄한다. 오늘날 '명동明洞'으로 불리는 지역이다. 명동이라는 명칭은 조선시대 명례방明禮坊[†]에서 유래했다.

명동성당 옆길 비 오면 진창, 진고개 유래

진고개는 현재 을지로에서 명동대성당을 거쳐 남산 쪽으로 올라가는 길을 말한다. 남산에서 발원한 남산동천南山洞川이 명례방과 진고개 사이를 통과해 청계천으로 흘러갔다. 지금은 복개된 하천이다. 이로 인해 땅이 항상 질척거렸고 비가 한 번 오면 골짜기 물이 범람해 사람의 통행이 불가능하다고 해서 진고개라는 명칭이 생겼던 것이다. 진고개는 '종현鐘峴'이라고도 했다. 임진왜란 때 명나라 장수 양호楊鎬가 진을 치면서 시간을 알리기 위해 남대문의 종을 옮겨 단 데서 유래한다. 후대에 북을 달았다고 해서 '북달재'라고도 했다. 진고개는 광무 10년(1907) 8척(2.5m)의 흙을 파내 고개를

[†] 한성부 남부 11개 방 중 하나.

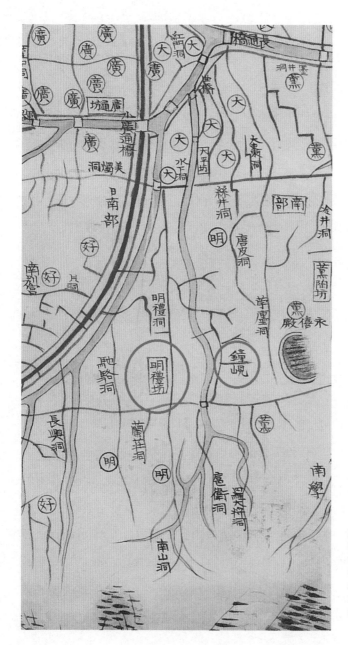

| 도성도(조선말) | 푸른 원 안에 명례방이 있다. 명례방은 명동의 조선시대 명칭이다. 명례방과 종현(진고개) 사이로 지금은 복개된 남산동천(南山洞川)이 흘러가고 있다.

©국립중앙박물관

| 명동성당 모습(19세기 말~20세기 초) | 명동성당은 우뚝 솟은 언덕에 위치해 건립 당시부터 명동의 명소였다.

낮추고 하수도를 묻으면서 자취를 감춘다. 이는 서울 시내 하수구 도랑의 시초가 됐다.

한국 최초의 천주교회 명동성당(사적 제258호)은 종현성당으로 불리며 건립 당시부터 명동의 명물로 자리 잡았다. 성당은 침계 윤정현(1793~1874)의 집터에 세워졌다. 윤정현은 학문과 문장이 뛰어났고 성균관 대사성, 이조·예조·병조·형조 판서, 판의금부사 등 요직을 두루 거쳤다. 청빈한 삶을 살아 고종이 명동성당 일대 대지와 저택을 하사했다고 알려졌다. 파리 외방전교회 조선교구는 1886년 한불수호조약 체결을 계기로 1887년 윤정현 가옥을 구입해 성당을 짓기 시작했고 1898년 완공했다. 높디높은 명동성당 첨탑에서 덕수궁 내 궁녀 모습도 훤히 내려다보여 각 전각에서 발을 치는 해프닝도 벌어졌다.

사실, 지대가 높은 남산골은 도성이 한눈에 조망돼 예로부터 걸출한 가문이 터전을 잡았다. 정조 때 명신으로 이조판서, 양관 대제학을 한 홍양호(1724~1802)가 진고개 주민이었다. 그의 문집 《이계집》은 "남산 아래에 니애泥厓(진고개)가 있다. … 내가 고갯마루에

| 이회영 집터(현 서울 YWCA) | 명동에는 명문가들도 다수 세거했다. 이회영 6형제는 막대한 재산을 처분하고 전 가족과 함께 중국으로 망명해 독립운동에 헌신했다.

집을 짓고 니와泥窩(진흙 움집)라 이름하였다"고 했다.

시조 작가로 유명한 고산 윤선도(1587~1671)도 진고개에 거주했다. 《동국여지승람》은 윤선도의 집터(명동1가 1-3)가 제비 형세의 명당이라 했다. '한국형 노블레스 오블리주'의 상징 이회영(1867~1932), 이시영(1868~1953) 형제의 집도 진고개에서 가까웠다. 이회영 6형제는 막대한 재산을 처분하고 전 가족과 함께 중국으로 망명해 독립운동에 헌신했다. 이들의 아버지이자 이조판서, 우찬성을 지낸 이유승(1835~1907)의 가옥이 현재 명동 서울YWCA 자리다. 이회영 형제는 백사 이항복의 10대손이다.

지대 높아 전주 이씨 등 명문가도 세거

고종 때 포도대장을 한 이경하(1811~1891)는 낙동駱洞(현 명동2가 83·중국대사관)에 거주했다. 흥선대원군 집권 시 훈련대장, 금위대장, 형조판서를 역임하며 권력을 휘둘렀다. 그는 낙동 집에서 죄인들을 심문해 사람들은 염라대왕처럼 무서워하며 '낙동 염라'로 호칭했다. 그는 천주교도들을 무자비하게 학살했다. 네덜란드 헤이그 만국평화회의에서 일제 침략의 실상을 고발했던 이위종(1887~?)이 그의 손자다.

장흥동長興洞(현 남창동)과 회현동, 소공동이 속한 호현방好賢坊은 경화세족 가문 밀집지다. 왕손인 전주 이씨 문중에서 가장 번창한 백강 이경여(1585~1657) 가문이 남산동 3가 34-5 옛 영화 진흥 공사

(현 리빙TV 사옥)에 위치했다. 이경여는 숭명배청파 핵심인물로 청나라 연호를 사용하지 않아 심양에 억류됐다. 그의 직계 후손에서 3대 대제학과 6명의 정승이 나왔다.

청송 심씨도 장흥동에 세거했다. 《임하필기》는 당시 양관 대제학과 좌의정을 역임한 심희수(1548~1622)에 대해, "그의 고택 곁에 소나무 한 그루가 자랐는데 그의 호 일송―松은 여기서 딴 것"이라고 했다. 뿐만 아니라 동래 정씨 역시 현재의 명동 우리은행 본점 뒤편에서 대대로 살았다.

격동기 중국·일본, 차례로 명동 잠식

격동기 명동은 외세의 본거지로 전락한다. 고종 19년(1882) 발발한 임오군란 진압을 빌미로 서울에 주둔한 청나라 군대는 공관 설치와 중국인 거류를 합법화하는 '조청상민수륙무역장정朝淸商民水陸貿易章程'을 체결한다. 1883년 경복궁과 한성부 청사에 가깝고 경치가 뛰어난 포도대장 이경하 집을 매수해 공관을 설치했다.

이경하의 아들 이범진이 땅 매각을 거부하자 납치·폭행해 외교적 문제로 비화했다. 무역장정 체결 후 청나라 산동현 중국인들이 물밀듯 밀려와 명동과 소공동, 수표동을 차지했다. 1885년 위안스카이가 '주찰조선총리교섭통상사의駐紮朝鮮總理交涉通商事宜'라는 직책으로 조선에 부임하면서 명동에는 차이나타운이 형성됐고, 청병들은 길 입구에서 조선인과 병사들의 통행을 막으며 행패를 부렸다.

고종 31년(1894) 청일전쟁을 계기로 일본상인과 청국상인의 위치가 바뀐다. 청국 상인들이 문을 닫고 귀국했으며 요릿집만 남아 장사했다. 일본은 임오군란 후 개화파 박영효 저택 중 일부(천도교중앙대교당 남측 지역과 경인미술관)를 공사관으로 썼지만 1884년 갑신정변 과정에서 불탔다.

그 뒤 일본군은 남산 북쪽 기슭의 예장동에 주둔했다. 예장藝場은 조선시대 5군영 군사들이 무예를 연습하는 훈련장이 있었다고 해서 붙여진 명칭이다. 일본은 임진왜란 때 왜군이 이곳에 주둔했다며 거류 초기부터 왜성대倭城臺로 명명하고 성역화했다.

일본은 조선 정부를 압박해 예장동에 있는 녹천정綠泉亭[†] 터를 확보하고 1894년 건물을 지어 공사관으로 사용했다. 공사관 건물은 1905년 을사늑약 이후 통감관저로, 1910년 국권 강탈 이후에는 총독관저로 쓰였다. 1939년 경복궁 후원 경무대에 총독관저를 신축해 이전했다. 광복 후 국립박물관 남산분관 등으로 활용되다가 철거됐다.

왜성대 위쪽에는 1898년 일본 거류민단이 주도해 경성신사(현 숭의여대)를 세웠다. 숭의여대와 붙은 리라초교에는 러일전쟁 때 군인 노기 마레스케乃木希典를 기리는 노기신사가 설치됐다. 그 아래 예장동 8-145는 1907년부터 1910년까지 조선통감부 청사, 1910년부터 1926년까지는 조선총독부 청사가 존재했다. 1926년 총독부가 경복궁에 새 청사를 짓고 옮겨가자 1927년부터 과학관으로 개편됐다.

[†] 철종 때 영의정이었던 박영원의 정자.

| **통감관저 터(예장동 2-1)** | 남산 총독부 아래에 위치한다. 광복 후 국립박물관 남산분관 등을 활용되다가 철거됐다. 현재 일본군 위안부 기억의 터가 조성돼 있다.

©중구문화원

    서울시는 아픈 역사를 기억하자는 뜻에서 '조선 통감관저 터-조선총독부 터-노기신사 터-갑오전쟁기념비(청일전쟁 승전 기념비) 터-경성신사 터-한양공원비석-조선신궁 터(옛 남산식물원)'로 이어지는 서울 남산 예장자락 1.7㎞에 '국치의 길'을 조성했다.

경성신사·조선총독부 터, '국치의 길' 조성

신세계백화점에도 일본의 흔적이 남아있다. 1895년에서 1905년까지 일본영사관이 위치했다. 일본영사관은 1905년 을사늑약이 체결되며 폐지되고, 대신 지방행정을 감독하는 경성이사청이 들어왔다. 경성이사청 땅은 1929년 일본 상인에게 매각되어 당시 조선, 만주를 통틀어 최고 백화점이라는 미쓰코시三越 백화점이 지어졌다.

일본인들은 1905년 통감부 설치와 더불어 급격히 증가했다. 그 수는 1910년 이미 9,000명에 이르렀다. 거류의 중심에 충무로가 있었고 일본 본국을 뜻하는 '혼마치本町'라 했다.

해방 이후, 명동은 영화예술을 비롯한 영상산업의 요람으로 자리 잡으며 '한국의 할리우드'로 부상했다. 한국 영화 발상지 하면 당연히 '충무로'다. 그 시작은 명동 세종호텔 뒷골목의 충무로 1가, 2가였다. 명동과 충무로에 포진했던 영화제작사들이 1990년대 중반이후 강남 등지로 터전을 옮겼지만, 여전히 충무로는 한국영화의 성지로 명성을 이어가고 있다.

한적한 변두리 명동, 한류 명소로 우뚝

서울의 한적한 변두리였던 명동은 오늘날 서울에서 가장 번화한 도심으로 탈바꿈했다. 상업, 금융, 유통의 본거지이자, 문화·예

| 조선총독부(일제강점기) 남산 조선총독부 쪽에서 바라본 남산 모습 | 총독부 뒷쪽으로 경성신사(현 숭의여대)와 메이지시대 일본 군인 노기 마레스케(乃木希典)를 기리는 노기신사(현 리라초교)가 보인다. ⓒ수원광교박물관

술, 유행의 용광로였고 이제는 K-컬쳐가 확산하면서 중국인, 일본인 등 외국인이 밀집한 명실상부 글로벌 관광명소로 거듭나고 있다.

이희승의 〈딸깍발이〉는 "임란 당년에 국가의 운명이 짧은 시간만에 다가왔을 때 각지에서 봉기한 의병의 두목들도 다 이 딸깍발이 기백의 구현인 것은 의심 없다"며 "단발령이 내렸을 때 목이 잘릴지언정 머리는 깎을 수 없다 맹렬히 반대한 것 역시 죽음을 개의치 않고 덤비는 의기"라고 했다.

| 신세계백화점 자리의 경성 미쓰코시(三越) 백화점 | 조선·만주를 통틀어 최고 백화점이라는 미쓰코시 백화점에는 일본영사관, 경성이사청 터에 지어졌다.

©수원광교박물관

　권력과 타협하지 않고 돈이나 출세에 연연하지 않는 고지식한 선비들의 본고장이던 남산골이 외세의 거점에 이어, 서울 상업의 중심지, K-컬쳐와 관광 1번지가 된 것은 역사의 아이러니라 해야 할 것이다.

승과 시험 보려는 스님 벌판,
강남 삼성동

유교국 조선의 불교사찰

강남구 삼성동의 봉은사奉恩寺는 서울의 대표적 도심 사찰로서 불자는 물론 일반 관광객도 즐겨 찾는 명소다. 봉은사는 조선 11대 중종(재위 1506~1544)의 세 번째 부인 문정왕후(1501~1565)와 깊은 인연이 있다. 독실한 불교신자였던 문정왕후는 아들 명종(재위 1545~1567)이 12세로 즉위하자 수렴청정하며 불교중흥을 선포한다. 봉은사를 중흥의 중심도량으로 삼고 설악산 백담사의 보우 (1509~1565)를 불러들여 주지에 임명한다. 그녀는 폐지된 선종과 교종의 불교 양대 종파를 부활시키고, 승려시험인 '승과僧科'도 재개했다. 승과는 봉은사에서 거행됐고 시험이 있을 때면 봉은사 앞 벌판은 수천 명의 승려가 가득 메웠다. 이로 인해 삼성동 일대는 '중의벌', 한자로는 '승과평僧科坪'으로 불렸다.

| **일제강점기 봉은사** | 봉은사는 문정왕후가 불교 중흥을 위한 중심 도량으로 삼았던 절이다. ⓒ국립중앙박물관

그녀가 부활시킨 승과 덕분에 서산대사(휴정·1520~1604), 사명당 (유정·1544~1610) 등 불교계의 걸출한 인재가 등용됐다. 서산대사는 임진왜란 때 승군을 지휘하며 평양성 전투 승리에 결정적으로 기여했으며, 사명당 역시 평양성 전투 등 다수의 전투에서 전과를 올렸고, 종전 후에는 일본으로 건너가 조선인 포로 3,000여 명을 데려왔다.

봉은사는 뜻밖에도 성리학을 국가이념으로 내세운 조선시대 세

종 때 창건된 절이다. 세종의 5남 광평대군(1425~1445)의 부인 신씨
가 남편의 명복을 빌며 처음 지었고, 연산 4년(1498)에 성종의 세 번
째 부인이자 중종의 어머니인 정현왕후(1462~1530)가 남편 무덤인
선릉宣陵의 원찰願刹†로 재건축했다.

유교국 조선에서 불교 오히려 성행

조선은 유교국을 천명했지만 전조의 불교 유습을 청산하지 못
했다. 《성종실록》 성종 11년(1480) 10월 26일 기사는 "양종에 소속
된 사찰을 헤아려보면 그 수가 1만보다 적지 아니하고…"라고 했
다. 건국한지 100년이 다됐는데도 여전히 전국의 절이 1만 개가 넘
는다니 놀랍다.

귀천을 막론하고 인간은 누구나 살아, 부귀와 무병 등 길운을
바라고 죽어서는 명복을 염원한다. 자기 수양을 강조하는 유교는
이에 대한 본질적인 해답을 주지 못했고 따라서 지속적인 국가적
탄압에도 불교는 소멸하기는커녕 오히려 성행했다. 불교 대중화의
중심에는 역설적으로 조선 왕실이 있었다.

조선은 건국과 동시에 궁궐과 사직, 종묘가 있는 한양 도성 안
에 화려하고 거대한 왕실 원찰을 짓기 시작했다. 수도건설 후 가장
먼저 건립된 조선왕실의 정식 원찰은 흥천사興天寺였다. 태조 이성

---

† 죽은 사람의 명복을 비는 사찰.

계(재위 1392~1398)는 두 번째 부인 신덕왕후(1356~1396)가 죽자, 정릉 貞陵을 조성하며 능침사[†]인 흥천사를 건설했다. 정릉 터는 영국대사관, 흥천사는 덕수초교 일대로 추정한다. 그러나 태종 9년(1409) 태종 이방원(재위 1400~1418)에 의해 신덕왕후가 후궁으로 강등되고 정릉도 파헤쳐져 도성 밖(현 성북구 정릉동)으로 이장된다. 흥천사는 능침사로서 기능을 상실한 채 근근이 명맥을 유지하다가 중종 5년(1510) 유생들이 방화하면서 폐허로 변한다. 절에 걸려있던 세조 8년(1462) 제작된 큰 종(보물 흥천사명 동종·경복궁 소재)만이 오늘날까지 전해진다. 현종 10년(1669)에야 신덕왕후는 겨우 왕비로 복위되고 이장 후 방치되던 정릉도 왕릉으로서 재정비된다. 능역 밖 성북구 돈암동에 능침사도 다시 세워진다.

이성계, 살해된 자식 그리며 절을 창건하다

흥덕사興德寺 역시 태조가 건립한 절이다. 《신증동국여지승람》과 《동국여지지》는 "태조가 잠저 동편에 덕안전德安殿을 지어서 희사하여 절로 삼았으니…"라고 했다. 태상왕으로 물러난 태종 1년(1401)의 일이다.

이방원이 일으킨 제1차 왕자의 난으로, 신덕왕후의 소생인 방번과 방석, 경순공주의 남편 이제가 살해된다. 이성계는 비명에 간

[†] 陵寢寺. 임금이나 왕후의 무덤 옆에 있는 절.

| **전봇대 옆의 흥덕사 표지석** | 흥덕사는 태조 이성계가 1차 왕자의 난 때 희생된 방번과 방석의 넋을 위로하기 위해 세웠다. 표지석은 종로구 시설관리공단 서편 담장 밖에 설치돼 있다.

자식들의 명복을 비는 원찰로 흥덕사를 지었던 것이다. 흥덕사는 도성 십승+勝에 꼽히던 절이었다. 경내에 맑은 연못이 있고 여름이면 이곳에 연꽃이 가득했다. 조선 전기 시인 성임(1421~1484)은 "구름 비단 눈앞에 어지러이 피어있고, 맑은 향기 끊임없이 모시옷에 스며드네"라며 감흥에 젖었다. 하지만 폭군 연산군 때 폐사돼, 복원되지 못하고 절터에 민가가 형성됐다. 흥덕사 터는 현재 서울과학고와 종로구 시설관리공단의 일원이다.

원각사圓覺寺(현 탑골공원)는 세조 11년(1465) 세조(재위 1455~1468)의

| 20세기 초 원각사 석탑과 대원각사비 모습(1904년 촬영) | 세조 때 창건된 원각사는 중종 때 폐사됐지만 이국적 탑(국보)과 원각사 창건 내력을 담은 대원각사비(보물)는 지금까지 원래 자리를 굳건히 지키고 있다.

명으로 경복궁과 창덕궁 사이 너른 터에 세워졌다.《세조실록》세조 10년(1464) 5월 2일 기사에 의하면, 세조는 효령대군(1396~1486)이 양주 회암사에서 법회를 열 때 석가여래가 나타나고 사리가 수백 개로 분신하는 이적이 일어났다는 말을 듣고 승정원에 지시해 원각사를 건립토록 했다. 원각사를 지을 때 8만 장의 기와가 소요됐고 주요 전각의 지붕은 궁궐에서만 사용하던 청기와로 장식했다. 대리석으로 화려하게 조각한 이국적 '원각사지십층석탑(국보)'은 오랜 기간 도성 명물로 인기가 높았다.

조계종 총본산인 '조계사'는 한국 불교계의 상징적 사찰이지만 그 역사는 80년에 불과하다. 애초 조계사 터에는 1906년 설립된 보성고등학교가 있었다. 불교계는 1925년 경영난에 빠진 보성고등학교를 인수해, 이듬해 학교를 넓은 혜화동으로 옮긴다. 1930년대 중반, 일본 불교 조동종曹洞宗이 박문사博文寺(현 신라호텔)를 총본산으로 하여 조선불교를 병합하려고 하자 한국 불교계는 반대에 나섰고, 31본산 주지 총회를 열어 한국불교 총본산 건립을 추진한다. 1938년 보성고 자리에 절을 완성해 태고사라 하고 1940년 7월 총독부의 최종 인가를 얻었다. 1962년 통합 종단으로서 대한불교조계종을 설립하고 절 이름도 조계사로 개칭했다.

보도각 백불, 신통한 기도처로 소문나다

서울 사찰 중 기록에서 가장 이른 시기에 건립이 확인되는 절은 장의사藏義寺다. 신라 태종 무열왕이 백제와의 황산벌 전투에서 전사한 장춘랑과 파랑의 넋을 기리기 위해 태종 무열왕 6년(659)에 창건했다. 세검정초교 운동장 한구석에 높이 3.63m의 통일신라 시기 '장의사지 당간지주(보물)'가 남아있다. 장의사지에서 홍제천을 따라 1.5㎞ 남짓 하류에 보물 '보도각 백불'이 위치한다. 보도普渡는 '불법으로 널리 중생을 구제한다'는 뜻이다. 백불의 정식 명칭은 '옥천암 마애보살좌상'이다. 거대한 바위 면에 조각된 백불은 5미터에 가까운 크기이며 제작시기는 고려 후기로 본다.

백불은 한양 인근에서 신통한 기도처로 이름나 여인들의 발걸음이 끊이지 않았다. 불상은 흰옷 차림의 비구니로 현신해 산모와

| **옥천암 보도각 백불(보물)** | 산모와 아기를 돌봐주는 백의관음을 형상화한 백불은 한양 인근에서 영험하다고 소문이나 여인들의 발걸음이 끊이지 않았다.

아기를 보살펴주는 '백의관음白依觀音' 형상이다.

성산聖山으로 인식돼 온 북한산에는 골마다 대찰이 빼곡했다. 《고려사》에 인용된 '삼각산명당기'는 "삼각산에 기대어 황제의 서울을 짓는다면 9년째 되는 해에 온 천하가 조공을 바칠 것"이라고 했다. 북한산 서편의 진관사津寬寺는 고려 8대 현종(재위 1009~1031)이 2차 거란전쟁 직후인 현종 3년(1012)에 창건했지만, 조선 개창과 함께 매년 국가 주관의 수륙재水陸齋가 성대하게 거행되면서 수륙재 중심 사찰로 위상을 높았다.

수륙재는 물과 육지에서 헤매는 외로운 영혼과 아귀를 위로하는 불교의식이다. 조선 건국 과정에서 많은 고려 왕족이 살해됐다. 《태조실록》 태조 3년(1394) 4월 20일 기사는 "손흥종孫興宗 등이 왕씨를 거제 바다에 던졌다. 중앙과 지방에 명령하여 왕씨의 남은 자손을 대대적으로 수색하여 모두 목 베었다"고 했다. 진관사 수륙재는 이들의 영혼을 달래기 위해 처음 마련됐지만, 세월이 흐르면서 차츰 조선왕실 역대조상의 명복을 비는 의식으로 변질됐다. 진관사는 조선 초 젊은 문신들에게 휴가를 줘 독서에 전념케 하는 사가독서賜暇讀書 장소로도 활용됐다. 성현의 《용재총화》는 "세종 24년(1442)에 박팽년·이개·성삼문·하위지·신숙주·이석형 등 6명이 세종의 명을 받들어 진관사에서 독서하면서 시문을 지어 서로 주고받기를 쉬지 않았다"고 했다.

치열하게 공부하며 진한 우정을 나눴을 6명 중 박팽년과 이개, 성삼문, 하위지는 단종을 위해 목숨을 버렸고, 신숙주와 이석형은 세조의 편에 서서 영달을 선택했다.

경치 뛰어난 중흥사엔 정조 친히 행차

경관이 빼어난 북한천과 백운동 계곡에 위치한 중흥사重興寺도 선비들이 자연 속에서 학문을 닦는 장소로 애용했다. 조선 중기 대문장가인 월사 이정구(1564~1635)는 21세 때인 선조 17년(1584) 중흥사로 들어가 학문에 매진해 당해 진사 초시를 통과하고, 이듬해 연달아 진사 복시에 합격했다. 정조(재위 1776~1800)도 중흥사에 행차해 남긴 두 편의 시가 그의 문집《홍재전서》에 실려 있다. 정조는 견여⁺를 타고 시단봉까지 올랐다가 저녁 무렵에야 증흥사에 당도했다. 정조는 이렇게 말했다.

細聞淸磬近禪丘   절 가까이서 맑은 풍경소리 가늘게 들려오고
萬木深深天外浮   빽빽한 숲은 깊고 깊어 하늘 밖에 떠 있는 듯하네

유물로 고려 숙종 8년(1103)에 제작된 '중흥사 금고金鼓'가 전해져 12세기 이전 창건된 것으로 판단된다.

북한산 동편으로는 사모바위 밑의 승가사僧伽寺가 오래된 절이다. 통일신라 경덕왕 15년(756) 수태 화상이 세웠다고 알려진다. 대웅전 뒤편의 석굴인 승가굴에 '승가대사 석조상(보물)'이 안치돼 있다. 사찰 이름은 이 석조상에서 따왔다. 광배 뒷면에 고려 현종 15

⁺ 肩輿. 어깨로 매는 가마.

| **진관사** | 진관사에서는 조선건국과정에서 살해된 고려 왕족들의 넋을 달래기 위한 수륙재가 매년 국가주도로 거행됐다. 유능한 젊은 학자들의 사가독서 장소로도 애용됐다.

년(1424)에 조각했다고도 기록되어 있다. 승가대사(628~710)는 인도 승려로, 7세기 중후반 당나라에서 활약했으며 입적 후 치병治病에 영험한 존재로 숭배됐다. 조선 왕실도 병 치료를 위해 승가사를 찾았다. 태종과 세종비 소헌왕후(1395~1446)가 병에 걸리자 승가사에 사람을 보내 재를 올렸다. 고종 대 명성황후(1851~1895)와 순헌황귀

비(1854~1911)의 후원으로 중수됐다. 절 뒤쪽 바위에 높이 5.94m의 마애여래좌상(보물)이 조각돼 있다. 10세기 전반 제작됐으며 불상 얼굴의 이목구비가 뚜렷하고 조각 기법과 규모가 독보적이다.

서울 사찰엔 저마다의 이야기와 유물이 가득

칼바위능선 등산로 입구의 화계사는 '궁절'이라는 별칭이 붙을 만큼 궁궐 상궁들의 출입이 잦았고 비빈들의 후원 기록이 다수 남아있다.

《화계사략지》에 따르면, 화계사는 중종 17년(1522) 창건됐고, 광해 11년(1619)에 선조의 생부인 덕흥대원군(1530~1559) 종가의 시주로 중건했다. 화계사는 고종 3년(1866) 흥선대원군이 크게 중수했다. 파락호 시절, 흥선대원군은 화계사를 찾아 승려 만인에게 안동 김씨를 몰아낼 비책을 물었다. 그러자 만인은 아버지 남연군의 묘를 충청도 덕산의 가야사 금탑 자리로 이장하면 제왕이 될 후손을 볼 것이라고 귀띔했다. 흥선대원군이 가야사를 불태우고 탑을 허물어 묘를 옮겼더니 과연 후일 둘째 아들이 고종으로 즉위했다는 설화가 전해진다. 이런 인연으로 흥선대원군은 화

| 삼각산 화계사 입구의 기생 향란(1884 촬영) | 서울 사찰의 주요 신도는 여성들이었다.　　　©미국 보스턴미술관(퍼시벌 로웰 컬렉션)

| 현재 화계사 입구 모습 |

계사 불사에 적극 나섰다.

문수봉 아래의 문수사文殊寺는 북한산의 여러 사찰 중 조망이 가장 좋다. 고려 예종 4년(1109) 탄연이 창건했으며 문종 1년(1451) 세종의 2녀인 정의 공주(1415~1477)가 중창했다. 대웅전에 봉안된 문수보살상은 명성황후가, 석가모니불은 영친왕비 이방자 여사(1901~1989)가 봉안했다. 우이동 등산로 입구의 도선사道詵寺는 신라 말기의 승려 도선이 통일신라 경문왕 2년(862)에 창건했다고 전해진다.

철종 14년(1863)에 안동 김씨 세도정치의 중심인물인 김좌근(1797~1869)의 시주로 중수했으며 1903년에는 혜명이 고종의 명을 받아 대웅전을 건립했고 1904년 국가기원도량國家祈願道場으로 지정됐다. 북한산 절들은 한국전쟁을 겪으면서 대부분 불탔고 1950년대 이후 재건됐다.

아름다운 경치를 자랑하는 서울 옛 절은 저마다의 이야기와 유물이 가득하다.

| 1900년 초반 북한산 문수사 전경 |
©서울역사박물관(상트 오틸리엔수도원 소장 서울사진)

| 문수봉 아래의 문수사 | 북한산 보현봉을 바라보는 문수사는 조망이 매우 뛰어나다.

원래는 강북 뚝섬의 일부, 잠실

물길 한강의 천지개벽

서울 잠실동 롯데월드 뒤편의 석촌호수는 수도 서울의 유일한 호수공원이다. 이 석촌호수가 애초 한강의 본류였고 그 물줄기를 끊어 호수로 만들었다는 사실을 아는 시민이 얼마나 될까.

과거 홍수의 영향으로 한강은 지형이 수시로 바뀌었고, 그중에서도 잠실은 특히 변동이 극심했다. 놀랍게도 조선 전기에만 해도 잠실은 왕실목장이 있던 살곶이벌(현 성동구 자양동 뚝섬)에 있었다. 강남권이 아니라 강북에 속했던 것이다.

그러다가 중종 15년(1520) 대홍수로 뚝섬을 가로질러 샛강이 생기면서 잠실 일대는 섬으로 떨어져 나왔다. 원래 한강 본류는 잠실섬 남쪽을 지나던 '송파강松坡江'이었다. 대홍수로 만들어진 북쪽의 샛강은 새로운 강이라고 해서 '신천新川'이라 불렸다.

| 한강대교 북단의 옛 모습(1979년 2월 2일 촬영) | 한강대교 너머로 한강철교가 보인다. 갈수기여서인지 강바닥이 다 드러나 있다.

©서울역사박물관

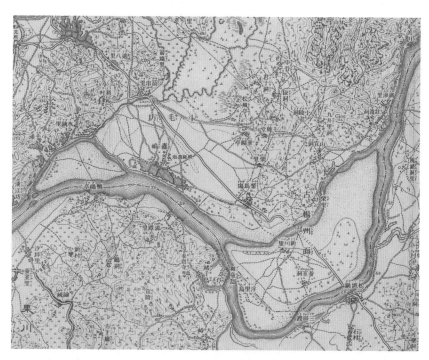

| 1910년 잠실 일대 지도 | 오른쪽 섬이 잠실이다. 잠실섬 아래쪽이 한강(송파강)이고, 위쪽은 신천이다. 1971년 1차 한강 개발 때 송파강은 매립해 육지화하는 대신 신천 쪽의 강폭을 넓혔다. 왼쪽에는 저자도도 보인다. 마찬가지로 1차 한강 개발 때 이곳 모래를 파내 압구정을 메우면서 사라졌다.

©국토정보플랫폼

잠실섬, 1970년대 한강 개발 때 육지화

잠실은 상류의 많은 흙이 쓸려 내려와 땅이 비옥했다. 거름 없이도 뽕나무가 잘 자란다고 하여 '잠실蠶室'로 지칭됐다. 잠실섬 중 지대가 높은 서쪽에는 부리도浮里島라는 섬이 별도로 존재했고, 뽕나무는 이 부리도에 제일 많았다. 부리도는 홍수 때 잠실벌 대부분이 물에 잠기고 부리도 쪽만 드러나 '물 위에 떠 있는 섬마을 같다'는 의미로 붙여진 지명이다.

1971년 '한강 개발 3개년 계획'에 따라 부리도와 잠실섬을 삼전, 석촌, 송파와 연결해 육지화하고, 일대의 약 340만 평에다 잠실 아파트 단지와 잠실종합운동장을 짓는 사업이 추진됐다. 그러면서 남쪽 송파강에는 석촌호수를 조성하고, 북쪽의 신천은 강폭을 넓혀 현재의 한강으로 만들었다. 한강의 샛강이 원래의 강줄기를 대체한 것이다. 부리도가 개발되면서 뽕나무 재배와 누에치기가 생업이던 원주민들은 뿔뿔이 흩어져야만 했다. 부리도 출신자들은 옛 마을 이름을 잊지 않기 위해 1993년 9월 30일 마을 터인 아시아공원에 기념비를 세우고 매년 음력 10월 초 기념비 앞에서 상신제桑神祭 고사를 지내고 있다.

전국 물산 운반 배 몰려 포구 빽빽

한강은 서울을 대표하는 명소이다. 시민들은 한강이 서울에 있다는 것을 자랑스럽게 여기며, 서울을 방문한 외국인들도 주저 없이 한강을 세계에서 가장 아름다운 도심 하천의 하나로 꼽는다. 우리는 과연 한강의 옛 모습을 얼마나 기억하고 있을까.

조선시대 한강은 전국의 모든 물화가 집하됐다가 다시 전국으로 분산되는 해운의 중심지였다. 한강에는 포구들이 빽빽했고, 포구마다 전국에서 곡식이나 생선을 실은 상선들이 쉴 없이 몰려들었다. 맑다고 해서 '열수洌水'로도 불렸던 한강은 지역별로 여러 이름으로 호칭됐다. 한강은 오늘날 강 전체를 아우르는 명칭이지만, 조선시대에는 한남동 앞의 강만을 일컬었다. 옥수동 앞은 동호, 동작동은 동작강, 노량진은 노들강, 용산은 용산강, 마포는 마포강, 밤섬 일대는 서강, 김포는 조강祖江이라고 했다.

한남대교 북단의 나루터인 한강진은 광희문과 버티고개를 거쳐, 용인로를 통해 삼남으로 나가는 중요한 통로였다. 노량진은 정조가 사도세자의 묘소가 있는 수원 화성으로 행차할 때 배다리가 놓였던 곳이다. 노량진의 드넓은 백사장에서는 1만 명 이상의 대규모 부대가 모여 군사훈련과 사열을 했다.

용산은 경상도와 강원도, 충청도, 경기도 지방의 세곡선이 모이는 물류 중심지였다. 한강 포구에서 고개를 넘지 않고 도성으로 갈 수 있는 최단 거리였다. 따라서 용산에는 세곡을 보관하는 창고가 여러 곳 있었으며, 배로 운송된 하역물품을 창고까지 운송하는 일에 종사하는 사람들이 많았다. 마포는 서해의 어물이 많이 운반되어 생선, 건어물, 젓갈, 소금 등 해산물이 집하됐다. 밀물 때가 되면 서해에서 한강을 따라 올라온 바닷물이 마포 부근까지 들어차

| **부리도 비석** | 홍수 때 잠실섬 중 유일하게 잠기지 않았던 부리도 마을 터였던 송파구 잠실동 아시아공원 입구에 세워져 있다.

면서 수심이 깊어 큰 배가 정박하기가 다른 포구보다 유리했다.

　서강은 용산과 더불어 조세 수송선의 집결지로 황해도, 전라도, 충청도의 세곡선이 모였다. 서강포구에는 세금징수 관청인 '공세청'과 공미검사 관청인 '점검청', 관료들의 녹봉 보관창고인 '광흥창' 등이 있었다.

밤섬엔 선박 건조하는 조선소 존재

무인도인 밤섬은 조선시대 대형 선박을 건조하는 조선소가 있어 부유한 조선업자들이 거주했고, 약초나 채소 등 상업적 농업도 번성했다. 밤섬은 1960년대까지도 사람들이 살아가는 삶의 터전이었다.

뚝섬은 한강 상류에서 내려오는 목재의 집산지로 한양 최대 목재시장이었다. 500여 호에 달하는 뚝섬 주민 대다수는 목재와 땔나무 상인이었으며 짐꾼과 마부, 국수 장수, 주막 주인 등이 이들을 상대로 먹고 살았다. 이들은 연대의식이 강해 집단행동을 하기도 했다. 《승정원일기》 철종 2년(1851) 2월 2일 기사에 의하면, 뚝섬 거주민 수백 명과 포교가 충돌하는 과정에서 가설군관加設軍官[+] 유해룡이 그 자리에서 사망하고 많은 포교가 다친 사건이 발생했다. 포교들이 도둑을 잡는다며 뚝섬 주민들에게 폭력을 행사한 것이 발단이었다.

송파진의 장시였던 송파장은 18세기 후반 시전상업 체제를 위협하는 유통거점으로 부상했다. 광주부 소속의 송파장은 한성부 시전 상인들의 상업 독점권에 영향을 받지 않아, 일반 상인들도 자유롭게 영업했다. 송파장이 지방의 물산을 독점하면서 시전상인들과 갈등을 빚었다. 삼밭나루인 삼전도(현 송파구 삼전동)에서는 게가 많이 잡혀 해마다 5,000마리를 진상하기도 했다.

[+] 정원 외 군관을 뜻하는 말.

| 정선 필 경교명승첩 中 송파진 | 그림 속 강은 원래의 한강 줄기인 송파강이다.

©간송미술관

　얼음창고인 빙고도 한강에 위치했다. 국가에 소속된 빙고는 서
빙고, 동빙고, 궁궐 안의 내빙고 두 곳 등 총 4곳이었다. 동빙고는
두모포(현 동호대교 북단의 포구), 서빙고는 용산구 둔지산 자락에 설치
됐다. 서빙고는 왕실과 문무백관뿐 아니라 일반 백성, 의금부·전옥
서 죄수들에게까지 나눠줄 얼음을 보관해 동빙고에 비해 규모가 12
배나 컸다. 한강에는 명승도 허다했다. 강을 따라 권세가들의 별장
이 줄지어 들어섰다.

조선 후기 문신 엄경수(1672~1718)의 《연강정사기》는 한강의 누 각과 정자를 종합적이면서 체계적으로 정리했다. 그는 1716년 배 를 타고 한강을 거슬러 오르며 강안에 자리한 누정을 순서대로 설 명하면서 감상을 적었다. 여기에 등장하는 누정은 총 29개다. 하지 만 각종 기록을 종합하면 이보다 훨씬 더 많아 최대 75개까지 정자 가 존재했던 것으로 추정된다. 아름다운 한강 곳곳에서는 오랜 세 월에 걸쳐 정자가 생기고 또한 사라지기를 되풀이했던 것이다.

굽이굽이 명승지, 저자도 앞 최고 절경

한명회의 별장인 압구정 맞은편에는 저자도楮子島가 있었다. 압 구정에서 바라보는 한강의 풍광은 무척 빼어났다. 압구정과 저자 도 일대 한강은 호수처럼 넓고 잔잔해 동호라 했다. 조선 중기 문 신 심수경(1516~1599)은 《견한잡록》에서 이렇게 읊었다.

東湖勝槪衆人知	동호의 승경은 모두가 알고 있는데
楮島前頭更絶奇	저자도 앞은 더욱 절경이라네

동호는 퇴계 이황(1501~1570)과 고봉 기대승(1527~1572)이 이별의 아쉬움을 시로 달랬던 곳이기도 했다.

《퇴계선생문집》에 따르면, 선조 2년(1569) 3월, 69세의 퇴계가 마지막 귀향길에 올랐다. 고봉은 스승의 귀향 소식을 듣고 동호로

| 응봉산에서 바라본 동호의 전경 | 호수처럼 넓고 잔잔하다.

달려 나와 강가 농막에서 함께 유숙하며 애틋한 석별의 정을 주고
받았다. 고봉은 다음날 강 건너의 봉은사까지 따라가 송별했다. 이
이별 이후 둘은 두 번 다시 만나지 못한다.

    과거 한강은 대체로 지금보다 수심이 낮았고 모래톱이 강변에
어지럽게 형성돼 있어 배가 지나가기에 불편이 컸다. 한강으로 무
수한 배가 드나들었지만 서해 밀물이 들어와야 원활한 교통이 가
능했다. 퇴적물이 쌓이면서 강바닥이 높아져 장마철만 되면 범람
하기 일쑤였다. 정조가 준설의 필요성을 제기했다.

"한강이 예전에 비해 점차 얕아지고 있다. 조운선이 여울을 만나면 반드시 밀물을 기다렸다가 올라가니 만약 한번 쳐낸다면 어찌 백세토록 이익이 되지 않겠는가."

- 《일성록》[+] 중에서

개발 과정에서 저자도 등 한강섬 사라져

한강은 현대에 와서 서울의 빠른 발전 속도와 함께 상전벽해의 변화를 겪었다. 1968~1971년 '한강 개발 3개년 계획'과 1982~1986년의 '한강 종합 개발 계획' 등, 두 차례의 대규모 정비 사업으로 사계절 풍부한 수량, 강변의 제방과 그 위로 뻗은 강변도로 등 지금 우리가 아는 한강이 탄생했다.

정비과정에서 잠실섬처럼 한강의 주요 섬들도 없어졌다. 저자도는 중랑천에서 흘러나온 퇴적물이 쌓여 형성된 모래섬이었다. 닥나무楮가 많이 자라는 섬이라는 의미로 '닥섬'으로 불리기도 했다. 1922년 발간 경성지도에는 저자도의 면적이 36만㎡(약 10만 평)이라고 나와 있다. 흰 모래와 대숲의 경치가 뛰어나 별장 터로 인기가 높았으며 태종과 세종이 이곳을 찾았다는 기록도 전해진다. 안타깝게도 1970년대 1차 한강정비 때 압구정 땅을 메우기 위해 저자도 모래를 갖다 쓰면서 섬은 수면 아래로 사라졌다.

여의도와 밤섬도 완전히 달라졌다. 밤섬과 여의도는 하나의 섬

[+] 정조의 언행을 수록한 수상록

이었고 강물은 밤섬과 마포 사이로 흘렀다. 역시 1차 한강개발 때 여의도를 개발하면서 한강의 흐름을 원활히 하고 여의도제방을 쌓는 데 필요한 잡석을 채취할 목적으로 1968년 폭파·해체했다. 이후 폭파된 곳에 자연적인 퇴적작용으로 토사가 쌓이고 그 위에 나무가 자라면서 숲이 생겼다. 난지도는 땅콩과 야채를 심었던 섬이다. 1960년대 이후 서울 인구의 폭증과 함께 늘어나는 쓰레기 처리를 위해 쓰레기 매립장으로 이용됐다. 1978년부터 1993년까지는 15년간 서울시에서 발생하는 모든 종류의 쓰레기를 매립했다.

한강의 매력은 산업화 시대 정비 결과물

한강의 넓은 강폭에는 공공연한 비밀이 숨겨져 있다. 한강 물밑에는 댐이 두 개 있다. 잠실 수중보와 신곡 수중보이다. 잠실 수중보는 수위조절이나 홍수 예방을 위해 1986년 잠실대교 아래에 설치됐다. 신곡 수중보는 한강 수위 유지와 바닷물 유입 방지 등을 위해 1988년 김포대교 아래에 건설했다.

환경단체는 수질개선과 자연성 회복을 위해 신곡 수중보 개방을 지속적으로 요구하고 있다. 하지만 한강이 가진 매력은 아이러니하게도 산업화 시대의 정비 결과물이다. 무엇보다 우리는 과거의 완전한 회복으로 인한 부작용을 알지 못한다.

| 폭파 전의 밤섬(1968년 2월 10일 촬영) | ©서울역사박물관

| 1980년대 잠실지구 공사 모습(1986년 1월 24일 촬영) | 잠실대교, 잠실철교, 천호대교가 차례로 보인다. ©서울역사박물관

2부

한양의 사람,
삶의 이야기

5장

조선의 주인, 경화사족

조선의 지배자, 동방갑족 문벌가

서울 아이의 출생과 성장

젊은 세대들이 출산을 기피하지만 나이가 들면 무자식을 후회하게 된다. 아이는 국가의 미래이기 앞서 가족의 미래다. 조선시대에는 모두들 가난했지만 다산多産을 미덕으로 여겼다.

전통혼례에서 신랑은 신부 집으로 향할 때 나무 기러기를 들고 갔다. 금슬 좋은 기러기처럼 백년해로하겠다는 의미다. 왕실에서는 왕자나 공주 혼례 때 산 기러기를 들고 가는 관원을 '기럭아범'이라 했다. 기럭아범은 원종공신의 자손으로만 구성된 수도경비부대 충찬위忠贊衛에서 선발했다. 풍채도 조건이지만, 무엇보다 아들을 많이 낳은 사람이어야 했다.

숙종 30년(1704) 2월 21일에 치러진 숙종의 아들 연잉군(영조·재위 1724~1776)과 정성왕후 대구 서씨(1693~1757)의 가례를 앞두고, 병조는 기력아범 후보로 한성부 동부의 최영발, 북부의 김시감, 남부의 최간을 올렸다. 가례청 회의는 이들 중 아들이 제일 많은 김시감을 낙점했다.

순조 2년(1802) 순조(재위 1800~1834)와 순원왕후 안동 김씨 (1789~1857)의 가례 때부터는 〈곽분양행락도郭汾陽行樂圖〉 병풍을 특별 제작했다. 그림은 당나라 현종 때 실존 인물인 곽자의郭子儀의 영화롭고 다복한 생애를 묘사했다. 곽자의는 안녹산의 난을 평정해 분양왕에 봉해졌고, 85세까지 장수하면서 8남 7녀의 자식을 둬 다산과 다복의 상징이 됐다. 〈곽분양행락도〉 병풍은 왕비나 왕세자빈으로 간택된 여성들이 가례 당일까지 머무는 별궁에 항상 배치됐고 민간에서도 크게 유행했다. 유득공(1748~1807)의 《경도잡지》는 "〈곽분양행락도〉는 서울 양반가에서 혼례 때 꼭 사용하는 병풍"이라고 했다.

자식이 열 명은 되어야한다? 어린 산모 사망 빈발

조선시대에는 영아 사망률이 높기도 했지만 조상의 생명이 후손의 몸을 통해 대대로 이어진다는 유교적 인식에 따라 자녀를 많이 가져야 복이 있다는 다산관념이 지배했다. 여성 입장에서도 가족과 사회 내에서 당당한 발언권을 가지려면 가문을 계승할 후손을 많이 낳아야 했다. 이규경(1788~1856)의 《오주연문장전산고》는 "아들 넷이나 다섯을 두면 모두가 부러워하고, 일곱이나 여덟 명

| 상투를 틀고 정자관을 쓴 소년들(1904년) | 러일전쟁 종군기자로 조선에 왔던 미국 소설가 잭 런던 주위로 소년들이 서 있다. 잭 런던 바로 앞의 소년은 매우 어려 보이지만 이미 장가를 가서 어른 차림을 하고 있다. 혼인 연령이 낮다 보니 어린 산모들이 아이를 낳다가 죽는 일이 비일비재했다.

©미국 헌팅턴도서관(잭 런던 컬렉션)

을 두면 기이하게 여기고, 10여 명을 두면 세상에 드문 예라 하여 홍복弘福(큰 복)으로 칭한다"고 했다. 숙종비 인경왕후 광산 김씨(1661~1680)의 오빠 좌참찬 김진구(1651~1704)는 부인 한산 이씨와의 사이에서 8남 3녀를 두면서 홍복을 누린 이로 부러움을 샀다.

그러나 의술이 낙후됐던 과거에는 아이를 낳다가 산모가 목숨을 잃는 일이 잦았다. 자식을 가지려는 욕구가 강해지면서 일찍 혼인하고 초산 연령이 낮아지면서 출산위험도 훨씬 증가했다. 장동 김씨 김상헌의 손자 영의정 김수항(1629~1689)은 늦둥이로 태어난 외동딸이 출산하다가 죽자, 직접 제문을 지었다. 딸은 1665년에 태어났고 14세에 전주 이씨 우의정 이후원(1598~1660)의 증손 이섭과 결혼했다. 16세에 여아를 낳고 이틀 만에 산후 열병으로 사망했으며 갓난아기도 닷새 후 엄마 뒤를 따라갔다. 김수항은 딸을 무척 아꼈다. 김수항의 《문곡집》에서 〈제망녀문祭亡女文〉은 "부모 된 마음으로 애지중지한 것이 어찌 손안의 아름다운 옥구슬 정도뿐이었겠느냐. 나와 네 어머니는 늘그막에 즐거움이라고는 단지 너 하나였는데 하루아침에 갑자기 잃고 말았구나. … 애통하고 애통하도다"라며 슬퍼했다.

아이들 병에 약해 홍역으로 한 해 1만 명 사망

어린아이들은 면역체계가 형성되지 않아 질병에 취약하다. 조선시대 유아 사망률에 큰 영향을 끼친 질병은 '홍역紅疫'이다. 몸에 붉은 반점이 생기는 홍역은 고열을 동반한 급성 전염병이다. 세계적으로 16~17세기에 유행했고 한국에서도 17세기 초부터 19세기 후반까지 주기적으로 맹위를 떨쳐 사망자가 속출했다. 《승정원일기》 영조 6년(1730) 1월 21일 기사에서 한성부 5부의 홍역 피해 현황을 보고받은 영조는 "부의 관리들이 아뢴 말로 살펴보면 홍역으로 사망한 자의 숫자를 합하여 거의 1만에 가까우니 너무나 놀랍고 참혹하다"고 했다.

사정이 이렇다 보니 사대부 남성이 의약 지식을 닦는 일은 기초 소양 중 하나였다. 16세기 서울 주자동에 거주한 성주 이씨 이문건(1494~1568)은 조광조의 제자이며 명필로 이름 높았다. 중종 23

| **외국인 선교사와 여자아이들(20세기 초)** | 조선시대에 아들만 귀하게 생각했을 것 같지만 영의정 김수항의 예에서 보듯 의외로 유학자 중에서도 딸 바보들이 많았다.
ⓒ부산시립박물관

년(1528)에 과거에 급제해 승정원 정3품 당상관인 좌부승지를 했다. 이후 윤원형이 일으킨 을사사화에 연좌돼 명종 즉위년인 1545년, 성주로 유배를 갔고 그곳에서 죽었다. 이문건의 《묵재일기》에 따르면, 그는 23세 때 안동 김씨 김언묵의 딸 김돈이와 혼인했다. 이들은 2명의 아들과 2명의 딸을 뒀지만, 장남과 막내딸만 장성했다. 장남은 병치레가 잦았고, 막내도 천연두를 잘 넘겼지만 풍에 걸린 뒤로 자주 놀라 소리를 지르다가 간질로 번졌다. 막내는 14~15세에 병세가 심해졌고, 혼인도 못 한 채 20살에 요절했다. 자식들을 살리기 위해 이문건은 의원이 아니었지만 의원이라 불러도 될 정도의 해박한 의학지식을 갖추게 되었다. 그는 《구급간이방》, 《본초연의》, 《의학정전》, 《활인심법》 등의 의서를 탐독하며 가족의 질병에 대처했다.

| **서당(대한제국)** | 사대부가에서는 아들을 공부시켜 벼슬길에 나아가게 하는 것을 최대 목표로 삼았다.

©국립민속박물관

1613년《동의보감》이 편찬된 후로는 이 책이 선비의 필독서가 됐다. 18세기 서울의 남산 아래 창동倉洞(현 남대문시장)에 살던 선비, 기계 유씨 유만주(1755~1788)의 일기《흠영欽英》에서는《상례비요(의례서)》,《삼운성휘(음운서)》,《대전통편(법전)》과 함께《동의보감》을 선비가 갖춰야 할 4대 서적으로 꼽았다. 유만주는 "허준의 동의보감이 나온 뒤로 조선에는 훌륭한 의원이 없다"고 했다.

유만주가 살던 시기에는 소아과 전문의도 있었다. 그는 1781년 재혼한 박씨 부인에게서 첫딸을 얻었지만, 첫돌도 지나지 않아 병에 걸렸다. 《흠영》은 "의녀를 불러 딸을 보이고 약방문을 받았으며 그 처방을 소아의 이행눌에게 보이자 이행눌은 한 가지 약재는 쓰지 말라고 일러주었다"고 전했다.

사대부들, 자식 지키려고 의학 지식 닦아

자식, 그중에서도 아들이 다행히 살아남았다면 양반가에서는 아들이 문과에 급제해 입신양명하기를 소원했다. 그것이 집안을 일으키는 거의 유일한 길이어서다. 자식교육하면 대구 서씨 약봉 서성(1558~1631)의 어머니, 고성 이씨를 빼놓을 수 없다. 고성 이씨는 소경이었지만 아들 하나만 바라보고 억척스럽게 살았다. 김상헌(1570~1652)의 《청음집》 중 〈서성공 행장〉은 이런 고성 이씨의 상황을 기록하고 있다.

"(약봉의) 어머니 정경부인 고성 이씨는 좌의정 이원의 후손이며 청풍군수 이고李股의 따님이다. 이분이 명종 13년(1558) 5월 안동의 친정에서 공을 낳았다. 공은 태어나면서부터 기걸하여 보통 아이와 같지 않으므로 보는 사람들이 기이하게 여겼다. 함재공(약봉의 아버지 서해·1537~1559)이 돌아가셨을 때 공은 겨우 한 살이었다. 대부인께서 외롭게 홀로 되어 살아가기 어려울 것을 걱정해 경성으로 가, 공의 중부인 사예공(서엄)에 의지하였다."

고성 이씨는 아들을 데리고 상경해 약현藥峴(중구 중림동)에 정착했다. 《동국여지비고》는 "서성의 집 숭례문 밖 약현에 있다. 공의 어머니인 이씨는 두 눈이 보이지 않았으나 여러 가지 일에 익숙했다"고 했다. 또 《한국야담사화집》에 의하면, 고성 이씨는 약현 고갯길(현재 서울역에서 충정로 사거리) 옆에 거처(현 약현성당 일원)를 마련했다. 아들 출세의 일념으로 20대 초반의 청상은 반가의 체통을 내던지고 이 집에서 장사를 시작했다. 청주를 빚고 유밀과와 찰밥을 만들어 팔았는데 손님이 많아 큰돈을 벌었다. 당시 사람들은 약현에 있는 그녀의 집에서 만든 청주를 '약주', 찹쌀밥을 '약밥', 유밀과를 '약과'라 불렀고 오늘날까지 그 명칭이 전해진다.

자식 교육 위해 양반 체통 던지고 술장사

어머니의 헌신 덕에 서성은 선조 19년(1586) 과거에 급제해 5도 관찰사, 3조 판서 등 요직을 거쳤고 기울어져 가던 가문도 다시 일으켰다. 서성의 다섯 아들과 그들의 자손이 모두 크게 현달했다. 장남 서경우(1573~1645)는 인조 때 우의정을 지냈고, 넷째 서경주(1579~1643)는 선조의 장녀 정신옹주(1582~1653)와 혼인했다. 둘째 서경수(1575~1646)의 증손 서종제(1656~1719)의 딸은 영조의 정비(정성왕후·1692~1757)가 됐다. 서경주의 증손 서종태(1652~1719)는 숙종 때 영의정을 했고, 그의 둘째 아들 서명균(1680~1745)은 영조 8년(1734)에 좌의정, 서명균의 아들 서지수(1714~1768)는 영조 42년

(1766)에 영의정에 올라, 서경주 집안에서 3대 연속 정승을 배출했다. 이어 서지수의 아들 서유신(1735~1800)부터 서유신의 아들 서영보(1759~1816), 손자 서기순(1791~1854)이 차례로 문형인 대제학을 하면서 문벌가로 위세를 떨쳤다.

다산 정약용(1762~1836)도 교육에 열성적이었다. 다산은 순조 1년(1801) 9월 천주교 신자 황사영 백서사건에 연루된 형 정약종을 보호하려다 강진에서 18년간 유배 생활을 했다. 아들 6명과 딸 1명을 뒀지만 장남 정학연丁學淵(1783~1859)과 차남 정학유丁學游(1786~1855) 외에는 3세 이전에 모두 사망했다. 정약용은 유배지에 묶인 몸이었지만, 두 아들에게 끊임없이 편지를 보내며 교육에 깊게 관여했다. 《다산시문집》에 따르면, 순조 3년(1803) 1월 1일 보낸 편지에서 다산은 "지금까지 너희들에게 편지로 써 공부를 힘쓸 것을 권면한 것이 여러 차례이건만 아직 한 번도 경전의 의심스러운 곳이나 예악禮樂의 의문스러운 점, 사책史冊의 논란을 한 조목도 묻

| **보물 하피첩** | 순조 10년 (1810) 다산이 유배지인 강진에서 아내 홍씨 부인이 보내온 낡은 치마폭에 두 아들에게 교훈이 될 만한 글을 직접 써 준 서첩이다.
ⓒ국립민속박물관 파주관

| 남양주 조안면 능내리의 다산 선생 생가 | 다산은 18년간 전라도 강진 등지에서 귀양생활을 하다가 순조 18년(1818) 음력 5월 유배에서 풀려 고향으로 돌아왔다.

생가 전체 모습.

는 적이 없었으니 어찌하여 너희들은 이렇게 내 말을 마음에 새겨 두지 않느냐"며 "너희는 집에 책이 없느냐, 재주가 없느냐, 눈과 귀가 총명하지 못하느냐, 무엇 때문에 스스로 포기하려 드는 것이냐" 고 꾸짖었다.

정약용은 남양주 초안면의 외딴 시골에서 살던 두 아들의 장래가 심히 걱정스러웠다. 그래서 유배에서 풀려나면 반드시 서울 안에 살게 하겠노라고 다짐도 한다. 정약용은 1810년 초가을에 쓴 편지에서 "무릇 사대부의 가법은 벼슬길에 나갔을 때는 높직한 산 언덕에 셋집을 내어 살면서 처사의 본색을 잃지 말아야 하지만, 벼슬에서 떨어지면 빨리 서울에 살 자리를 정하여 문화文華(문명)의 안목을 떨어뜨리지 않아야 한다. 내가 지금 죄인이므로 너희들을 우선은 시골집에서 숨어 지내도록 하였지만 뒷날은 오직 서울의 십 리 안에서 거처하게 하려 한다. 가세가 쇠락하여 도성으로 깊이 들어가 살 수 없다면 잠시 근교에 머무르며 과수를 심고 채소를 가꾸어 생계를 유지하다가 재산이 조금이라도 생기면 도심 중앙으로 들어갈 것"이라고 전했다.

형편 되면 자식들은 한양에 살게 할 것

선조 대 명신, 백사 이항복(1556~1618)은 52세 때 어린 손자에게 글을 깨우치게 하고자 손수 《천자문》을 써 책으로 엮어줬다. 그러면서 책 뒷면에 "선조 40년(1607) 초여름 손자 시중에게 써 준다. 오십 노인이 땀 흘리고 고통을 참아가며 쓴 것이니 나의 뜻을 생각해서 함부로 다루지 말지어다"라고 적었다. 손자를 향한 할아버지의 애틋한 사랑이 묻어난다. 이항복 가문은 그의 막강한 영향력으로 번창했으며 그의 직계에서만 영의정 3명, 좌의정 2명으로, 정승만 5명이 나왔다. 하지만 장손에 대한 기대가 너무 컸던 것일까. 천자문을 선물 받았던 손자 이시중(1602~1657)은 역사에 이름을 남기지 못했다.

대한민국은 유사 이래 가장 잘살게 됐지만 그와 동시에 인구가 가장 빨리 감소하는 나라 중 하나가 됐다. 젊은 부부들은 아이를 낳아 키우는 대신 개를 기른다니 미래가 걱정스럽다.

천하 호령하던 벌열가문

권세가문의 흥망성쇠

'나는 새도 떨어뜨린다는 권력도 10년을 못 넘기고, 3대 가는 천 석꾼 부자 없다'고 하지 않았던가. 종각역 SK종로타워(옛 화신백화점) 뒤편 골목에는 3.1운동 때 민족 대표들이 독립선언서를 처음 낭독했던 요릿집 태화관 터가 있다. 현재의 태화빌딩 자리다. 태화관의 명칭은 능성 구씨 종가 동편에 세워졌던 정자, '태화정太華亭'에서 따왔다.

오늘날 태화빌딩, 종로경찰서와 그 주변을 모두 포함하는 종로구 인사동과 공평동을 포함한 너른 땅은 조선시대 능성 구씨들이 400년 동안 세거했던 지역이다. 능성 구씨들은 왕실과 복잡한 혼맥婚脈을 맺으며 명문가로 발돋움했다. 세조 때 활약한 영의정 구치관(1406~1470)과 정2품 지중추부사 구치홍(1421~1507) 형제가 집안을 일으켰다. 이어 구치홍의 아들 구수영(1456~1524)이 세조의 막내 남동생 영웅대군(1434~1467)의 무남독녀 길안현주(1457~1519)와 결혼하면서 도약의 발판을 마련했다. 《세조실록》세조 13년(1467) 2월 5일 기사에 의하면, 세조는 영웅대군이 죽었을 때 음식을 폐했을 만큼 동생을 아꼈다. 그런 세조가 조카의 결혼을 기념해 선물로 하사한 땅이 바로 태화빌딩 일대다.

조카사위 구수영은 철저히 권력만 좇았다. 연산군의 충복 역할을 했지만, 중종반정에도 가담해 정국공신靖國功臣 2등에 봉해졌다. 구수영의 3남 구문경은 연산군의 장녀 휘순공주를, 구수영의 증손 구사안(1523~1562)은 중종의 3녀 효순공주(1522~1538)를 부인으로 맞았다.

구사안의 동생 한성판윤 구사맹(1531~1604)의 딸은 선조의 5남 정원군(원종·1580~1620)과 결혼한다. 이들 사이의 2남이 조선 16대 인조다. 구사안은 서쪽 땅을 동생 구사맹에게 떼어 줘 집을 지어 살게 했다. 여기서 인조가 어린 시절 자랐고 외삼촌 대사성 구성(1558~1618)에게 학문을 배워 집은 '잠룡지潛龍池'로 호칭됐다. 구사맹의 손자이자 인조의 외사촌인 우의정 구인후(1578~1658)는 인조반정을 주도해 정사공신靖社功臣 2등에 책봉됐다.

북촌 구씨, 왕실 혼맥 통해 승승장구

이를 통해 구사맹의 아들 병조판서 구굉(1577~1642), 구인후의 5세손 한성판윤 구택규(1693~1754), 그의 아들 5조 판서 구윤명(1711~1797), 종1품 판의금부사 구윤옥(1720~1792), 구윤명의 아들 병조판서 구상 등 고관이 쏟아졌다.

　정자 태화정과 연못까지 갖춘 대저택의 능성 구씨 종가는 북촌에서 제일가는 집이라는 뜻의 '북촌갑제北村甲第'라 불렸다.《승정원일기》영조 34년(1758) 3월 9일 기사에 따르면, 영조가 "그대의 집이 가장 높다는데 과연 그러한가"라고 묻자, 구윤명은 "대개 태화정의 자리는 아주 높은 곳이어서 두 궁궐과 동대문, 남대문이 시야에 들어오는 것은 물론 남으로 만리현, 동으로는 왕십리까지 굽어볼 수 있다"고 답했다.

| 구윤명 초상화 | 영조, 정조대에 5조 판서를 지낸 인물이다. 능성 구씨는 왕실과 중복혼을 통해 가문이 크게 현달했다.
ⓒ국립중앙박물관

실제 인사동 거리에서 바라볼 때 태화빌딩은 언덕 위에 서있다. 영조 49년(1773) 2월 영조는 왕세손 정조를 데리고 잠룡지와 태화정에 직접 행차하기도 했다. 골목 입구에는 방범초소인 이문里門까지 설치해 위세를 떨쳤다. '청진동 이문설렁탕' 상호가 바로 여기서 유래했다.

조선말 구씨들이 권력에서 멀어지고 가세가 기울면서, 구씨들은 정든 터전을 처분하고 뿔뿔이 흩어진다. 1847년 안동 김씨 세도정치의 중심인물인 김흥근(1796~1870)에 이어 헌종의 후궁 경빈 김씨(순화궁·1847~1908), 을사오적 중 한 명인 이완용(1908~1913)이 차례로 소유했다가 1913년부터 '태화관(명월관 분관)', 1921년부터는 미국 감리교의 여성교육기관인 '태화기독교사회관'으로 사용됐다. 태

| 능성 구씨 종가가 자리 잡았던 종로 태화빌딩(우측)과 하나로빌딩 | 구씨 종가 터는 언덕 위에 위치해 주변을 조망할 수 있었다는 기록을 전한다.

화정 일대는 북촌北村에 속한다. 한양도성을 가로로 관통하는 종로
의 북쪽, 경복궁과 창덕궁 사이의 공간이다. 조선시대 권력을 독식
하던 서인 노론 집권세력들의 거주지였다.

　여흥 민씨도 북촌의 성씨다. 민씨는 조선 초 왕비를 배출하기
도 했지만 정치적 존재감이 드러난 것은 17세기 이후다. 서인과 남
인, 노론과 소론이 분열하는 정치적 격동 속에서 호조참의 민광훈
(1595~1659)의 세 아들 형조참판 민시중(1625~1677), 좌의정 민정중
(1628~1692), 돈녕부영사 민유중(1630~1687) 등이 우암 송시열의 학
문적, 정치적 입장을 따랐다. 숙종 6년(1680) 민유중은 숙종의 국
구國舅가 됐다. 민유중의 딸이 인현왕후(1667~1701)다. 민유중의 아
들 공조판서 민진후(1659~1720), 좌의정 민진원(1664~1736), 민정중의

| 태화빌딩 앞의 3·1독립선언 유적지 | 능성 구씨 저택에 들어선 요릿집 태화관에서 3.1운동 때 민족대표들이
독립선언서를 처음 낭독했다.

아들 우참찬 민진장(1649~1700), 민시중의 아들 판의금부사 민진주
(1646~1700)도 노론의 중심인물로 떠올랐다.

민씨들, 인현왕후 배출하며 노론 핵심 부상

숙종은 인현왕후와 결혼하면서 안국동에 집을 마련해 처가에
선물하고, 장인 민유중은 이 집에서 기거했다. 위치는 현재의 덕성
여고 테니스장에 해당한다. 폐비가 된 인현왕후도 대궐에서 쫓겨
난 후 안국동 집에서 거처했다. 영조는 영조 37년(1761) 집을 방문
해 감고당感古堂 편액을 내렸다.

| 안국역 사거리에서 바라본 북촌 전경(1884년) | 북촌은 노론 권세가의 저택 밀집 지역이었다.   ©미국 보스턴미술관(퍼시벌 로웰 촬영)

고종 초에는 청송 심씨 우참찬 심이택(1832~?)이 감고당을 샀다. 《고종실록》중 고종 1년(1864) 3월 5일 기사는 "심이택이 인현왕후의 감고당을 멋대로 뜯어고쳐 하인배들의 방으로 만들었다"고 했다. 흥선대원군은 집을 빼앗아 자신의 처남인 민승호에게 넘겼다. 8살에 아버지 민치록을 여의고 서울로 올라온 명성황후도 1866년 고종 비로 간택되기 전까지 감고당에 머물렀다.

서촌西村의 대표 벌열가는 안동 김씨다. 이들 세거지의 지명이 장동壯洞이어서 장동 김씨라고도 불렀다. 장동지역은 청풍계淸風溪로 호칭됐다. '영원히 변치 않는 맑고 높은 절개'를 뜻하는 백세청풍百世淸風에서 유래한 것이다. 청풍계는 청운초교에서 창의문에 이르는 인왕산 기슭의 한적한 지역이다. 장동 김씨 가문은 임진왜란 이후 250년간 권력의 중심에 있으면서 정승 15명, 판서 35명, 왕비 3명을 배출했다. 서인의 영수이자 장동 김씨의 적장자인 김상용 (1561~1637)은 청풍계의 요지인 청운동 52-8(현 청운초교 북편 주택가)에 대저택을 짓고 이 집을 '청풍지각靑楓池閣'이라 칭했다. 백세청풍 각자는 조금 위쪽인 청운동 52-111에 남아있다.

장동 가문을 크게 일으킨 사람은 김상용의 아우, 김상헌(1570~ 1652)이다. 김상헌은 병자호란 때 끝까지 싸우자는 주전파를 이끌었고, 인조 항복 이후 청나라에 인질로 끌려가서도 자존심을 굽히지 않았다. 청나라 황제는 그의 기개를 높게 평가해, 죽이지 않고 오히려 칭찬해 주며 아량을 베풀었다. 이 사건으로 김상헌이라는 이름과 장동 가문이 크게 빛나기 시작했다. 김상헌의 집터는 박정희 전 대통령 시해 장소로 알려진 청와대 옆 무궁화동산이다.

| 장동 김씨 세거지인 청풍계(종로 청운동)에 새겨진 '백세청풍' 각자 | 김상헌의 형인 김상용이 새겼다. 청운동 주택가 담벼락 아래에 놓여 있다.

안동 김씨들, 세도정치 하며 북촌 이주

안동 김씨는 세도정치가 시작되면서 불편한 산속을 박차고 나와 도성 한복판으로 이주한다. 영의정 김창집(1648~1722)의 현손 김조순은 장동에 거주했지만, 효명세자(1809~1830)의 국구가 되면서 교동校洞(현 종로 교동초교)으로 이사했다. 김조순의 3남 김좌근(1797~1869)의 집은 인사동 경인미술관 일원이었지만 훗날 박영효(1861~1939) 소유로 넘어간다. 대사간 김창협(1651~1708)의 5세손 김문근(1801~1863)이 철종의 국구가 되자 그의 조카들인 김병학(1821~1879), 김병국(1825~1905)이 권력을 쥐게 되는데 이들은 모두

전동典洞(현 종로 공평동, 견지동)에 살았다. 주인에게 버림받은 청풍계는 일제강점기 군수 대재벌, 미쓰비시三菱가 사들였고 미쓰비시는 직원 숙소를 짓기 위해 청풍계의 자랑인 울창한 소나무 숲과 늠름한 바위를 파괴했다.

서촌의 필운대弼雲臺는 조선 개국공신 안동 권씨 권근의 현손인 삼정승 권철(1503~1578)의 집터다. 오늘날 배화여고 자리이다. 권철의 아들은 임진왜란 최고의 명장 권율(1537~1599)이다. 경주 이씨 백사 이항복이 권율의 무남독녀와 결혼해 서촌 집을 물려받았다. 이항복은 집 이름을 필운이라 붙이고 자신의 아호로 삼았다. 집 뒷마당을 병풍처럼 감싸고 있는 절벽에 필운대라고 새겼다. 필운대 각자가 배화여고 뒤편에 아직도 뚜렷이 남아있다. 필운대 주변에는

| 서촌의 필운대 | 필운대에는 백사 이항복의 집이 있었다. 배화여고 뒤편 담벼락에 필운대 각자가 새겨져 있다.

화초단지가 즐비해, 봄이면 성안 사람들이 꽃구경을 하러 몰려들었다. 김매순의《열양세시기洌陽歲時記》는 한양의 3대 꽃놀이 장소로 인왕산 세심대洗心臺(국립농학교 뒤편 언덕), 남산 잠두봉과 함께 인왕산 필운대를 꼽았다.

동부東部의 최고 가문은 단연 관동館洞의 연안 이씨다. 조선 초기부터 동부에 거주했던 연안 이씨는 조선 중기 대문장가, 월사 이정구(1564~1635)가 등장하며 '관동파'를 형성했다. 연안 이씨는 조선 개국에 적극 참여하면서 국초 함경도 안변에서 서울로 이주해 왔다. 그러다가 세조대 대사헌과 한성판윤을 지낸 이석형(1415~1477)이 동부 연화방에 계일정戒溢亭을 짓고 살면서 동부와 인연을 맺었다. 계일정 터는 효제초교 북쪽의 연지동 일원으로 추측한다.

이석형의 현손이 연안 이씨 관동파의 파조 이정구다. 이정구는 선조 23년(1590) 과거에 급제해 대제학, 예조판서, 우의정과 좌의정을 지냈다. 이정구는 탁월한 문장력과 중국어 실력으로 임진왜란의 국난 극복과 이후 명·청 교체의 국제질서변동 과정에서 대명·대청 외교의 최전선에서 활약했고 대내적으로는 문필가로서 최고의 명망을 이룩했다. 이를 토대로 이정구의 후손들은 연안 이씨 관동파를 형성하며 전성기를 맞았다. 연안 이씨 관동파는 상신相臣(삼정승) 8명과 대제학 6명, 청백리 1명 등 인재를 쏟아냈다.《증보문헌비고》'씨족고'에 수록된 조선 후기 연안 이씨 문벌인물 36명 중 이정구 직계가 28명이나 된다. 특히 최초의 '3대 대제학 가문'이자 '부자 대제학 가문'으로 널리 회자됐다. 이정구 본인과 아들 이명한(1595~1645), 손자 이일상(1612~1666)이 대제학에 올랐고, 이정구의 6

세손 이복원(1719~1792)은 아들 이만수와 함께 대제학을 했다. 대제학은 나라의 학문을 바르게 평가하는 저울이라는 의미의 '문형文衡'으로 별칭 되며 막강한 학문적 권위가 부여됐다.

동부 최고 가문은 연안 이씨, 남촌은 동래 정씨

이정구 고택은 관동에 있었다. 관동은 고조부 이석형의 연화방 가옥보다 북쪽이다. 관동은 18세기 중반 제작된 〈도성도〉 상에는 종묘 동편으로 표시되어 있지만, 19세기 중반의 〈수선총도首善總圖〉에는 혜화역 부근으로 나타난다. 정조가 서울대 의대 자리에 사도세자 사당인 경모궁을 건립하면서 행정구역도 위쪽으로 변경했던 것으로 해석된다. 1600년 전후 지어졌을 이정구의 관동 고택은 종묘 동쪽의 서울대 치대 언저리에 위치했을 것으로 짐작된다.

남촌의 명문가는 동래 정씨다. 정씨들은 회현동(현 우리은행 본점)에 터를 잡았다. 중종 때 삼정승 정광필(1462~1538) 집안에서 좌의정 정유길(15 15~1588)을 비롯해 삼정승 정태화(1602~1673), 영의정 정존겸(1722~1794) 등 12명의 정승을 배출했다. 회현동會賢洞이라는 지명도 '동래 정씨 현자들이 모여 사는 곳'이라 하여 붙여졌다. 사람들은 이들을 '회동 정씨'라고도 불렀다. 동래 정씨의 고택 자리였던 오늘날 우리은행 뒤뜰과 서편 도로 중앙에는 여전히 수령 500년 이상의 은행나무 2그루가 심겨 있다.

서울의 문벌들은 벼슬을 독차지했지만 그들의 대저택은 후손이

| **회현동 동래 정씨 고택 옆 수령 500년 이상의 은행나무** | 남촌의 명문가는 12명의 정승을 배출한 동래 정씨다. 우리은행 본점이 동래 정씨 고택 자리다.

몰락하며 처분되거나 개발돼 흔적조차 찾을 길이 없다. 반면 중앙 정계에서 소외된 향촌의 사대부들은 오히려 오늘날까지도 종가를 보존한 가문이 허다하니 세상사 모를 일이다.

한양 인구 절반이 노비였다?

한양은 노비의 도시

人類而處以禽獸	사람이 금수로 취급되니
豈法也哉	어찌 법이라 할 것인가

실학자 유형원(1622~1673)의 《반계수록》의 내용이다. 유형원의 외가 6촌 동생인 이익(1681~1763)도 《성호사설》에서 비인간적인 노비제를 비판한다.

一爲賤隷	한번 천한 종이 되면
千萬世不能免	천만 년이 가도 벗어나지 못한다
焉虐使困苦	이러한 학대와 고통은
天下古今之未始有也…	천하와 고금에 없었던 일이니…

조선시대 노비奴婢는 인격체가 아닌 짐승으로 취급받던 신분 계층이었다. '말을 알아듣는 가축'으로서 재산목록 중 가장 값나가는 귀중품이었다. 양반 사족士族들은 재산 증식을 위해 노비를 늘리는 데 혈안이 됐다. 한국국학진흥원 소장의 《이애 남매 화회문기和會文記》를 통해 그 적나라한 실상을 볼 수 있다. 성종 25년(1494) 이애 남매가 부친의 사망 후 재산을 합의로 분할하고 작성한 문서다. 이애 남매의 부친 재령 이씨 이맹현(1436~1487)은 문과에 급제해 이조참판을 지냈고 청백리에 봉해졌다. 《화회문기》에 따르면, 놀랍게도 이맹현이 가진 노비의 수는 한성부와 전국 71개 군현에 걸쳐 총 758명이다. 청렴한 관리의 상징이라는 청백리가 이런 수준이니 다른 고관과 벌열가의 노비가 얼마나 많았을지는 쉽게 짐작이 간다.

이맹현의 노비들이 거주하는 지역은 서울이 147명이며 다음으로 함경도 함흥 67명, 경상도 함안 49명, 전라도 임실 32명, 경기도 임진 28명 등이었다. 지역별 분포를 보면, 서울이 제일 많다. 서울은 조선 팔도의 여러 고을 중 노비가 가장 많은 '노비의 도시'였던 것이다.

조선 후기 서울의 양반은 16%, 노비가 53%

철저한 신분제 사회였던 조선의 계급은 모두가 잘 알듯 양반, 중인, 상민, 노비 4가지로 구분된다. 조선은 사족의 나라였고 모든 특권은 양반이 독점했다. 반면, 노비는 소유와 매매의 대상일 뿐

| 청해 이씨 집안의 노비 가족(일제강점기) | 조선은 부모 중 한 명이라도 노비이면 자식도 노비가 되는 '일천즉천제'를 유지했다. '일천즉천제'는 노비 증가의 직접적 원인이 됐다. ⓒ국립중앙박물관

인간으로서 기본적인 권리도 박탈당한 최하층의 계급이었다. 조선 시대 서울에 살았던 신분별 인구수는 얼마였고 또한 그들의 각기 삶은 어떠했을까.

현종 4년(1663)에 작성된 〈강희이년 계묘 식년 북부장호적北部帳 戶籍(이하 북부장호적)〉을 통해 17세기 서울 백성의 개략적인 신분구 조 양상을 파악할 수 있다. 〈북부장호적〉에는 한성부 서부(마포·영등 포) 총 16계契(마을), 681가구의 거주지, 나이, 직역 및 신분, 가족구 성원 등이 기재돼 있다. 신분별 가구의 점유율은 양반층이 113가구 로 16.6%, 중인층이 0.6%, 상민층이 29.5%, 노비층이 53.3%이다.

이에 반해 〈단성현 호적대장〉에 따르면, 비슷한 시기인 숙종 4년 (1678) 경상도 단성현(현 경남 산청)의 신분별 비율은 양반층 6.2%, 중인층 0.6%, 상민층 60.3%, 노비층이 32.9%다. 또 〈대구부 호적대장〉에 의하면, 숙종 16년(1690) 대구부의 신분별 비율도 양반 9.2%, 상민 53.7%에 노비가 37.1%였다. 서울은 양반과 이들에게 예속된 노비가 상대적으로 많으며, 지방일수록 상민의 비중이 높았던 것이다.

양반이 행세를 하려면 과거에 급제해 벼슬길에 올라야 한다. 벼슬자리가 많은 서울에 양반이 집중된 이유다. 그렇더라도 벼슬자리는 한정돼 있었고, 따라서 서울의 관리도 소수였다. 유형원의 《반계수록》은 17세기 후반 한양의 관원 숫자를 제시한다. 이에 의하면, 1품관에서 9품관까지 문무 관리는 겨우 595명에 불과했다. 문무 관리는 5인 기준으로 가족을 포함하더라도 총 2,975명으로 3,000명에도 못 미친다.

관직에 오른 양반은 봉급인 녹봉, 토지인 과전科田, 공신전功臣田을 받았다. 녹봉은 국가 재정에서 지출되는 만큼 풍족한 양은 아니었다. 녹봉은 품계에 따라 18과科로 등급을 나누어, 매년 춘하추동 네 차례 곡식과 면포로 지급했다. 《경국대전》을 보면, 정1품 관직은 제1과로서 쌀 17섬†, 콩 12섬, 포 6필, 저화楮貨(지폐) 10장이었다. 종9품은 제18과로 쌀 3섬, 콩 1섬, 포 1필, 저화 1장이었다. 최고와 최하 등급의 급여차는 쌀을 기준으로 6배가 난다.

---

† 섬(石) 1섬은 144kg를 의미한다. 17섬은 총 2.45톤이다.

| **조선말 외무아문(외교부) 고위 관리들(1884년)** | 왼쪽 세 번째부터 독판(장관) 민영목, 협판(차관) 김홍집·홍영식의 순이다. 홍영식은 다리를 꼰 채 자신만만한 표정을 하고 있다.　　©미국 보스턴미술관(퍼시벌 로웰 컬렉션)

노론 권력 독점하며 양반도 양극화

녹봉은 광흥창(현 마포 창전동)에서 내줬다. 관원이 직접 받는 것이 원칙이었지만 대체로 대리인을 시켰다. 녹패祿牌(녹봉 인수증)를 제시하고 녹패에 기재된 양만큼 수령했다. 녹봉의 착복과 부정수급도 비일비재했다. 《정조실록》 정조 17년(1793) 9월 11일 기사는 "상사는 상사대로 사납게 굴고 아랫것들도 앞다투어 마구 들어와서 곡식의 좋고 나쁨과 분량의 많고 적음을 놓고 제멋대로 퇴짜를 놓거나 고르기도 한다. 쌀이나 콩을 흩뿌려 짓밟기도 하고 창고 담당 아전을 두들겨 패기까지 한다"고 했다.

조선 후기 노론 중심의 경화京華 사족들이 조정의 권력을 독식하면서 양반층도 극심한 신분 분화가 일어난다. 박제가(1750~1805)의 《북학의》는 "오늘날 조정에서는 문벌을 기준으로 사람을 쓰니 문벌이 낮은 사람은 모두 태어나자마자 미천하게 된다"고 했다. 〈사마방목司馬榜目〉은 소과에 급제한 진사와 생원의 성명, 생년 간지干支, 본관, 주소, 아버지의 벼슬, 형제 등을 상술한 기록이다. 〈조선시대 서울의 사족 연구〉[+]의 연구에 의하면, 현전하는 186회분의 〈사마방목〉을 분석한 결과, 생원 및 진사 합격자 중 거주지가 기록된 사람은 총 3만 8,386명이었다. 도시별로는 서울이 1만 4,338명으로 압도적 1위이었고, 이어 안동이 783명, 충주 624명, 원주 570명, 개성

| 관리의 행차(1904년) |　　　　　　　　　　　　　　　　　　　　　　　　©미국 헌팅턴도서관(잭 런던 컬렉션)

[+]　최진옥, 〈조선시대 서울의 사족 연구〉, 《조선시대사학보》 통권 6호, 1998

569명, 평양 529명, 공주 512명의 순이었다. 경기도권에서는 양주 349명, 광주 344명이었다.

성씨별로는 왕족인 전주 이씨가 1,382명으로 가장 많았고, 파평 윤씨 454명, 남양 홍씨 413명, 청송 심씨 367명, 연안 이씨 347명, 안동 김씨 332명, 청주 한씨 313명, 안동 권씨 304명, 동래 정씨 297명, 한산 이씨 278명, 대구 서씨 270명, 평산 신씨 253명, 풍양 조씨 239명, 의령 남씨 225명, 해평 윤씨 209명 등이었다. 서울

| 양반 가족(1904년) |
조선 후기 이후 일부 성씨들이 권력과 벼슬을 독점하면서 양반 사이에서도 신분 분화가 급속하게 일어났다.
ⓒ미국 헌팅턴도서관(책 런던 컬렉션)

의 경화사족 가문에서 집중적으로 생원 진사 합격자가 나왔던 것이다. 순서는 대과 급제자도 거의 동일하다.

특정 성씨나 집단이 유전적으로 우월할 수는 없다. 가문을 배경으로 형성된 벌열에게 권력이 집중되면서 공개경쟁 선발제라는 과거시험마저 혈족끼리의 관직 승계 수단으로 악용됐던 것이다. 몰락한 서울의 사족들은 도시빈민으로 전락했다. 사족은 상공업이 금지됐지만 목구멍이 포도청이니 평민과 다름없이 직접 생활전선에 뛰어들어 상공업에 종사하기도 했다.

중인·상민, 도시 상업 발달과 함께 급부상

중인은 애매한 신분이다. 《홍재전서》 제49권 〈명분名分〉에서 정조는 중인으로 장교, 의원, 역관, 율관, 화원, 사자관寫字官(왕실기록물 작성 관원) 등의 기술관을 꼽고 있으며 이와 유사한 부류로 '시정市井'이라 해서 각사各司의 서리와 시전상인 등을 언급한다. 이 기준에 근거해 〈조선시대 서울 도시사(고동환·2007)〉는 18세기 중인 신분의 인구를 기술직 1,700여 명, 경아전(중앙관청의 하급관리) 1,500명, 군영 장교가 4,005명, 시전상인이 6,000여 명 등 총 1만 3,200여 명으로 추계했다.

상민 역시 중앙관청의 하급 관속이 되기는 했지만, 소상인, 수공업자, 임노동자, 군역자들이 대부분이었다. 봉건적 구속이 느슨해지며 지방에서 유입된 하층민들이 상민에 합류됐다. 조선은 농민이 천하의 큰 근본인 사회였지만 농토가 희박한 서울에서는 상민들이 주요 주민으로 성장했다.

《영조실록》 영조 44년(1768) 12월 18일 기사에서 국왕 영조는 대신들과 비국(비변사) 당상들과 대면한 자리에서 "서울의 근본이 되는 백성으로, 하나는 상인이고 하나는 공인貢人(어용상인)이다"라고 선언했다. 서울에 주둔하는 삼군영의 군사도 상민들이었다. 삼군영 군사는 훈련도감 5,000명, 어영청 1,000명, 금위영 2,000명 등 1만 명가량이었다. 가족을 포함하면 5만 명이 군인 관련 인구로 분류된다.

천인은 노비奴婢와 기생, 백정, 재인才人(광대), 공장工匠, 승려, 무당, 상여꾼 등 8종의 부류가 해당한다. 천인 중에서 노비가 숫자는 물론 종류도 많아 천인은 통상 노비를 가리키는 말로 통했다. 관청 소유의 노비는 공노비, 개인이 소유한 노비는 사노비라 했다. 〈북부장호적〉에 따르면, 공노비는 한성부에 소속된 부노비府奴婢와 궁궐의 궁노비, 내노비, 관청의 서노비署奴婢 등이 존재한다.

노비들은 늙고 병들어야 비로소 해방

서울의 공노비 수가 모자라면 지방의 공노비를 서울로 불러올려 노역을 시켰다. 이들의 서울 생활은 혹독했다. 《세종실록》 세종 5년(1423) 5월 28일 기사는 "(노비들이) 잡혀서 서울에 올 때 스스로 지고 온 쌀은 두어 말에 불과하고, 서울에 들어오는 날 돌아가

쉴 데도 없다. 혹 관아 건물에 들어가기도 하지만 비바람을 면하지 못하고 깔 자리도 없으며, 밥을 지어 먹기도 어렵다. 열흘쯤 되면 지고 온 식량도 다 떨어져 춥고 배고프니 부득불 도망하게 된다"고 했다. 서울 각사 노비는 궁궐과 각 관사에 소속돼 잡역에 종사했고 관원이 외출할 때 따라다니며 시중을 들기도 했다. 《경국대전》 규정에 의하면, 총 161개 기관에 3,629명이 배정됐다.

사노비는 〈북부장호적〉에서 가내노비인 솔거노비, 외거노비인 가직家直, 정자직亭子直, 고직庫直, 농막직農幕直, 행랑行廊, 모입募入 노비 등이 발견된다. 외거노비들은 상전과 따로 살면서 주인이 서울에 소유한 정자, 창고, 농막 등 여러 용도의 건물을 관리하는 노비로 보인다. 외거노비들은 독립된 생활을 하는 조건으로 몸값인 신공身貢을 내기도 했다.

노비는 태어나서부터 죽을 때까지 주인에게서 벗어날 수 없었을까. 서울대 규장각한국학연구원에 소장된 〈연령군 소유 준호구准戶口호적증명서〉에 의하면, 영조의 이복동생인 연령군(1699~1719)에 예속된 서울 사환노비는 24명(남자 16명, 여자 8명)이다. 연령분포는 30대가 46%로 절반가량 됐고, 20대와 40대, 50대는 17~21%로 비슷했다. 사환노비는 주인집 내에서 거주하며 노동에 동원됐던 노비다. 여기서 특이한 것은 10대 이하와 60대 이상의 노비가 없다는 점이다.

노비, 갑오개혁 때 완전히 폐지되다

다시 〈북부장호적〉을 보면, 합정리계(합정동)와 망원정계 등에 거주하는 70대 6명, 60대 3명의 어부는 사노 출신이었다. 유학 신 감의 사노였던 합장리계의 이춘양은 목수를 생업으로 삼았다. 여 성 중 4명은 거지로 표기됐다. 노비는 일을 제대로 할 수 없는 연령 대가 되어서야 비로소 주인의 속박에서 해방될 수 있었고, 이후 어 부, 목공, 허드렛일 등을 하며 근근이 생계를 이어갔던 것이다. 여

| 백정 가족(일제강점기) |
백정은 팔천(八賤) 중 하나 였다.　ⓒ국립중앙박물관

성 4명은 나이가 들어 상전에게서 독립했지만, 남편이 사망해 스스로 생계를 찾을 수 없게 되자 구걸로 연명한 사례다. 춘향전의 주인공 춘향은 부친이 참판이었지만 어머니가 기생이어서 출생과 동시에 천민으로 신분이 결정됐다. 이처럼 조선의 노비제는 초기부터 부모 중 한 명이라도 노비면 자식도 노비가 되는 '일천즉천—賤則賤' 원칙을 유지했다. 국가 입장에서 노비의 증가는 양역良役(양인 장정에게 부과하던 공역) 인구가 감소하는 결과를 초래했다.

영조가 사족들의 강력한 반발을 억누르고 노비세습제를 대대적으로 손질한다. 영조 7년(1731) 모계를 따라 자식의 신분을 결정하는 '종모제從母制'을 법제화한 것이다. 어미만 양인이면 자식도 양인이 될 수 있게 한 한국 노비제도사에서 획기적 사건이었다. 비인간적인 노비제의 완전한 폐지는 그러고서도 160여 년의 세월이 흐른 고종 31년(1894) 갑오개혁에 이르러서야 비로소 이뤄진다.

조선시대 최고 재상은 척추장애인

장애인으로 살아가기

"우리 조정에서 어진 재상을 들어 말하면, 황희와 허조를 으뜸으로 일
컫는다. 모두 세종을 섬기면서 정사를 도와서 태평성대를 이루었다."

허균의 형 허봉(1551~1588)이 쓴 《해동야언》의 기록이다. 좌의정
허조(1369~1439)는 조선 초 유교 윤리의 근간인 예약禮樂제도를 정비
해 국가의 기틀을 마련하는 데 크게 공헌했던 인물이다. 벼슬은 예
문관 제학, 예조판서, 이조판서를 거쳐 우의정, 좌의정에 올랐다.
《세종실록》세종 21년(1439) 12월 28일의 허조 졸기에 따르면, 그는
성품이 강직하고 청렴했으며 태종이 "허조는 나의 주석柱石(기둥)"
이라고 칭찬하기도 했다. 그런 그는 뜻밖에도 등이 굽은 꼽추였다.
서거정(1420~1488)의 《필원잡기》는 "허조는 어려서부터 몸이 야위어

| 대쾌도(조선시대) | 화면 중앙에 척추장애자가 있다. 세종대 명재상 허조는 심각한 척추 장애를 앓았지만, 태종이 "나라의 기둥"이라고 극찬할 만큼 절대적 신임을 받았다.

©국립중앙박물관

| 장애인 흉내를 내는 광대들(1884년) |

©미국 보스턴미술관(퍼시벌 로웰 컬렉션)

비쩍 말랐으며 어깨와 등이 굽었다"고 했다.

오늘날 국무위원이나 국회의원 중 휠체어를 타거나 앞을 못보는 장애인은 드물게 있지만 과연 허조처럼 척추 장애나 왜소증 장애를 가진 고위 공직자를 본 적이 있던가. 우리는 조선시대 장애인에 대한 처우나 의식 수준이 매우 낮았을 것이라고 속단하지만, 뜻밖에도 그 시절은 장애인을 차별하지 않았고 장애를 부정적으로 인식하지도 않았다. 겉모습보다는 실력과 인품을 중요시하는 시대적 분위기에 따른 것이다. 실제 양반층의 경우, 어떤 유형의 장애인일지언정 능력과 의지만 있다면 과거를 봐서 종9품에서 정1품 정승의 벼슬에까지 오를 수 있었다.

장애나 겉모습보다는 실력 우선시

심희수(1548~1622)는 선조와 광해군 대 대제학과 이조판서, 우의정, 좌의정을 역임하고 청백리에 녹선됐다. 그와 기생 일타홍—朶紅 (한 떨기 꽃)의 애틋한 러브스토리가 유몽인의 《어우야담》에 실려있다. 일타홍은 방황하던 심희수를 학문에 매진하도록 해 과거에 급제시켰지만 일찍 죽었고, 후일 심희수 부부 옆에 묻혔다. 지금도 고양시 덕양구 원흥동 406-1에 위치한 심희수와 부인 광주 노씨 쌍분 좌측에 '일타홍 금산 이씨 지단—朶紅錦山李氏之壇' 제단이 놓여있다.

심희수도 걷지 못하는 장애인이었다. 《광해군일기 중초본》 광

| **심희수의 초상** | 심희수는
다리를 못써 내시들의 도움을
받아 입궐했다.

©국립중앙박물관

해 5년(1613) 5월 18일 기사는 "심희수가 입시하였으나 앉은뱅이 병
증세가 있어 왕이 중관中官(내시)에게 명하여 부축하여 오르내리도
록 하였다"고 했다. 심희수는 장애를 핑계로 5차례나 사직을 청했
지만, 광해군은 허락하지 않았다.

《광해군일기》광해 1년(1609) 2월 18일 기사에서 광해군은 "국가에서 정승을 두는 것은 오직 도를 논하고 나라를 경영하는 데 있을 뿐, 다리 힘의 강약은 본디 따질 필요가 없다"고 했다.

숙종 대 소론의 영수 윤지완(1635~1718)은 한쪽 다리가 없어 '일각정승—脚政丞'으로 불렸다. 동상이 악화돼 다리를 절단했기 때문이다. 걸을 수 없어 마찬가지로 사직을 원했지만, 그를 신임했던 숙종은 부축을 받아서라도 속히 입궐하라고 했다. 《숙종실록》숙종 20년(1694) 윤 5월 28일 기사에 의하면, 우의정 윤지완이 상소를 올려 "다리의 병이 심하여 대궐의 섬돌에 오르내리며 출입하기 어려우니, 바라건대 면직시켜 주소서"라고 아뢰었다. 그러자 임금이 승지를 보내 "이미 출입할 때 부축받으라는 하교가 있었는데 어찌 사양하기를 이렇게까지 하는가. 경은 내일 아침에 나오라"고 재촉했다.

혜경궁 홍씨(1735~1815)의 조부이자 영의정 홍봉한(1713~1778)의 부친인 홍현보(1680~1740)는 말 못하는 농아였다. 홍현보는 숙종 44년(1718) 문과에 장원급제해 대사간, 대사헌, 대사성, 예조판서, 우참찬 등 여러 관직을 맡았다. 희한하게도 홍봉한의 풍산 홍씨 집안은 자신들의 외손인 정조와 맞섰고 죽이려고 했다. 홍현보의 아들 홍봉한과 홍인한(1774~1775)은 세손인 정조의 대리청정을 극렬하게 반대했고, 그 중 홍인한은 정조 즉위 후 처형됐다. 정조 때 편찬된 《영조실록》은 홍현보도 박하게 평가한다. 《영조실록》영조 16년(1740) 6월 10일 기사는 "홍현보는 젊어서 등제하였으나 병을 앓다가 벙어리가 되어 말을 못했고 재능도 없었다"고 폄훼했다.

중증 장애 심희수·윤지완·홍현보, 1품 역임

숙종 대 대제학과 이조판서를 지낸 전주 이씨 이민서(1633~1688)는 정신착란을 일으켰지만, 벼슬에서 쫓겨나기는커녕 중용됐다. 《현종개수실록》 현종 11년(1670) 10월 23일 기사는 "이민서를 고양군수로 삼았다. 옥당玉堂(홍문관)에 근무할 때 여러 날 술을 마시고 숙직을 하다가 갑자기 미치광이 병이 발작하였다. 당시 사람들에게 해괴하다는 말을 들어 조정에 있기가 불안하여 외직을 맡았다"고 했다. 지조가 곧고 문장 또한 탁월했던 그는 곧 다시 서울로 불려왔다. 《숙종실록》 숙종 14년(1688) 2월 2일의 이민서 졸기는 "비록 평일에 서로 좋아하지 않았던 자라도 정직한 사람이 죽었다고 말하였다"고 했다.

임금들도 장애에 시달렸다. 숙종은 시각장애로 고통받았다. 《숙종실록》 숙종 43년(1717) 7월 19일 기사에서 숙종은 "지금 왼쪽 안질眼疾이 더욱 심하여 전혀 물체를 볼 수가 없고 오른쪽 눈은 물체를 보아도 희미하여 분명하지 않다. 소장疏章(상소)의 잔글씨는 마치 백지를 보는 것과 같고, 비망기⁺의 큰 글자도 가까이에서 봐야 겨우 판별만 할 수 있지만 그래도 분명히 보이지는 않는다"고 하소연했다.

선조는 정신병으로 고통을 받았다. 《선조실록》 선조 31년(1598) 2월 25일 기사에서 선조는 비망기를 통해 "심질心疾(정신병)이 더욱

⁺ 備忘記. 임금이 명령을 적어 승지에 전하는 문서.

심해져 전광증順狂症(조현병)으로 크게 부르짖으며 사람과 사물을 살피지 못하니 놀라 탄식하지 않은 이가 없다"고 했다.

숙종은 시각장애, 선조는 정신병으로 고통

조선시대 장애인은 자신만의 직업을 갖고 자립생활을 했고, 결혼도 해서 가정을 꾸리고 살았다. 하지만 저신장 장애인이나 팔, 다리가 없는 지체장애인처럼 겉으로 확연히 표가 나거나, 신분이 낮고 재력이 없는 장애인은 결혼하기가 쉽지 않았다. 특히 여성은 성과 장애라는 이중의 고난에 직면해 장애 유형이나 신분, 재력에 상관없이 결혼하기가 힘들었다.

정화옹주(1604~1667)는 선조가 죽기 4년 전인 53세 때 가진 귀한 막내딸이었다. 그러나 그녀는 벙어리였다.《인조실록》인조 7년(1629) 10월 2일 기사에서 인조는 "정화옹주가 연달아 병고가 있어서 길례吉禮를 행하지 못하였다. 그 병이 쾌히 낫지는 않았으나 왕녀로서 배필이 없을 수 없으니 해조該曹로 하여금 부마를 간택하게 하라"고 명한다. 실록은 이어 "옹주는 선조의 따님으로 어릴 때부터 벙어리가 되어 지각이 없었으며 뒤에 권대항(1610~1666)에게 시집갔다"고 했다. 정화옹주는 말을 못 한다는 이유로 26살까지도 시집을 가지 못했다. 이를 안타깝게 여긴 옹주의 조카 인조가 6살 연하의 권대항을 부마로 삼아 혼인시켜 줬던 것이다. 일반 여성이 10대 초중반에 결혼하는 당시 사회상을 감안할 때 상당한 만혼이다.

권대항은 오만하고 포악해 수시로 행패를 부렸고 사간원의 탄핵을 받았다. 권대항과 정화옹주는 자식도 없었다.

의무면제, 구휼 등 장애 지원 다양

전통적으로 장애인은 지체 정도에 따라 독질자篤疾者, 폐질자廢疾者, 잔질자殘疾者라 불렸다. 법전인《경국대전》'병전兵典'은 "독질이라 함은 악성 질병, 전간병[†], 양 눈 맹인, 사지 중 이지二肢 절단 등이며, 폐질은 백치白痴, 벙어리, 난장이, 요절자^{††} 및 일지一肢를 쓰지 못하는 자를 말한다"고 했다. 잔질은 손가락이 몇 개 없는 가벼운 장애다.

조선시대는 자급자족의 가족 사회로 장애인 복지도 가족부양이 원칙이다. 그러나 국가적 차원의 장애인 정책도 함께 존재했다. 우선, 장애인은 군역 등 국가 의무에서 면제됐다.《경국대전》'병전兵典'은 "독질 및 폐질에 걸린 자는 모두 신역身役을 면제한다"고 규정했다. 가족 중 시정^{†††}도 지정해 장애인을 돕도록 했다.《세종실록》세종 6년 10월 15일 기사는 "백성들 중에 70세 이상 되는 자와 독질자, 폐질자, 잔질자에게는 장정 한 명을 주어 봉양하게 하고, 장정이 없어 자립할 수 없는 자는 관에서 생활비를 지급하라"고 했다.

---

† 癲癇病. 간질.
†† 腰折者. 허리 장애자.
††† 侍丁. 가족 부양으로 군역을 대신하는 사람.

장애인은 중죄를 범하더라도 감형했다. 조선 후기 법전인《수교
집록受敎輯錄》과《신보수교집록新補受敎輯錄》은 "살인한 죄인이 귀머거
리이거나 벙어리이면 조사할 수 없으므로 자복을 받을 수 없다하
여 곧바로 처단하는 것은 법에 어그러짐이 있으니, 사형에서 등급
을 낮추어 유배를 보낸다. 미쳐 본성을 잃고 실성한 자는 사형에서
등급을 낮춘다"고 했다. 심지어 역모죄에 연루되더라도 처벌을 면
했다.《단종실록》단종 2년(1454) 9월 9일 기사에 따르면, 병조참의
조순생(?~1454)이 계유정난 때 안평대군의 일파로 몰려 죽임을 당하
자, 의금부에서 그의 형 조관생도 처벌하려고 했다. 하지만 독질에
걸린 지 17년이 됐다며 방면했다.

실록에는 장애인 구휼 시책도 자주 등장한다.《중종실록》중종

| 영희전(현 서울 중구 저동 영락교회) 앞의 홍살문(1884년 촬영) | 용재 성현은 어진전인 영희전 부근에 시각장애인 단체인 맹청
이 있었다고 했다.
©미국 보스턴미술관(퍼시벌 로웰 컬렉션)

23년(1528) 8월 18일 기사에서 중종은 "예조가 80세 이상의 맹인들을 예조 안에서 음식을 대접한다고 했더냐. 맹인들을 자제들이 부축하게 하여 대궐로 오게 하고 여타의 노인들도 모두 부축하여 오게 하여 대궐 뜰에서 대접하라"고 했다.

어가 출궁 때 맹인들 단체로 전송

국가 주관으로 장애인 단체도 조직됐다. 명통방[+]에 설립된 명통시明通寺는 시각장애인 단체다. 태종 때 처음으로 실록에 등장하며 점복과 독경 등으로 길흉화복을 예언하고 기우제 등 국가 제사를 관장하는 기관이다. 국가에서는 명통시에 쌀과 노비를 하사하거나 건물을 고쳐주기도 했다. 《단종실록》 단종 1년(1453) 12월 2일 기사에 따르면, 계유정난 때 살해된 대신들의 가옥을 왕족과 각 관청 등에 배분하면서 안평대군의 책사 이현로(?~1453)의 집은 명통시에 내려줬다. 성현의 《용재총화》는 "지금 도성 안의 남쪽 영희전(어진전·현 영락교회)의 뒷골목 하마비下馬碑 건너편에 이른바 맹청盲廳이라는 것이 있으니, 이것이 바로 옛날의 명통시가 아닌가 싶다"고 했다. 그러면서 "어가가 궁궐 밖으로 나갈 때나 돌아올 때 여러 맹인이 으레 도포를 입고 떼를 지어 성 밖으로 나가 어가를 전송하고 맞으며 조사朝士(문반), 사마司馬(무반)와 반열을 같이 하니 해괴한 일"

[+] 한양 북부의 11방 중 하나.

이라고 전했다.

시각장애인들은 관현맹인管絃盲人 관직도 받아 궁중 행사에서 악기를 연주했다. 《성종실록》 성종 1년(1470) 12월 27일 기사에서 성종은 "금후로 내연內宴 때에는 악공 대신 맹인에게 연주하게 하라"고 지시했다. 내연은 여성들만 참여하는 잔치로 남성 연주자가 들어가는 것을 두고 논란이 일자 시각장애인 악사로 대체했던 것이다. 이마지李亇知는 맹인 악사로서 드물게 장악원 최고 관직인 정5품 전악典樂에 두 번이나 임명됐다. 《용재총화》는 "이마지가 죽은 뒤에도 그 음만은 세상에 널리 퍼져 지금은 사대부 집의 계집종까지도 거문고에 능한 사람이 있다. 모두가 이마지가 남긴 법을 배웠으니, 장님의 어둠은 남아있지 않았다"고 했다.

21세기 한국은 GDP 대비 장애인 복지지출이 OECD 평균에 현저히 못 미치고 장애인 차별도 여전한 장애인 복지 후진국이다. 사회경제적 발전 정도를 감안할 때 과연 지금의 장애인 지원과 배려 수준이 조선시대보다 월등하게 앞섰다고 할 수 있을까.

6장

같은 듯

서로 다른 인생

조선에서 가장 천한 무당이 국정농단

무속의 늪에 빠진 유교국

무속巫俗과 권력은 불가분 관계인가. 잊을 만하면 정치권에서 역술이나 무속, 풍수 논란이 불거진다. 선거철이면 점집이 문전성시를 이룬다는 것은 공공연한 비밀이다.

무속은 세계 종교의 종합 선물 세트다. 모든 종교는 여러 종교와 융합을 통해 발전했지만, 다른 종교를 수용하는데 무속만큼 적극적인 종교도 없다. 무속의 신은 동서고금을 망라하며 토속종교와 유불선을 넘나든다. 천신, 지신, 수신, 바람신 등 자연신을 비롯해 부처·보살, 원효, 나옹, 사명당 등 불교 여러 신과 승려, 중국·한국의 역사 영웅 등 신앙 대상의 한계를 가늠키 어렵다. 최영, 남이, 임경업 등 억울하게 목숨을 잃은 장군들도 중요하게 숭배하며 최근에는 맥아더와 박정희도 끌어들인다.

| **노량진 노들무당(일제강점기)** |

| **북관묘(일제강점기)** | 명성황후의 전속 무당인 진령군이 살던 북관묘 모습이다. 북관묘는 종로 혜화동 서울과학고 자리에 있었다.

나라에 망조가 든 고종의 시대에는 뜬금없이 관우신앙이 풍미했다. 고종비 명성황후 민씨는 시아버지 홍선대원군과 극한의 권력투쟁을 벌이면서 죽음의 공포와 절망 속에 병적으로 미신에 집착했다. 다음은 황현의 《매천야록》내용이다.

> "(명성황후는) 세자의 복을 빌기 위해 명산의 사찰에 두루 기도를 드렸다. 이에 무당과 소경들이 거리낌 없이 활개를 쳐 군읍에서 이들을 맞이하고 보내는 잔치가 이어졌다. 금강산을 세상에서 일만이천봉이라 하는데 봉우리마다 바치는 제물이 돈으로 만 꿰미에 이르렀다."

명성황후, 극한 권력투쟁 속 미신을 맹신하다

명성황후가 고종 3년(1866), 16세에 고종과 혼인해 8년 만에 가진 순종(1874~1926)은 태어나면서부터 병약했다. 《매천야록》에 의하면, 순종은 발기불능에 시도 때도 없이 오줌을 싸는 희귀병을 앓았다. 자신과 친정을 지켜줄 귀한 아들을 위해 무엇을 아끼겠는가. 전국의 명산대천을 찾아다니며 아들만 잘되게 해달라는 기도회를 열었다. 영험하다는 무당은 모두 동원됐고 가는 곳마다 천문학적인 나랏돈이 뿌려졌다.

고종 19년(1882) 구식 군인들이 일으킨 임오군란으로 황후는 친정집이 풍비박산 났다. 그녀마저 궁녀차림으로 장호원까지 몰래 도망쳐 겨우 목숨을 보전했다. 이때 황후는 용하다는 이씨 무녀의 소문을 듣고 그녀를 불렀다. 이씨 무녀는 명성황후가 곧 대궐로 다시 돌아갈 것이라고 예언했다. 그 사이 청나라가 개입해 반란을 진압하면서 명성황후는 과연 피란 50여 일 만에 환궁했다. 예언이 적중했다고 믿은 명성황후는 무당을 궁궐로 데려왔다. 무당은 자신이 관우의 영을 받은 딸이라며 황후를 현혹해 송동宋洞(현 혜화동 서울과학고)에 관우사당인 북관묘北關廟를 짓고 살았다. 고종은 '진실로 영험하다'라는 뜻의 '진령군眞靈君'이라는 작호까지 내렸다. 진령군은 명성왕후의 전속무당으로 황후를 위해 수시로 점을 치며 절대적 신임을 받았다.

황후 전속 무당, 인사·국정도 입맛대로

벼슬은 진령군의 말 한마디에 달렸고, 고관들은 앞다투어 그녀에게 아첨했다. 조선말 시인·문장가인 김택영(1850~1927)의 《소호당집》은 "(명성황후는) 진령군이 말하는 것은 들어주지 않는 것이 없으니 내외 관직의 제수도 그녀의 입에서 나오는 것이 많았다. 사대부들 중 간사하고 우둔한 자들은 분분히 좇아서 심지어는 어머니니 누님이니 하고 부르는 자들까지 있게 되니…"라고 했다. 고종과 명성황후는 고종 21년(1884) 갑신정변이 터지자, 북묘로 달려가 의지하기도 했다.

의식 있는 사람들이 분노했지만 국왕은 외면했다. 《고종실록》 고종 31년(1894) 7월 5일 기사에 의하면, 형조참의 지석영(1855~1935)

| 노량진 무녀촌(1932년 4월 28일 촬영) | ©미국의회도서관(무라카미 텐코 컬렉션)

이 "요사스러운 계집 진령군에 대하여 온 세상 사람들이 살점을 씹어 먹으려고 한다. … 상방검⁺으로 주륙하고 머리를 도성 문에 매달도록 명한다면 민심이 비로소 상쾌하게 여길 것"이라고 강력하게 비판했다. 《매천야록》은 광무 10년(1906) 12월 진령군이 죽었다고 기술한다.

　명성황후가 일본에 의해 무참히 살해되자 이번에는 윤씨 무당이 고종의 후궁 엄비(1854~1911)를 움직여 국정을 흔들었다. 윤씨 무당 역시 관우 딸을 사칭해 현령군賢靈君에 봉해졌다. 광무 6년(1902) 새로운 관우사당인 서묘를 이궁동二宮洞(현 서대문구 천연동)에 세웠다.

⁺　尙方劍. 임금의 보검.

이능화(1869~1943)의《조선무속고》는 "현령군이 받드는 관묘는 이궁동에 있었는데 세상에서 이궁대감 전내신殿內神(관왕)이라는 것이 이것이다. 진령군은 왕비의 명령으로 송동의 북묘에 거주하였으며 세상에서 진령군 대감이라 하였다"고 했다. 서묘는 융희 3년(1909), 북묘는 1913년, 각각 동묘東廟(현 종로 숭인동)로 합사돼 철거됐다.

이 둘이 끝이 아니었다.《조선무속고》는 "이씨, 윤씨 뒤에 또 수련壽蓮이라는 여자 무당이 있어 대궐을 출입하며 복을 빌고 재앙을 물리치는 의례를 했고, 두 아들은 모두 고관이 되었다"고 했다.

병든 원경왕후, 아들 세종 시켜 매일 굿판

조선은 엄격한 신분사회였다. 여성은 남성보다 차별받았지만, 그중에서도 무당은 기생과 함께 조선 사회에서 가장 신분이 낮았다. 하지만 미천한 무당들은 권력자의 마음을 사로잡아 막강한 배후가 됐다. 태종비 원경왕후(1365~1420)는 무당 정사신파淨祀神婆를 신임했다. 작자 미상의《좌계부담》은 조선 제3대 태종 이방원의 잠저 시절, 정사신파가 옆집에 살았다고 했다. 신파는 원경왕후를 위해 여러 번 점을 쳤지만 예언은 빗나가는 법이 없었다. 원경왕후는 무당의 점괘에 따라, 남편을 위기 때마다 구해냈다. 정도전에 선수를 쳐 공격하게 했고 무기를 숨겼다가 거사를 할 때 내줘 태종이 왕위에 오르는데 큰 조력자 역할을 했다.《좌계부담》은 "아! 원경왕후가 조정의 안정을 도운 공은 참으로 신파의 조언이 컸다"고 했다.

| 장군 차림의 박수무당
(1930년 4월 28일 촬영) |
무당들은 주로 나라에 충성하
다가 억울하게 죽은 역사적
인물들을 신으로 숭배한다.
ⓒ국립민속박물관·송석하 기증 사진

　원경왕후는 세종2년(1420) 5월 27일 학질에 걸린다. 왕후는 사
경을 헤맸지만 아들 세종대왕을 시켜 매일 야행을 하며 가는 곳마
다 전국의 이름난 술사와 무당을 불러들여 굿판을 벌였다. 《세종실
록》에 의하면, 6월 24일 세종은 원경왕후와 송계원松溪院(당시 묵동의
국립여관) 냇가로 행차했다. 황해도 곡산의 홍흡과 방술사 을유가 학

질을 다스리는 비술을 행했다. 26일에는 선암繕巖 아래 물가로 옮겨 장막을 치고 무당에게 기도하게 했으며 새벽에 두어 사람만 대동한 채 몰래 혜화문으로 들어와 홍덕사興德寺(현 서울과학고)에 머물렀다. 실록은 "(왕과 대비가) 밤마다 행차를 옮기어 사람들이 알지 못하였다"고 했다. 세종은 귀신을 피해 다니며 지극정성으로 기도하면 하늘도 감응해 병이 낫겠거니 믿었을 것이다. 그러나 왕후는 병에 걸린 지 한 달 보름만인 7월 10일 운명한다.

무당은 병 치료를 공언했다가 처벌받기도 했다. 숙종의 어머니 명성왕후 김씨(1642~1684)도 미신에 빠졌다. 숙종 9년(1683) 임금이 천연두를 앓자, 대비 명성왕후가 치병을 위해 대궐로 무당 막례莫禮를 불러들였다. 막례는 무엄하게 가마를 타고 대궐을 출입했다. 그녀는 명성왕후에게 아들을 살리려면 고기를 금하고 차가운 샘물로 목욕해야 한다고 했다. 명성왕후는 이 말을 따르다가 독감에 걸려 목숨을 잃었다. 《숙종실록》 숙종 10년(1684) 2월 21일과 숙종 37년(1711) 12월 20일 기사에 따르면, 막례는 기도하면서 임금의 곤룡포를 입기도 했고, 그러면서 써 없앤 경비가 셀 수 없었다. 막례를 죽이라는 목소리가 높았지만 왕의 특명으로 감형돼 섬으로 유배됐다.

관청도 굿당 짓고 제사에 수백 금 허비

무속은 여인들의 전유물만은 아니었다. 조선은 유교국을 천명했지만 놀랍게도 국가가 주관해 무속 의례를 행하는 성수청星宿廳을 별도로 됐다. 성수청은 국무†가 소속돼 왕실의 안녕, 기우祈雨와 기청祈晴 등의 국가 제사를 행했다. 사림들이 중앙 정치무대에 본격 등장한 성종의 치세에 성수청 폐지 논쟁이 뜨거웠다.《성종실록》 성종 9년(1478) 11월 30일 기사에 따르면, 홍문관 부제학 성현이 상소를 올려 포문을 연다. 그는 "간사스럽고 음란하고 요망한 것들이 성명†† 아래에서는 용납되지 않게 하소서"라고 했다. 경국대전을 반포해 유교 통치시스템을 완성한 성종이었지만 사림의 요청을 거부했다.

성수청은 성종의 아들 연산군 때 오히려 전성기를 맞았다.《연산군일기》 연산 11년(1505) 2월 22일 기사에서 연산군은 "성수청에 성을 쌓아 문을 내고 임숭재(1475~1505·연산군 때 간신)의 집 북쪽에도 작은 문을 내어 서로 통하게 하라"고 했다. 이어 1506년 3월 6일 연산군은 "성수청 도무녀†††와 이하 무녀의 잡역을 면하라"고 명했다.

연산군은 유학의 전당인 성균관도 굿당으로 바꿔버렸다. 이긍익의《연려실기술》은 "(연산군이) 유생들을 쫓아내 태학을 비운 뒤 무당을 모아놓고 난잡한 제사를 벌렸다"고 했다. 연산군은 아예 자신이 무속인이 됐다.《연산군일기》 연산 11년(1505) 9월 15일 기사는 "(왕이) 굿을 좋아하여 스스로 무당이 되어 음악을 연주하고 노래하고 춤추어 폐비(친모 윤씨)가 빙의한 형상을 하였다"고 했다.

남산과 북악산에도 나라 굿당이 설치됐다.《태조실록》 태조 4년

---

† 國巫. 나라 제사를 담당하는 무당.
†† 聖明. 임금의 밝은 지혜.
††† 都巫女. 으뜸 무녀.

| **인왕산 국사당** | 국사당은 애초 남산 팔각정에 있었지만 1925년 일제가 국사당 아래에 조선 신궁을 지으면서 현재의 인왕산 선바위로 이전했다. 인왕산 국사당에서는 지금도 사업 번창을 비는 경사굿, 부모의 극락왕생을 비는 진오귀굿, 병굿, 우환굿 등이 벌어진다.

(1395) 12월 29일 기사는 "이조에 명해 백악을 진국백鎭國伯으로, 남산을 목멱대왕木覓大王으로 삼아 나라의 제사를 지내게 했다"고 했다. 남산 굿당은 국사당國師堂(현재 팔각정)으로 불렸다. 조선 후기 실학자 이규경의 《오주연문장전산고》는 "(국사당에서) 기도가 자못 성행하여 나라도 금하지 못했다"고 했다. 1925년 일제가 국사당 아래에 조선신궁을 지으면서 현재의 인왕산 선바위로 이전했다.

국가 관청에 성기性器를 숭배하는 사당도 존재했다. 청사 별로 내부에 부근당付根堂을 별도로 마련해 부근신을 모셨다. 《오주연문장전산고》는 "서울에는 관청마다 신사가 있으니 이름하여 부근당이라 한다. 이것이 와전되어 부군당府君堂이라고도 한다. 한번 제사

| 종로 숭인동 **동관왕묘(보물)** 내 관우상 | 동묘는 선조 34년(1601) 중국의 요구로 건립됐다.

하는 비용이 수백 금이나 된다. … 네 벽에 남자의 성기처럼 나무로 만든 막대기를 많이 매달아 놓았는데 심히 음란하고 외설적이었으며 …"라고 했다.

무속 논란은 첨단과학 시대도 진행형

무속의 생명력은 질겼다. 《조선무속고》는 "세종 때 무격[+]을 도성 밖으로 내쫓기 시작한 이래로 여러 세대를 통하여 무당을 내쫓는 명령이 몇 백 번인지 알 수 없다. 그러나 도성 내 음사는 여전하다"고 개탄했다.

최첨단 과학의 시대인 요즘, 뜻밖에도 무속과는 거리가 멀 것 같은 MZ세대들이 미래가 불안하다며 신점이나 사주를 찾는다고 한다. 인간이 나약한 존재임을 새삼 느낀다.

[+] 巫覡. 무당(여자무당)과 박수(남자무당).

후궁들, 머리 깎은 비구니 되다

왕실 여인의 궁궐 밖 인생

"권세가에서 나 금지옥엽 자랐고 나이가 차서는 대궐로 시집가 평생토록 영화를 누릴 줄 알았건만, 머리를 깎고 비구니가 될 운명일 줄이야…."

세조 3년(1457) 단종 복위 사건이 사전에 발각되면서 단종은 영월로 유배돼 살해되고, 그의 부인 정순왕후 송씨(1440~1521)는 궁에서 쫓겨나 여승이 됐다. 《동국여지비고》에 의하면, 송씨는 흥인문 밖에 초가로 절을 짓고 거처했다. 그녀는 항상 동쪽 봉우리에 올라 남편이 죽은 영월을 향해 눈물 흘리며 기도했다. 사람들은 왕후가 기도하던 자리를 '동망봉東望峯'이라 불렀다.

조선시대 왕은 비빈과 후궁 등 많은 배우자를 거느렸다. 왕의

| 비구니가 춤을 추는 승무 장면(일제강점기) |

©국립민속박물관

승하와 왕위 찬탈 또는 선위禪位 등으로 새로운 왕이 등극하면 선왕
의 수많은 여인들은 갈 곳이 없다. 왕후나 왕의 생모 등 극히 일부
는 궐 안팎에 별도로 마련된 가옥을 궁으로 삼아 살도록 했다. 하지
만 나머지는 자의 또는 타의로 평생 불교에 귀의해 선왕의 은덕을
기리거나, 아예 출가해 정식 비구니가 되어 업을 닦아야만 했다.

왕실 여인들의 귀의처, 정업원

정업원淨業院은 고려시대부터 내려오던 출가 후궁들의 전통적인
귀의처였다. 정업은 '업보(죄)를 씻는다'는 뜻이다. 고려 정업원은

개경에 있었지만 조선이 건국되면서 한양으로 이전했다. 《세종실록》 세종 15년(1433) 7월 9일 기사에서 종묘의 풍수를 논하며 "정업원 뒤의 한 작은 봉우리가 일어나서 종묘의 자리를 이루었다"고 언급한 것으로 볼 때 정업원은 창덕궁 후원 서쪽의 서동西洞(현 종로구 원서동)에 위치했을 것으로 추정된다.

조선건국 후 처음으로 정업원으로 들어간 여인은 태조 7년(1398), 태조 이성계의 3녀이자 신덕왕후 강씨(1356~1396)의 장녀인 경순공주(?~1407)다. 제1차 왕자의 난 때, 이복오빠 태종 이방원에 의해 남편 이제(?~1398), 그리고 동생인 이방번(1381~1398)과 세자 이방석(1382~1398)이 살해되자 아버지에 의해 승려가 됐다. 세속에 아직 미련이 남아서였을까. 《정종실록》 정종 1년(1399) 9월 10일 기사는 "(경순공주가) 머리를 깎을 때 하염없이 눈물을 흘렸다"라고 했다.

고려 공민왕의 후비이자 익제 이제현(1287~1367)의 딸 혜빈 이씨(혜화궁주·재위 1359~1374)가 공민왕 사후 정업원으로 출가했다가 한양으로 옮긴 정업원에서 1대 주지를 했다. 태종이 혜빈에 이어 2대 주지에 임명한 여성은 소도군昭悼君 처 심씨다. 소도군은 태조의 8남이자 조선의 첫 번째 세자였던 방석을 말한다. 방석은 억울한 죽임을 당하고 소도군으로 강등된 뒤 무려 282년이 지난 후에야 신원을 회복한다. 《숙종실록》에 의하면, 숙종 6년(1680) 7월 27일 영의정 김수항의 건의로 방번은 무안대군, 방석은 의안대군으로 추증됐다.

정업원, 왕실 지원으로 노비만 180명

정치적 회오리 속에 오갈 데 없는 여성이 선택할 수 있는 길은 출가가 유일했을지 모른다. 성종 때는 세종의 13남 수춘군 이현(1431~1455)의 부인 정씨가 정업원 주지를 했다. 남편이 수양대군의 반대편에 서 정씨 역시 머리를 깎았다.《성종실록》성종 13년(1482) 2월 3일 기사에 따르면, 조정에서 왕자의 부인이 여승으로도 모자라, 절의 주지가 된 것을 두고 논쟁이 벌어졌다. 성종은 "대왕대비(인수대비)께서 명하여 주지로 삼은 것이다. 처음 비구니가 되었을 때는 어찌 말하지 않았는가"라며 꾸짖었다.

성종 재위기에 정업원은 번성했다.《성종실록》성종 11년(1480) 2월 13일 기사에 따르면, 장령 이인석은 "여러 관사의 노비는 수효가 적어서 10여 구 정도인데 정업원은 180여 구에까지 이른다"며 "정업원 노비를 여러 관서로 나누어 소속시켜야 한다"고 아뢰었다. 성종은 "선대왕들이 하사한 것인데 지금 빼앗는 것은 불가하다"고 답했다.

정업원은 창덕궁 바로 옆에 있다 보니 소음공해 등 각종 문제가 야기됐다.《성종실록》성종 17년(1486) 12월 11일 기사는 "정업원은 창덕궁의 담벼락 곁에 있어 범패 소리가 궁궐 내부까지 들리니 진실로 적당한 곳이 아니다"라고 했다.

중종 때는 연산군의 후궁인 숙의 곽씨가 주지였다. 곽씨는 중종 1년(1506) 중종반정이 일어나 연산군이 폐위되자 승려가 됐다. 그녀가 정업원 주지였을 때 승려 각령覺靈이 정업원 여승들과 간통하는

| 비구니(일제강점기) |

사건이 발생했다. 《중종실록》 중종 17년(1522) 3월 3일 기사에 의하면, 사헌원은 "(간통한) 정업원 니승[+] 원일元一, 종지宗知, 묘심妙心을 체포해 심문해야 하지만 주지를 봐서 함부로 잡아 오기 불편하다"고 보고했다. 중종은 개의치 말고 여승들을 잡아들여 조사하라고 지시했다.

[+] 尼僧. 여자 승려.

임진왜란 때 창덕궁이 불타며 정업원도 사라졌다. 전쟁 후 비구니들은 왕실과 일반인들의 시주를 받아 절을 크게 중창했다. 선조대 문신 차천로(1556~1615)의 《오산집》에 실린 〈정업원인수궁중창모재권선문淨業院仁壽宮重刱募財勸善文〉은 "국가와 200년간 존망을 같이 하였고 앞에서 시작하고 뒤에서 이루니 어찌 수만 명의 제자가 없었겠는가 … 세상 육해陸海 사이에 간직해 둔 보배를 아끼지 말고, 오직 사후에 복전福田(복덕의 근원)에서 받을 이익을 구하기 바란다"고 했다.

자수궁에서는 비구니 5,000명 수행

정업원과 함께 한양도성 안팎에는 다양한 비구니 사찰이 존재했다. 김영태의 《한국불교사》에 의하면, "성종 6년(1475) 금승법†을 시행하여 도성 내외의 니사†† 23곳을 허물어 버렸다"는 서술로 미루어 볼 때, 한양에는 비구니사찰이 허다했다. 실록에 자주 등장하는 비구니 사찰은 정업원 외에도 자수원慈壽院과 인수원仁壽院, 안일원安逸院이 있다.

자수원, 인수원은 애초 후궁들의 처소인 자수궁과 인수궁으로 지어졌다가 추후 불당으로 변질됐다. 문종 즉위년인 1450년, 《문종실록》 3월 21일 기사는 "무안대군(방석) 집을 수리하도록 명하고 이

---

† 禁僧法. 승려 금지법.
†† 尼寺. 비구니 절.

름을 자수궁이라 하였으니 장차 선왕(세종대왕)의 후궁을 거처하도
록 함이었다"고 했다. 연산군의 생모 폐비 윤씨가 잠시 이곳에 살
기도 했다. 종로보건소 옆 군인아파트(현 종로 옥인동 45-1) 앞에 자수
원 표지석이 있다.

자수원과 인수원은 명종 대 문정왕후의 지원으로 전성기를 맞
았다. 경성제국대 교수였던 다카하시 토오루高橋亨(1878~1967)가
1929년 발간한 《이조불교》에 의하면, 명종 9년(1554) 문정왕후의 의
지로 대대적인 자수원 수리가 이뤄져 조선 제일의 비구니 사찰이
되었으며 5,000여 명의 비구니가 거주하면서 수행했다.

유신들 반대로 비구니원 폐사·복원 반복

인수궁 역시 명종의 즉위와 동시에 수리를 추진했지만 유신들
의 반대 등으로 공사가 늦어졌다. 그러자 공사를 맡은 관리들이 태
만하다며 문초했다. 《명종실록》 명종 1년(1546) 7월 26일 기사에 의
하면, 문정왕후는 "인수궁은 선왕의 후궁을 위하여 지난 3월부터
수리하도록 하였다. 엊그제 내관을 보내 살펴보았지만 공사감독과
관아의 서리들이 나타나지 아니하여 일의 진척이 없으니 죄를 물
어라"고 질책했다. 인수궁은 현재 정확한 위치를 알 수 없다.

안일원도 동일한 목적으로 세운 비구니원이다. 《선조실록》 선
조 40년(1607) 5월 4일 기사는 "정업원, 안일원 등의 옛터는 바로 선
왕의 후궁이 거주하던 별처로 궁궐에서 아주 가까운 곳이다. 지금

여승들이 많이 들어가 집을 짓고 감히 전철을 따르는데도 관에서는 괴이하게 여기지 않으니 도성 안의 무식한 자들이 분주하게 떠받들고 혹 딸들을 다투어 출가시키고 있다"고 지적했다.

유학자들의 극렬한 반대로 비구니원은 폐지와 복구를 되풀이했다. 《현종실록》〈현종 행장〉은 "현종 2년(1661) 2월 왕이 명을 내려 도성 안의 자수원과 인수원 두 곳을 철거하게 해, 나이 젊은 자는 속인으로 돌아가게 하고 늙은 자는 성 밖으로 추방하였다"고 했다. 이 조치 후 110년이 지난 뒤 다시 정업원이 실록에 나타난다. 《영조실록》 영조 47년(1771) 8월 28일 기사는 "임금이 정업원의 옛터에 누각과 비석을 세우도록 명하고 '정업원구기淨業院舊基' 다섯 자를 써서 내렸다. 정업원은 홍인지문 밖 산골짜기 가운데에 있었으며 남쪽으로 동관왕묘와 멀지 않다. 곧 연미정동燕尾汀洞으로 단종대왕의 왕후 송씨가 폐위되면서 거주하던 옛터다"라고 했다. 정업원 구기비舊基碑는 종로 숭인동 청룡사 앞에 자리하고 있다. 청룡사는 순조대 이후 중창된 사찰이다. 정순왕후가 남편을 보기 위해 올랐다는 동망봉은 정업원 동남편 야산이다.

영조, 옛 정업원 터에 비석 세우고 참배

창덕궁 옆 정업원은 연산군 때 비구니들이 도성 밖으로 쫓겨난 이후 일시적으로 폐사된다. 이 시기 비구니들이 동대문 밖 인창방(현 종로구 숭인동)에 몰래 다시 절을 짓고 승가를 유지해 나간 것으로 짐작된다. 실록 등 각종 기록은 정순왕후가 도성 밖에 정업원을 지었다고 적고 있는데 정업원은 인창방의 절을 말하는 것으로 이해된다.

비석을 세우기 앞서 영조의 명으로 사전 답사를 한 승지 이정수는 "근처에 거주하는 사람이 없으며 … 깊은 골짜기 사이에 위치해 있는데 옛날에는 탑이 있었으나 지금은 없다"고 보고한다.

영조는 비석이 완성되자 세손 정조와 정업원에 직접 행차해 네 번 절했다. 《영조실록》 1771년 9월 6일 기사는 "임금이 먼저 창덕궁 진전+에 나아가 비석 세운 일을 직접 아뢰고, 이어 정업원 유지에 거둥하여 비각을 살피고 비각 앞에서 사배례를 행하였다"고 했다. 영조는 "성후聖后(정순왕후) 영령께서 오늘 반드시 이곳에 임어하셨을 것"이라며 감회에 젖었다.

영조의 아버지 숙종은 환국이 지속되는 혼란한 과정에서 국왕에 대한 충절을 요구하는 의도로 사육신의 추숭사업을 전개했고 노산군과 그의 부인도 단종과 정순왕후로 복위했다. 영조 역시 숙종 대부터 이어져 온 단종 선양 사업의 연장선상인 동시에, 왕실의 권위를 재정립하기 위한 시책의 일환으로 정업원 구기비를 세웠던 것이다.

단종의 누나이자 경혜공주의 남편인 정종 가문의 해주 정씨 상속문서에 따르면, 숭인동 정업원 땅은 애초 정순왕후의 스승이자 정업원 주지 이씨 소유의 재산이었으나 사형 윤씨를 거쳐 정순왕

+ 眞殿. 역대 왕들의 어진(御眞)을 모신 전각(殿閣).

| **정업원 구기비 비석각** | 영조가 동대문 밖 정업원 터에 세웠으며 종로 숭인동 청룡사 앞에 있다.

후에게 상속됐다. 정순왕후의 법명은 혜은惠誾이며 말년에 정업원 주지를 했다. 정순왕후는 세조 때 도성 내 정업원에서 출가했으며 연산군 때 여러 비구니와 같이 숭인동으로 쫓겨나 그곳에서 살았던 것으로 보인다.

| **청룡사 대웅전** | 청룡사는 순조 이후 정순왕후의 정업원 터에 새로 지어졌다.

| **청계천 영도교** | 영월로 유배를 떠나는 단종이 정순왕후와 마지막 이별을 했다고 알려져있다.

신숙주가 '정순왕후 탐냈다'는 기록, 가짜뉴스였다?

기구한 운명의 정순왕후를 '세조의 위징'이라 불린 신숙주가 첩으로 달라고 했다는 놀라운 기록이 있다. 윤두수의 동생 윤근수(1537~1616)의 《월정만필》은 "노산왕(단종)의 비 송씨는 적몰[+]되어 관비가 되었다. 신숙주가 공신의 여종으로 받아내고자 하여 세조에게 청하였으나 청을 허락하지 않았다"고 했다.

이후 안정복(1712~1791)의 《순암집》, 이긍익(1736~1806)의 《연려실기술》, 김택영(1850~1927)의 《한사경》 등 다수의 저작에서 이 이야기를 다룬다. 신숙주가 주군의 부인이자 또한 한때 왕후였던 송씨를 탐냈다는 것은 당시로서는 용납될 수 없는 패륜이다.

세조는 공신들과 음주를 즐겨 술과 관련한 많은 일화를 남겼다. 신숙주가 술자리에서 세조와 농담으로 주고받은 말이 동석한 누군가에 의해 외부로 전해지면서 부풀려졌던 것은 아닐까. 그러다가 후세 사육신을 추앙하는 도학적 분위기 속에서 당대 정치적, 학문적 영향력이 컸던 신숙주에 비판이 집중되며 시중에 떠돌던 소문이 기정사실화된 것으로 추론해 볼 수 있다.

정순왕후는 82세까지 살았다. 남편 단종 이후 왕이 무려 5번이나 바뀐 중종 16년(1521) 6월 4일, 한 많은 삶을 마감했다.

[+] 籍沒. 몰수.

거세당한 내시들이 1등 신랑감이었다?

내시·궁녀의 은밀한 삶과 죽음

「이말산에 방치된 영혼들의 넋을 위로하며 도성을 바라보게 세우다.」

해발 133m의 이말산 정상 비목碑木에 이렇게 쓰여 있다. 은평구 진관동 은평뉴타운 중앙에 위치한 이말산莉茉山. 이말†이 많이 서식해 생긴 명칭이다. 영혼들은 왜 방치됐고 또한 무슨 이유로 임금이 사는 도성을 향하게 했다는 말인가.

진관동은 한양도성을 보호하기 위한 금장禁葬(매장 금지) 구역의 바로 바깥에 위치하고, 무악재와 박석고개††에 의해 격리돼 있어, 조선 초부터 집단매장지로 애용됐다. 이말산에는 실제 다양한 성

---

† 莉茉. 자스민.
†† 연신내역과 구파발역 사이 고개.

| 엘리자베스 키스 작 〈내시〉
(1919년) | ©국립민속박물관

씨의 묘역이 산재한다. 2009년 조사에서 유연고 묘지 313기, 무연고 묘지 1433기 등 총 1746기의 분묘가 확인됐다. 그중 내시와 궁녀의 묘가 다수 발견됐다. 내시는 중종·명종 대 내시부를 이끌었던 상선尚膳(종2품) 노윤천, 연산 7년(1501) 사망한 상다尚茶(정3품) 김경량, 광해 9년(1617) 사망한 상세尚洗(정6품) 정여손 등이 묻혀있다. 상선 노윤천은 명종 1년(1546) 을사사화† 때 왕명을 전달한 공로로 위사원종공신에 녹선된 인물이다.

내시는 환관宦官 혹은 내관內官, 중관中官, 중사中使, 사인使人, 환자宦者 등 다양한 명칭으로 불렸다. 내시제도는 중국 은殷나라 갑골문자에도 남아있을 만큼 그 역사가 장구하다. 우리나라는 신라 흥덕왕(재위 826~836) 때 환수宦竪 관직이 존재했다는 기록이 《삼국사기》에 나타난다. 고려 때는 14세기 원나라 간섭기에 고려 출신 환관들이 원나라 조정에 진출해 중국은 물론, 고려 조정에서 막강한 권력을 휘두르며 온갖 비리를 일삼았다. 《고려사》 열전 제35권 〈환자〉는 원나라 조정의 고려인 환관으로 고용보高龍普와 임바얀퇴귀스任伯顔禿古思(임백안독고사) 등 14명을 소개한다.

신분의 한계를 벗기 위해 고자 수술까지

조선시대에 와서는 내시제도가 체계화된다. 《경국대전》 이전吏典은 내시부의 임무와 품계에 관해 명시했다. 내시는 선발시험을 치르고 대궐로 들어온다. 청소나 잔심부름을 하는 견습 내시를 거쳐 정식 내시가 되면 내시부에 소속돼 대전과 왕비전, 세자궁, 빈궁 등에서 음식물 감독, 왕명 출납 및 궁궐 문지기, 궁궐청소 업무를 수행했다. 왕명으로 관원 상가에 조문해 왕 대신 부조하거나 왕

---

† 윤원형 일파의 소윤이 윤임 일파의 대윤을 숙청한 사건.

릉을 보살피는 일, 왕실직영 잠실에 파견돼 누에를 치는 잠모蠶母를 관리하는 일도 했다. 내시의 품계는 문무과 체계와 동일하며, 최고의 관직은 종2품 상선으로 두 명을 뒀다.

　내시는 왕을 지근에서 수행하다보니 공신이 된 자가 허다했다. 하음군 전균(1409~1470)은 세조의 왕위 찬탈을 도와 정난공신과 좌익공신 2등, 홍양군 신운은 예종 때 역모로 몰린 남이 장군을 체포해 익대공신 1등에 봉해졌다. 또 중종즉위에 공을 세운 정국공신 4등에 6명, 선조의 피난을 도와 호성공신 3등에 24명의 많은 내시가 책록돼 비판받았다. 《선조실록》 선조 37년(1604) 6월 25일 기사는 "호종신 … 가운데 중관中官이 24명이며 미천한 복례僕隷(시중꾼)가 또 20여 명이나 되었으니 외람된 일이 아니겠는가"고 했다.

　내시는 가난과 신분의 한계를 벗어나는 방편으로 자발적으로 거세하고 자원하는 사례가 많았다. 고종 34년(1897) 대한제국 성립기 직전까지만 해도 여의도에 움막으로 된 고자 시술소가 영업했다고 구전된다. 내시는 생식기능이 없었지만 어엿이 부인과 자녀를 거느렸다. 아내가 죽으면 재혼했고 첩까지 있었다. 생활고에서 벗어나고 왕실과 줄을 대기 위해 평민뿐 아니라 양반가문 규수들도 서로 내시의 아내가 되고자 했다. 《연산군일기》 연산 2년(1496) 2월 2일 기사는 "궁궐의 일은 내시가 관장하고 있는데 이 무리들이 사족의 딸들을 데려다가 아내로 삼아 서로 통하게 되어 궁중의 비밀을 누설한다"고 했다.

내시들, 부인과 첩에 양자도 4~5명

내시 부인은 고래등 같은 기와집에서 많은 전토와 노비, 금은보화를 소유하며 물질적으로 풍요롭게 생활했다. 남편의 품계에 따라 1품 정경부인貞敬夫人, 2품 정부인貞夫人 등 높은 봉작도 받았다. 그러나 남편이 사내구실을 못하는 것에 불만도 없지는 않았을 터. 실록에는 드물지만 내시부인 간통 사건도 등장한다. 이긍익의《연려실기술》도 이렇게 기록한다.

> "환자는 그것(생식기)이 흉하고 누추하여 실로 인류가 아니지만 장가들고 가정을 가져서 보통 사람처럼 산다. 혹여 그 아버 되는 사람이 다른 접촉이 있을 때는 유부녀의 실행†으로 죄를 주니 어찌 천리와 인정이라 할 것인가."

내시는 생식능력이 없으니, 양자로 대를 이었다.《명종실록》명종 21년(1566) 8월 3일 기사는 "환자는 반드시 어린 환자를 데려다가 양자로 삼으며 많은 경우 4~5명에 이른다"고 했다. 특이하게도 내시집에 들어가서도 양부의 성을 따르지 않고 자신의 친가 성을 그대로 유지했다. 따라서 입양된 형제간에도 성이 다른 경우가 대부분이었다. 그렇다면 내시들은 어디에 살았을까.

효자동은 서울의 대표적인 내시 집단 거주지였다. 처음에는 내

---

† 失行. 간통.

| 고종과 내시(대한제국) | 양식 벽돌 건물의 테라스에서 밖을 내다보고 있는 고종(오른쪽 앞)과 영친왕(왼쪽 앞) 뒤로 내시들이 서 있다.

©국립고궁박물관

시의 별칭인 화자火耆들이 살던 동네라고 해서 '화자동'으로 불렸다
가 음이 변해 효자동이 됐다고 전한다. 조선 전기 내시들의 관아인
내시부가 영추문 밖 경복궁 서쪽에 위치해 부근에 많은 내시들이
살았던 것으로 추측된다.

수도권역 내시 집단 거주지

서울	**종로구** 효자동, 봉익동, 운니동, 계동 **서대문구** 연희동, 가좌동 **은평구** 신사동, 응암동, 진관동, 중흥동(고양 북한동) **중랑구** 묵동
경기	**고양** 덕양구 용두동 **파주** 당하동 **양주** 장흥면 일영리, 광적면 효촌리 **구리** 교문동 **남양주** 화도읍 마석우리, 평내동, 차산리 **안양** 동안구 관양동 **용인** 삼가동

내시부 주변 살고 퇴직 후 교외에 집단 거주

창덕궁 정문인 돈화문 아래 운니동과 봉익동에도 내시들이 다수 살았다. 《신증동국여지승람》은 "(내시부가) 창덕궁 선정문宣政門 안 동쪽에도 있었다"고 했다. 조선 중기 이후 창덕궁이 법궁으로 사용되면서 편전†인 선정전 옆에 내시부가 설치됐고 그 주변에 내시들이 거주했던 것이다. 한때 국가 바둑대회가 열렸던 운니동 운당여관(1994년 양수리 종합촬영소 이전) 역시 구한말 내시가 살던 집이었다.

내시들의 묘지는 서울 은평구 진관동, 도봉구 쌍문동, 노원구 월계동, 중랑구 신내동과 고양, 양주, 남양주, 파주, 안양, 안산 등지에 분포한다. 이말산과 함께 은평구 진관동 백화사 동편 북한산 자락에도 내시묘가 존재했다. 중골마을로 불렸던 북한산 묘역에는 이사문李似文을 파조로 하는 이사문공파 문중 분묘 45기가 분포했다. 비석과 상석에 관직이 기록된 인물은 총 14명으로 종2품 상선은 임성익, 박민채, 김성휘, 박황, 오준겸 등 5명이다. 하지만 2012년 묘역이 매각되면서 모두 훼손됐다. 노원구 월계동 초안산 자락의 청백아파트 주변에도 50여 개의 내시묘가 있었지만 1990년대 택지가 개발되고 청백아파트가 들어서면서 화장되거나 이장됐다.

하음군 전균의 묘는 중랑구 신내동에 있으며 현존하는 내시묘 중 가장 오래됐다. 그는 내시로서는 유일하게 실록에 졸기를 남겼다. 《성종실록》 성종 1년(1470) 3월 6일의 전균 졸기는 "환관으로서

---

† 왕의 집무 건물.

공신이 되고 작위가 1품에 이른 것은 그에서 비롯되었다"고 했다. 임진왜란 당시 선조를 의주까지 호종해 호성공신 3등에 봉해진 낙성군 김새신(1555~1633)의 묘는 은평구 신사동 덕산중 서편에 소재하며 공신 책봉 때 제작된 초상화가 남아있다.

의식주 총괄했던 궁녀 숫자, 내시의 곱절

궁녀는 내명부 소속으로, 내시와 마찬가지로 궁궐에서 왕과 왕비를 모시는 집단이다. 《경국대전》에 따르면, 내명부 품계 중 궁녀의 최고 직위는 내시보다 낮은 정5품 상궁尙宮, 상의尙儀다. 궁녀들은 각 처소에 배치돼 왕실 의식주를 책임져야 해서 내시보다 숫자가 많았다. 이익(1681~1763)의 《성호사설》은 "우리 조정에는 환관이 335명, 궁녀가 684명으로 이들이 받는 녹을 합쳐서 따지면 쌀이 1만 1,430석이나 된다"고 했다. 연산군 시기는 궁녀가 1,000명에 달했다. 《연산군일기》 연산 12년(1506) 7월 18일 기사는 "왕이 금표禁標 안길을 따라 두모포豆毛浦(현 성동구 옥수동)에 놀이 가므로 궁녀 1,000여 명이 따랐었는데 왕이 길가에서 간음하였다"고 했다.

궁녀들은 가난과 사주팔자 등 특별한 사연에 의해 궁궐로 들어오지만 선발조건이 까다로워 선조 중 중병을 앓거나 죄지은 자가 없어야 했다. 10세 전후에 입궁하며 15년이 경과하면 관례冠禮를 치르고 정식 나인(시녀)이 되며 다시 15년이 지나야 여관 최고직인 '상궁'에 오를 수 있었다. 왕의 승은을 입으면 20대에도 상궁이 됐고 이 경우 '승은 상궁'으로 호칭했다. 승은상궁들이 왕의 자식을 낳게 되면 종4품 숙원淑媛 이상으로 초고속 승진했다. 내시들은 궁궐밖에 가정이라도 있지만 궁녀들은 구중궁궐에서 감옥과 같은 생활을 해야만 했다. 그러다보니 불미스러운 일도 적지 않았다. 《정조실록》 정조 즉위년(1776) 12월 9일 기사에서 정조는 "여름 사이 중관(내시)이 이른바 방자나인†이라는 것들과 은밀히 통간한 것이 한둘이 아니라고 한다"며 "죄상을 밝혀 율대로 처분하라"고 명했다.

---

† 房子內人. 궁녀의 종.

궁녀들은 나이가 많거나 병에 걸려 직무를 수행하지 못하게 되면 출궁했다. 은평구 수국사 부근에 '궁말'이 있었고 이곳에 조선 말까지 궁궐에서 물러나온 궁녀들이 20~30가구 정도 거주했다고 한다. 간혹 기상이변이 있을 때도 결혼하지 못한 여인의 한이 하늘에 닿았다고 인식해 궁녀를 방출했다. 숙종 11년(1685) 2월 29일 가뭄으로 궁녀 25인을, 영조 26년(1750) 9월 5일은 비가 너무 내렸다고 45명을 뽑아 내보냈다.

병들면 출궁, 사후에는 친정 선산 매장

퇴직한 궁녀들은 죽으면 주로 친정 선영에 묻혔다. 이말산의 옥구 임씨 임상궁 묘와 임실 이씨 이상궁 묘, 은평노인복지관 뒷산의 상궁 김해 김씨 묘, 노원구 월계동 초안산의 상궁 밀양 박씨 묘, 고양시 정발산에 있었던 상궁 안동 김씨 묘 등은 모두 아버지와 선조 묘가 있는 선산에 자리 잡았다. 이중 임상궁(1635~1709) 묘터는 이말산 자락의 은평구 진관동 산 86에 있다. 그녀는 숙종의 여동생 명안공주(1665~1687)의 보모상궁[†]을 했고 공주는 임상궁을 이모로 대했다. 비문에 의하면, 상궁 임씨는 인조 13년(1635)에 출생해 13세에 입궁했다. 명안공주가 23세로 죽자, 동생을 그리워하던 숙종은 임상궁을 공주집에 살게 하며 제사 지내게 했다. 숙종 35년(1709)

[†] 왕자·왕녀 양육을 맡은 나인의 총책임자.

| 고종의 후궁 귀인 양씨 |
귀인 양씨는 상궁이었지만
고종의 승은을 입어 후궁이
됐다. 덕혜옹주의 생모다.
ⓒ국립고궁박물관

임상궁이 75세에 사망하자 임금은 장례품을 내려 애도했다.

　궁녀 출신 중 가장 출세한 인물은 장희빈(1659~1701)일 것이다.
희빈 장씨는 효종 10년(1659) 8월 9일 불광리계(현 불광근린공원 서편 관
동마을)에서 역관 장경의 1남 2녀의 막내로 태어났다. 장희빈은 11

세에 아버지를 잃자, 당숙 집으로 옮겨 살다가 입궁했고 숙종의 눈에 띄면서 경종(재위 1720~1724)을 낳고 정1품 희빈이 된다. 경종이 세자로 책봉되고 인현왕후 민씨가 폐출되자 왕비 자리에 오르지만 5년 만에 인현왕후가 복위되면서 다시 희빈으로 강등됐다. 숙종 27년(1701) 인현왕후 사후 궁궐에 신당을 차려놓고 인현왕후를 저주한 것으로 드러나자 끝내 사약을 받고 파란만장한 생을 마감했다. 애초 경기도 광주시 오포면 문형리에 묻혔다가 1969년 남편 무덤이 있는 서오릉으로 이장됐다.

내시와 궁녀들의 신분은 중인 이하 하층민들이었다. 엄격한 신분의 굴레를 벗어나고자 스스로 자신들의 운명을 바꿨던 그들은 후회하지 않는 삶을 살았을까.

군인인구만 5만 명, 군인 도시 한양

조선 후기 한양은 군인 도시

"비록 기력과 정신이 지쳤지만 수성守成의 뜻은 저 넓고 푸른 하늘에 바탕을 두고 있으니, 설혹 이런 일이 있다면 내가 먼저 기운을 내어 성 위의 담에 올라가 백성을 위로할 것이다. 만일 근거 없는 의논으로 인하여 그 지키는 바가 흔들린다면 이는 다만 우리 백성들을 속이는 행위일 뿐만 아니라, 이것은 내 마음을 속이는 것이니…"

《영조실록》영조 27년(1751) 음력 9월 11일 기사에서 영조(재위 1724~1776)는 이같은 내용의 '수성윤음守城綸音' 선포한다. "어떤 일이 있어도 국왕이 앞장서 도성을 지키겠다"는 결의에 찬 다짐이다.

조선은 전쟁만 터지면 국왕이 먼저 도성을 버리고 달아났고, 도성은 쑥대밭이 되기를 반복했다. 선조는 선조 25년(1592) 4월 28일,

| 군대 장교(1906년~1907년) | ©한국민속박물관(헤르만 산더 기증 사진) | | 군복 입은 장교(19세기 말~20세기 초) | ©통영시립박물관

충주 탄금대에서 배수진을 쳤던 총사령관 신립(1546~1592)이 왜군에게 허무하게 무너졌다는 급보를 받자, 한밤중에 서둘러 도성을 빠져나갔다. 적은 도성에 무혈 입성했고 한양은 경복궁을 비롯해 거의 모든 건물이 불타 폐허가 됐다.

인조 14년(1636) 12월, 이번에는 청나라가 기병 부대를 선두로, 한양으로 바로 진격해 오자 국왕 인조는 또다시 도망간다. 인조는 남한산성에서 45일간을 버티다가 삼전도로 나가 청태종에게 무릎 꿇고 항복했다. 앞서 인조는 인조 2년(1624) 이괄의 반란군이 서울로 쳐들어오자 공주까지 도주하기도 했다.

영조, 한양 끝까지 사수하라는 수성윤음 선포

18세기 이후 여건이 확 달라진다. 한양의 주민이 급증하고 국가의 경제 사회적 역량이 도성에 집중되면서 더 이상 한양을 포기해서는 왕조 자체의 유지가 힘들어지게 된다. 이런 현실 인식이 도성사수를 천명한 수성윤음의 배경이었던 것이다. 도성 중심의 방어체제 구축은 나라의 군대를 중앙군 중심으로 편성하는 것을 골자로 한다. 도성을 방어하는 중앙군은 훈련도감, 어영청, 금위영 3개의 군대로 이뤄졌다. 이 세 군대를 삼군영三軍營 또는 삼군문三軍門이라고 했다.

훈련도감은 임진왜란이 한창인 선조 26년(1593) 10월 탄생했다. 한양이 개전 20일 만에 속수무책으로 함락되면서 조선의 국방체제 전반에 문제점이 드러났다. 일본군은 오랜 내전으로 전쟁 경험이 풍부한 데다 조총까지 소지했다. 농사를 병행하는 병농일치 구조하의 조선군은 일본군에 상대가 되지 못했다. 훈련도감은 명나라의 명장이자 왜구 토벌에 큰 공을 세운 척계광이 고안한 절강병법을 모방했다. 임진왜란 당시 명군은 절강병법으로 평양성 전투에서 혁혁한 전과를 올린 바 있다.

훈련도감은 포수砲手(총병), 사수射手(활병), 살수殺手(창검병)의 전문 기술을 가진 삼수병三手兵으로 구성됐다. 국가 재정에서 급료를 받는 직업군인으로 지방의 기민飢民이 우선 뽑혔다. 애초 임시부대였지만 임진왜란이 끝난 후에도 한양에 상주하며 중앙군의 핵심이됐다. 훈련도감은 시대별로 변동이 있지만 대체로 5,000명의 상비군을 유지했다.

삼군영 창설해 국왕 호위와 도성 방어

훈련도감 단독의 궁성·도성 수비 체제는 인조 1년(1623) 3월 인조반정 과정에서 허점이 노출된다. 1,400명의 반정군은 도성 안으로 들어와 창덕궁에 도착할 때까지 아무런 제지도 받지 않았다. 훈련대장 이흥립은 반정군과 내통했다. 훈련도감 군권의 향배에 따라 정권 명운이 갈릴 수 있다는 점이 지적되면서 집권 서인세력은 궁성 숙위와 국왕 호위를 담당하는 새로운 군영, 즉 어영청 설립을 추진한다. 어영청은 인조 1년(1623) 창설됐다. 훈련도감은 급여를 받는 모병들이지만 어영청은 지방에서 교대로 번상番上하는 번상병, 즉 의무병 체제로 운영됐다. 효종 3년(1652) 이후 어영군은 연중 1,000씩 한양에 올라와 근무했다.

금위영은 숙종 8년(1682) 한양 수비를 보강하고 훈련도감으로 인한 재정부담을 줄이기 위해 설립됐다. 금위영은 2,000명 규모로 역시 모두 번상하는 의무병으로 채워졌다. 어영청과 금위영은 의무제로 창설됐지만, 번상병들이 각종 토목공사에 동원되자 기피자가 속출했다. 번상병 체제로 운영되던 두 군영도 급료병을 고용하면서 차츰 훈련도감처럼 상비군화 한다.

훈련도감은 경희궁 흥화문 밖(종로 신문로1가 57)에 본영이 있었고 중부와 북부를 수비했다. 금위영은 창덕궁 돈화문 밖(운니동 98-5)에

본영을 뒀고 서부를 지켰다. 어영청은 본영이 종묘 외대문 밖(인의
동 112-2)에 위치했고 동부와 남부를 관할했다. 삼군영은 본영 외에
여러 분영과 무기고, 군량고, 그리고 훈련장을 보유했다. 삼군영
의 역할은 거의 동일했다. 최정예 군대로서 군사훈련, 전쟁 수행이
라는 본연의 임무를 담당했고, 평시에는 국왕의 호위와 궁궐 숙위,
한양도성의 수축과 북한산성 축성, 도성의 방어, 치안을 위한 도성
내외의 순라, 준천, 금송⁺ 등 한양 도시 유지를 위한 각종 노역에 동
원됐다.

지방에서 교대 근무하다 상비군으로 변질

삼군영은 여러 반란사건에서 존재감을 유감없이 드러냈다. 영
조 4년(1728) 일어난 이인좌의 난을 진압한 군대가 삼군영이다. 당
시 동원된 군사는 훈련도감 392명, 금위영 1,065명, 어영청 572명
이었다. 평택 진위에서 마병의 맹활약으로 반란군을 소탕했다. 훈
련도감 마병이 기록한 〈난리가亂離歌〉는 "철갑을 두르고 날쎈 말과
함께 선봉에 서서 돌격하는 마병들의 힘찬 위세에 적들이 오합지
졸로 되어 모두 흩어졌다. 적장을 생포하고 적군을 무찌르니 주검
이 산을 이루고 피가 흘러 강이 되었다"고 했다.
순조 11년(1811)의 홍경래의 난도 삼군영이 토벌했다. 홍경래 군

⁺ 禁松. 벌채 단속.

이 농성 중인 정주성의 땅 밑을 파고 화약 1,800근†을 터뜨려 성을 함락시켰다. 《순조실록》 순조 12년(1812) 4월 27일 기사는 "생포한 남녀 2,983명 중 여자 842명, 10세 이하 남자 224명은 방면했다. 이들을 제외한 1,917명은 … 모두 진 앞에서 효수했다"고 했다. 실록은 "관군은 한 사람의 사상자도 없다"고 했다.

조선 국왕들은 여러 의례를 위해 행행幸行을 자주 했다. 이때도 삼군영이 시위했다. 행행규모가 가장 컸던 것은 숙종 17년(1691) 숙종의 고조부 원종의 능인 '김포 장릉' 능행이었다. 훈련도감을 중심으로 보군 6,400명, 마병 1,000명을 포함해 시위 백관, 차비군†† 등 인력이 1만 명에 달했다.

17세기 중엽 이후 한양 인구는 획기적인 변화를 맞는다. 실록 등의 공식 통계에 의하면, 세종 10년(1428) 10만 9,372명이던 서울 인구는 임진왜란 이듬해인 선조 26년(1593) 3만 9,931명으로 급감했다가 현종 10년(1669) 19만 4,030명으로 다시 크게 증가했다. 이후 조선 말까지 19만에서 20만 명 수준을 유지한다. 인구조사 역량이 부족했던 당시 상황을 고려할 때 실제 인구는 이보다 많았을 것이다. 최근 연구를 종합하면, 17세기 후반~18세기 초 25만 명, 18세기 중후반 30만 명, 19세기 초중반 34만 명 정도로 추계된다.

인구증가는 공물을 특산물 대신 쌀과 포布로 납부케 하는 '대동법大同法'의 시행이 주된 원인이었다. 대동법이 삼남지역까지 확대되며 효종 8년(1657)부터 호남과 영남의 대동창이 차례로 용산에 들

---

† 1톤 정도의 무게다.　　†† 잡무 병졸.

| **화성능행도 中 환어행렬도** | 사도세자의 무덤인 화성 현륭원에 행차했던 정조와 어머니 혜경궁 홍씨가 환궁하는 모습. 호위병들은 삼군영에서 차출했다.

©국립고궁박물관

어섰다. 이에 따라 한양에서 유통되는 상품의 양이 폭발적으로 늘어났고, 경강변이 상업중심지로 변모했다. 봉건적 권력의 구속에서 이탈한 인구가 경강변으로 몰려들었고 상인, 수공업자와 임노동자 등 다양한 계층과 직업이 등장했다. 《정조실록》정조 5년(1781) 11월 1일 기사는 "서울의 백성들은 농사를 짓는 업이 없어 각사各司의 아전이나 말단직이 되는 이외에는 싼 것을 사다가 비싸게 파는 것으로 이익을 남겨 생활하는 사람이 열에 8~9명"이라고 했다. 18세기 후반 한양 인구를 30만 명으로 볼 때 25만 명이 상업 인구인 셈이다.

이에 더해 삼군영의 상비군화도 인구 증가에 상당 부분 기여를 했을 것으로 분석된다. 서울에 주둔하는 삼군영의 군사는 훈련도감 5,000명, 어영청 1,000명, 금위영 2,000명 등 1만 명 가량이었다. 가족을 포함하면 5만 명이 군인 관련 인구로 분류된다. 복무의 대가로 받는 급료는 훈련도감의 경우 매월 쌀 9말†, 1년에 군포 9필†† 이었다. 그나마 흉년으로 국가 재정이 악화하면 급료를 반만 내주는 일이 허다했고, 군포 지급도 불안정했다. 급료는 품팔이 노동자 임금과 비슷한 수준이었으며 그들의 사회적 처지는 도시빈민과 다를 바 없었다.

† 1말은 18.039ℓ. †† 1필은 12.12m.

군인들, 한강 변에 움막 짓고 생활

조선 후기 한성부는 인구 증가로 주택 가격 앙등과 주택 부족 현상이 만연했다. 군병들은 집값이 싼 경강 변이나 동대문 밖 왕십리 등지에 집단 거주했고, 집을 마련하지 못한 군병들은 만리동 고개, 아현 고개, 서빙고, 남산 기슭 등지를 불법 개간해 움막을 짓고 살았다.《승정원일기》영조 10년(1734) 8월 10일 기사는 "옛날에는 군병들이 종로 길가의 행랑채에 살았다. … 지금은 성 밖의 약현藥峴(현 중구 만리동), 우수禹水(현 용산 후암동), 병현餅峴(현 서대문 대현동), 아현, 왕십리, 안가동安家洞, 삼강三江(한강, 용산강, 서강)에 대부분 거주한다"고 했다.

군병들이 급여만으로 가족을 부양하지 못하자 조정에서는 이들에게 상업 활동을 허가한다. 숙종 원년(1675), 짚신, 전립†, 담배, 담뱃대, 망건, 갓끈 등 군병들이 스스로 제조한 물건이나 손에 지닐 수 있는 수지물手持物에 한해 자유로운 판매를 허용하는 '을사사목乙巳事目'을 제정해 군병의 시전편입을 공식 허용한다. 수지물의 범위가 모호해 군병들과 관허상인인 시전의 갈등은 끊이지 않았다. 비변사가 서울시전의 상소와 조치를 기록한《시폐市弊》는 "군병 및 여러 궁가와 세가의 사나운 하인들이 벌이는 난전이 점점 심해져 시전의 생업을 모조리 빼앗으므로 혹 군병 및 세가의 하인을 붙잡아서 법사에 신고하더라도 그들이 군문과 세가에 호소하여 상인들을

---

† 戰笠. 병졸 모자.

잡아가면서 결박, 구타, 공갈함이 헤아릴 수 없으니…"라고 시전상
인의 호소를 전한다.

삼군영, 한양 인구 증가·상업 발달에 영향

삼군영 군병 중에서는 천민들도 적지 않았다. 그들은 미천한 신
분으로 권력의 말단에 서자 자신을 과시하려는 욕구를 분출했다.
훈련도감의 계령戒令은 조사를 사칭해 동리에 폐를 끼치는 것, 술주
정하고 돌아다니며 사대부를 모욕하는 것, 부랑배와 사귀어서 노
름하기를 좋아하는 것, 공무와 무관하게 마음대로 통행금지를 위
반하는 것 등을 처벌 조항으로 꼽는다. 위반하면 곤장으로 처벌하

| 신식군인(대한제국) |

©부산시립박물관

거나 강제로 제대시켰다. 어영청과 금위영의 계령도 내용은 대동
소이하다. 계령으로 명시할 만큼 군병들이 떼로 몰려다니며 행패
를 부리거나 사대부를 모욕하는 행위를 일삼았고, 노름도 많이 했
음을 알 수 있다.

　수공업 기술이 없는 군병들은 각종 토목공사의 날품팔이 노동

| 궁궐에서 훈련 중인 신식군대(대한제국) |　　　　　　　　　　　　　ⓒ국립민속박물관

이나 한강 변에서 배에 실린 물품을 하역하는 부두노동자로서 생계를 이어갔다.

삼군영의 존재는 한양의 인구증가, 상업발달 등 조선 후기 사회경제사에서 의미가 크다. 1863년 고종 즉위 당시 중앙 군영의 군병은 1만 6,000명에 달했지만, 노약자가 많고 군기도 해이해져 매우 허약한 상태였다. 고종 13년(1876) 강화도 조약으로 문호 개방을 강요당하며 조선은 일본의 우수한 군사력을 절감하고 국방력 강화를 추진한다.

고종 18년(1881) 12월 중앙군제를 무위영武衛營과 장어영壯禦營으로 통합하고 신식 군대를 출범하면서 조선 후기 중앙군의 핵심 역할을 했던 군영들도 차례로 역사 속으로 사라졌다.

7장

삶과 죽음이 공존하는 공간

도시의 하수구, 청계천

최초의 도심 인공하천

새로 개국한 조선은 태조 3년(1394) 한양천도를 단행하면서 신도新都 건설과 함께 치수사업에 공을 들였다. 사방이 산으로 둘러싸인 서울의 지리적 특성상, 지대가 낮은 도심으로 물길이 집중돼, 비만 오면 자연 상태의 하천이 범람을 반복해서였다. 태종 11년(1411) 12월, 하천 정비를 위한 개천도감開川都監을 발족했다. 이듬해 1월 15일부터 한 달간 총 5만 2,800명을 투입해 대대적인 공사를 시행했지만, 공사 중 64명이 사망했다. 도성 하천은 고려시대에는 한양천漢陽川, 경도천京都川이라 불렀다. '내를 파내다'는 뜻의 '개천開川'은 준설사업 명칭이었지만 이 공사를 계기로 지금의 청계천을 가리키는 고유명사가 됐다. '맑은 계곡 내'라는 청계천淸溪川의 명칭이 등장한 것은 뜻밖에도 일제강점기 이후다. 1916년쯤부터 신문에 개

| 한양대 인근 청계천 변(1976년 1월 5일 촬영) | 물가 바로 옆으로 무허가 판자촌이 빽빽하다.　　　　　©서울역사박물관

천 대신 청계천이 등장했는데, 공식적으로는 1927년 조선하천령朝
鮮河川令†에서 처음 사용됐다.

청계천 명칭은 일제강점기 처음 사용

청계천은 도성을 서에서 동으로 가로질러 흐르는 길이 10.92㎞

✝　일제강점기 조선총독부에서 하천 이용과 관련하여 내린 조치.

| 청계천 변 무허가촌(1975년 8월 21일 촬영) |

의 도시하천이다. 북악산 남쪽(발원지 북악산 해발 290m 지점)과 인왕산 동쪽, 남산 북쪽 기슭에서 흘러내린 계곡물이 도성 중심부에서 만나 무교·서린동, 관철·장교동, 관수·수표동 등을 지나 방산동·평화시장을 거쳐 흘러간다. 청계천은 서울 도심부를 관통하다가 북쪽에서 내려오는 성북천·정릉천과 차례로 만나고, 마장동을 지나 중랑천 본류와 합류해 한강으로 빠진다.

조선시대 청계천 위에는 24개의 다리가 존재했다. 청계천 다리 위는 늘 북적거렸다. 조선 후기 문신 강준흠(1768~1833)의 시 〈한경잡영漢京雜詠〉은 청계천을 이렇게 언급한다.

漢陽一半開川直　　　　　한양 땅 반절은 개천에 접해 있고
橋上行人往來織　　　　　다리에는 행인들 빽빽하게 오고 가네
作何經營向何處　　　　　무엇을 하고 있으며 어디를 향해 가는가
水流無停人不息　물은 쉼 없이 흐르고 사람들도 끊임없이 지나가는구나

　　청계천 상류에서 첫 번째로 만나는 모전교毛廛橋는 태종 12년
(1412)에 석교로 조성됐다. 다리 모퉁이에 과일전이 있다고 해서 모
교 또는 모전교로 명칭 됐다. '모전'은 애초 모피를 팔던 가게였지
만 품목을 과일까지 취급하게 되면서 과일전으로 통했다. 광통교廣
通橋는 청계천 다리 중 제일 컸다. 경복궁, 육조거리, 종루, 숭례문
으로 이어지는 남북대로의 연결다리였고, 주변에 시전市廛이 위치
해 많은 사람들이 왕래했다. 정약용의 《다산시문집》제18권은 남인
의 양대 거두인 채제공(1720~1799)과 이가환(1742~1801)이 광통교에
서 병풍을 치고 밤새도록 술을 마셨다고 했다. 영의정(채제공)과 형
조판서(이가환)를 역임한 고관들도 술판을 벌일 만큼 광통교는 명소
였던 것이다. 1958년 청계천 복개가 시작되면서 태종이 정동에서
옮겼다는 광통교 속 신덕왕후 강씨 능침석陵寢石이 드러났다. 2005
년 10월 청계천 복원 사업으로 광통교는 다시 햇빛을 보게 됐지만
교통흐름을 고려해 광교에서 청계천 상류 쪽으로 155m 떨어진 장
소로 옮겨졌다.
　　장통교長通橋는 중구 장교동 51과 종로 관철동 11 사이에 있었고
다리명은 부근의 장통방長通坊에서 따왔다. 마찬가지로 복원 때 원
래 위치보다 상류에 놓여졌다. 수표교水標橋는 중구 수표동 43과 종

| 청계천 변(일제강점기) | ©국립중앙박물관

로 관수동 152 사이의 다리로 세종 23년(1441) 가설됐다. 다리 서쪽
에 청계천 수위를 측정하기 위해 눈금 10척尺을 새긴 수표기둥을
세웠다. 수표는 청계천을 복개하면서 수표교와 함께 장충단공원으
로 옮겨졌다가 1973년 세종대왕기념관(현 동대문 청량리동 산 1-157)으
로 이전됐다.

  마전교馬廛橋는 종로5가 416과 방산동 20 사이에 설치됐었고 부
근에 말과 소를 팔고 사는 점포가 많았다.

채제공·이가환, 광통교에서 밤새 술판

오간수문五間水門은 서울성곽을 쌓으면서 청계천 물이 빠져나갈 수 있게 설치한 다섯 개의 홍예[+]다. 오수간문을 통해 범죄인들이 들락거렸다. 《명종실록》 명종 15년(1560) 11월 24일 기사에 의하면, 황해도 도적 임꺽정이 전옥서(현 종로 서린동 33) 옥문을 부수고 자신의 처를 꺼낸 다음 오간수문을 통해 탈출하려는 계획을 세우기도 했다. 광무 11년(1908) 물 흐름에 방해된다고 철거했다.

청계천 변은 조선왕조 도읍지로 정해진 이후 600년간 정치·사회·문화·경제의 중심권을 담당해 온 유서 깊은 지역이다. 종로네거리를 중심으로 오늘날 종로와 을지로 1~4가 등 청계천 주변은 조선시대 상가와 시장, 환락가가 형성됐고, 상공업과 서비스업에 종사하는 백성들이 몰려 살았다. 청계천 2~3가, 광교, 수하동 일대의 한성부 중부中部(현 중부관아터는 종로3가 45-4)는 도화서, 전옥서, 혜민서, 내의원, 훈련원, 도화서, 장악원, 사역원, 교서감 등 속아문[++]이 모여 있었고, 역관·의원·화공·검율관 등 이들 관아에 근무하는 경아전이 집단으로 거주했다.

전옥서典獄署는 죄수들을 수감하는 교도소로 조선 초부터 고종 때까지 종각역사거리 영풍빌딩 자리(현 종로 서린동 33)에 위치했다. 을지로 2가 사거리 신한L타워 앞(중구 을지로2가 108-1)에는 환자치료·

[+] 虹霓. 아치형 문.
[++] 屬衙門. 육조에 딸린 속사.

약재 판매를 담당했던 혜민서惠民署 터 표지석이 서 있다. 을지로 입구·을지로 2가는 언덕이었다. 이곳의 흙이 구리색을 띠어 '구리개'라 했다. 구리개의 혜민서 주위에 약방이 즐비했다.

화원畫員을 양성하고 국가 행사·초상화 등을 그리는 도화서圖畫署 터는 을지로입구 교원내외빌딩 앞(현 중구 을지로2가 1-1)이다. 무과시험을 주관하고 무예를 익히던 훈련원訓鍊院은 국립중앙의료원(현 을지로6가 18-79) 자리다. 충무공 이순신이 이곳에서 별과시험을 볼 때 실수로 낙마해 다리에 골절상을 당했지만, 다시 말을 타고 달려 합격했다는 일화가 있다.

연날리기 우승자, 소설 낭독가 전기수 스타 대접

번잡한 청계천은 볼거리가 많았다. 조선말 궁중에서 쓰는 그릇을 납품하는 공인 지규식의 《하재일기》는 "옷을 걸쳐 입고 대문 밖으로 나가서 수표교에 이르러 야경을 구경하였다. 돌아오다가 청계천시장 앞에 이르니 달빛과 등불 빛이 서로 어우러져 비치는 속에서 북과 꽹과리를 치며 귀가 따갑도록 노래를 부르고 소리를 지르며 장안의 청춘 남녀들이 어지럽게 떠들어대는데 구경할 것이 못 되었다. 숙소로 돌아오니 대략 삼경†쯤 되었다"고 했다.

청계천 변에서 연싸움이라도 하는 날이면 시전상인들도 가게

---

† 밤 11시~새벽 1시 사이.

문을 닫고 구경에 여념이 없었다. 연날리기는 단순히 놀이를 넘어 조선 후기 한양의 인기 스포츠였다. 유득공은 《경도잡지》에서 "장안 소년 중에 연싸움을 잘하기로 소문이 나면 왕왕 지체 높은 부잣집에 불려 갔다. 매년 정월 13일이나 14일 수표교 주변 위아래로 연싸움을 보러온 구경꾼들이 담을 쌓은 듯 모인다"고 했다.

소설 낭독가 전기수傳奇叟도 인기 연예인 못지않은 스타였다. 조선 후기 전기수는 청계천 물길을 오르내리며 청중에 둘러싸여 매일 소설을 구연했다. 여항시인 조수삼(1762~1849)의 《추재집》은 "전기수는 동대문 밖에 살았다. 언과패설†인 숙향전, 소대성전, 심청전, 설인귀전 등과 같은 전기를 읽었다. … 읽어가다가 아주 긴요하여 꼭 들어야 할 대목에 이르러 문득 읽기를 그치면 사람들은 그 다음 대목을 듣고 싶어서 다투어 돈을 던져주었다"고 했다.

청계천은 여가공간이기 앞서 한양 백성들의 삶의 현장이었다. 청계천 상류는 인근 주민들의 식수로 사용돼 북악산·인왕산·남산·낙산 계곡에는 새벽이면 물장수들이 모여들었다.

마장동 동쪽의 하류 지역은 청계천을 물을 끌어다 채소를 재배했고, 동대문 밖에는 큰 채소시장이 형성돼 상인들이 오간수문에서 야채를 씻어 내다 팔았다. 큰비가 와서 청계천 주변의 더러운 쓰레기들이 씻겨 내려가고 맑은 물이 흐르면 인근의 여인들은 일제히 빨랫감을 들고 몰려와 빨래를 했다.

---

† 諺課稗說. 민담.

| 청계천 빨래터(1904년) |
비가 내려 청계천이 깨끗해지면
여인들이 빨래를 들고나왔다.
©미국 헌팅턴도서관(책 런던 컬렉션)

영조, 20만 명 동원해 토사·쓰레기 준설

조선 후기 청계천은 내사산에서 쓸려 내려온 토사로 하천이 막혀 장마가 지면 침수되는 가옥이 부지기수였고, 또한 민가에서 투기하는 생활하수와 쓰레기, 분뇨 등 각종 오물로 몸살을 앓는다.

제중원 원장과 세브란스 의학교 교장을 역임한 올리버 R. 에비슨(1860~1956)은 《한국에서의 기억Memoires of Life in Korea》에서 "가난한 사람들의 집은 청계천 변을 따라 세워졌다. 이들의 오두막이나 창고의 작은 창은 개천으로 향해져 있고 밤에 창을 통해 오물이나 쓰레기를 하수구로 던졌다"고 했다.

종로구청 옆 이마빌딩은 궁중에 필요한 말을 기르는 사복시가, 청계천 마전교에는 말과 소를 빌려 주거나 매매하는 세마장貰馬場이 위치해 말의 배설물이 그대로 하천으로 유입됐다. 나라에서도 굳이 단속하지 않았다. 세종 때 "도읍은 인가가 번성하고 그곳의 개천도 더러워지는 것은 자연스러운 것"이라는 어효첨의 주장을 받아들여 오물투기를 방관했다. 동물 사체, 유아의 시체까지도 밤중에 몰래 버렸으며 종종 살인사건도 발생했다. 《현종실록》 현종 9년(1668) 음력 2월 3일 기사에 따르면, 사헌부가 소에 땔감을 싣고 와 팔고 있던 소년을 도적이 유인해 소를 빼앗은 뒤 살해한 사건을 보고했다. 도적은 시체를 항아리 속에 넣어 장통교 아래에다 버렸다. 심지어는 불륜 등으로 원치 않는 아이를 낳았을 때 청계천에 유기했다. 정약용의 《목민심서》는 "한양의 작은 개천에는 간혹 버려진 아이들이 있는데 그중에는 간음으로 인해서 낳은 아이가 많다"고 했다.

영조 36년(1760) 2월, 최대 규모의 준천濬川 사업이 벌어진다. 20만 명의 인원을 동원한 57일간의 대역사였다. 하천을 준설하는 동시에 수로를 직선으로 변경하고, 양안에 돌로 축대를 쌓았다. 준설 과정에서 나온 모래흙을 오간수문 안쪽의 청계천 변 양쪽에 쌓았다. 그 높이가 마치 산과 같아 가산假山 또는 조산造山이라고 했다. 가산은 한양의 거지들이 굴을 파고 거주했다. 가산은 일제강점기 종로를 돋우거나 건물을 짓는데 흙을 가져다 쓰면서 평지로 변했다.

1977년 까지 전면 복개 실시

일제강점기인 1920년대 청계천에 빈민촌이 확산돼 도시 문제
화하자 경성부는 청계천 복개를 추진한다. 하지만 재정문제로 실
제 복개가 된 곳은 태평로~무교동 구간에 그쳤다. 한국전쟁 이후
피난민들이 청계천 변에 정착하면서 청계천은 더욱 빠르게 오염돼
갔다. 결국, 신속하고 간편한 해결책은 '전면 복개覆蓋'였다. 1955
년부터 1977년까지 광통교~대광교~청계8가 신답철교 구간을 덮
었다. 확장된 도로변을 따라 신평화 시장, 삼일아파트 등 현대 건
물이 세워졌다. 2003년 7월, 이번에는 청계천을 다시 여는 복개復開
사업을 시작해 2년 만인 2005년 9월 마무리했다. 22개의 다리도 새
로 놓였다. 하루 최대 12만 톤의 물이 방류되며 청계천은 도심 속
휴양지로 각광 받았다.

요즘 청계천을 가보면 방문객이 예전만 못하다. 서울시 자료를
보더라도, 복원 초기 2,800만 명에 달했던 연간 방문객은 코로나19
기간에 800~900만 명까지 급감했다가 최근 몇 년간은 1,100만 명
수준에 그치고 있다. 청계천 복원은 친환경을 지향했지만 콘크리
트 일색의 회복이었다. 복원 사업은 일회성에 그칠 게 아니라, 지
속적으로 진행돼야 한다. 20년 전 기술적 한계로 시도하지 못했던
부분이 있었다면 이런 것부터 먼저 해결해 보면 어떨지.

| 종로 창신1동 일대 청계천
복개 공사(1967년 10월 3일
촬영) | ©서울역사박물관

| 청계고가도로 개통 전 모습
(1969년 3월 19일 촬영) |
©서울역사박물관

서울 공식 공동묘지, 마포·이태원

서울 공동묘지의 명멸

서울의 동쪽 경계, 중랑구 망우리 공동묘지(현 망우역사문화공원)는 삶과 죽음이 공존하는 희한한 지대다. 망우산 전체가 묘지로 가득 차 있지만, 평일에도 산책하는 사람이나 등산객, 심지어 아이를 동반한 가족 나들이객들로 늘 북적인다.

모두 아무렇지 않은 듯 무덤 사이를 활보하며, 심지어 묘역은 간식을 먹는 장소로 애용된다. 죽은 자의 구역이 시민들이 즐겨 찾는 도심공원으로 탈바꿈한 것이다. 망우리 공동묘지는 서울의 공동묘지로 사용되던 미아리 묘지가 포화 조짐을 보이자 1933년 조성하기 시작해 1973년 매장이 금지되기까지 총 2만 8,500기의 분묘가 들어섰다.

이태원 제1묘지(이태원, 한남동 일원)가 택지화하면서 3만 7,000여기 분묘 가운데 무연고 묘가 망우리 묘지에 합장됐고, 마포 노고산 공동묘지의 무연고 무덤도 이곳으로 합동 이장됐다. 오늘날 고급 주택들이 즐비한 이태원·한남동, 서강대가 들어선 마포 노고산 주변이 불과 90년 전만 해도 집단 매장지였다는 사실이 놀랍다.

묘지는 죽음에 대한 부정적 인식, 공중위생, 미관상 이유 등으로 대표적인 기피시설로 받아들여진다. 무덤은 되도록 주택에서 멀리 떨어져야 한다고 여겨지지만, 인구가 많고 땅은 좁은 서울의 경우 그럴 여건이 안 됐다. 인구 팽창 속에 가난한 도시 빈민들은 묘지를 터전으로 삼았고, 빈민촌과 뒤섞인 묘터는 다시 주택과 아파트 단지로 바뀌어갔다.

조선말 서울은 '무덤의 도시'

매장이 유일한 장례 방식이던 조선시대 한양은 무덤의 도시나 다름없었다. 한양도성과 성저십리는 묘지를 둘 수 없었지만, 국가 통제가 느슨해지는 조선 말기로 접어들면 금지법도 자연스럽게 풀렸다. 사람이 거주하지 않거나, 농사를 짓지 않는 마을 뒷산의 땅은 묘지가 빽빽하게 들어섰다. 묘지를 두고 벌어지는 산송山訟도 비일비재했다.

산 전체를 뒤덮은 묘지 모습은 외국인의 눈에 신기한 광경이었다. 주한 미국 공사 호러스 알렌(1858~1932)은 《조선의 풍물Things korean》에서 "서울 주변의 벌거숭이 산에는 가난한 사람들의 무덤이 많이 있어서 마치 심하게 얽은 사람의 얼굴과도 같다"고 묘사했다. 프랑스 고고학자 에밀 부르다레Emille Bourdaret(1874~1947)도 《조선 En Coree》에서 "개간하지 않은 동산에 누구나 묘지를 마련할 수 있다. 정확한 묘표나 묘비가 없어도 자기 가족의 무덤을 찾아낸다"고 했다. 일제는 조선 병합과 함께 시구개정을 통해 가로망 정비, 토지 구획 정리 등 도시 확대를 추진한다. 그 과정에서 도성 밖에 산재한 공동묘지가 계획 추진에 큰 걸림돌로 작용했다.

일제, 식민지 도시개발 위해 묘지 통제

조선총독부는 이에 따라 1912년 6월 20일 묘지사용을 통제하는 〈묘지 규칙〉을 발표한다. 총독부가 인정한 공동묘지 외에는 사유지라 하더라도 묘지를 설치할 수 없고, 한국 사회에서 금지됐던 화장을 합법화하는 내용이 골자였다. 이어, 1913년 9월 1일 '경성 공동묘지 19개소'를 고시한다.

경성 공동묘지

1913년 고시 공동묘지	미아리 1, 2묘지, 이문리 묘지, 두모면 장내리 묘지(광진 능동), 두모면 수철리 묘지(금호동, 옥수동), 신당리 묘지(신당동), 이태원 1, 2묘지(이태원, 한남동), 만리현 봉학산 묘지(아현동), 염동 묘지(염리동), 여의도 1, 2묘지, 동교리 1, 2묘지(동교동), 연희 묘지(연희동), 신사리 묘지(은평 신사동), 남가좌 묘지(서대문), 평창 묘지, 신둔리 묘지(고양 효자동) 등 총 19개소
추가 신설 공동묘지	이태원 모범묘지(1914), 홍제동 묘지(1929), 미아리 길음 묘지(1930), 망우리 묘지(1933) 등 총 4개소

이의성. 근대도시계획과정에서 나타난 공동묘지의 탄생과 소멸. 서울대. 2020

미아리(강북 미아), 신당리(중구 신당동), 이태원·한강(용산 이태원동, 한남동), 두모면 수철리(성동 금호동·옥수동), 연희(마포 연희동), 동교(마포 동교동), 만리현 봉학산(마포 아현동), 염동 쌍룡산(마포 염리동), 은평면 신사리(은평 신사동)는 이미 조선말 이후부터 광범위한 집단매장지가 있던 지역이다. 동대문 이문, 서대문 남가좌, 종로 평창, 여의도, 광진 능동도 19개 묘지에 포함됐다. 경성공동묘지는 도시 확장 계획에 포함되면서 단계적으로 주택지구로 변화해 갔다. 묘지는 민가와 달리 대단위 토지를 손쉽게 확보할 수 있는 장점이 있어 개발지로 주목받았다.

신당동 묘지, 고급 주택지로 상전벽해

물이 흐르는 수문과 가깝다고 해서 수구문水口門, 죽은 사람을 내보낸다고 해서 '시구문屍口門'으로 불렸던 광희문 밖의 중구 신당동은 조선시대부터 묘지가 형성됐다. 무당이 모여 살아 '신당神堂'으로 불렸다가 갑오개혁 때 '신당新堂'으로 개명됐다. 광희문 문밖 좌우에 조선인 공동묘지가 존재했고, 청구동 쪽은 일본인 묘지로 사용됐다. 신당리 묘지는 1920년대 전원주택지 건설이 추진되며 1929년 폐지되고 분묘는 홍제동(서대문), 수철리(금호·옥수동) 묘지로 이장됐다. 신당동 주택단지는 14만 평 규모로 개발돼 일본인과 상류층 조선인에게 공급됐다. 자동차도로, 상하수도, 학교, 놀이터 등의 편의시설과 도시 기반 시설을 갖췄고, 도심에서 가까우면서

| 광희문 밖 신당동 공동묘지 | 1900년대 초반 촬영된 신당동 공동묘지 모습. 도성의 성벽 밖으로 분묘가 가득하다.

©서울역사박물관(독일 성 베네딕도 상트 오틸리엔 수도원 소장 서울사진)

| 산 전체를 빽빽이 뒤덮은 묘지 모습(일제강점기) | 외국인들은 조선의 공동묘지를 천연두 흉터와 같다고 묘사했다.

©국립중앙박물관

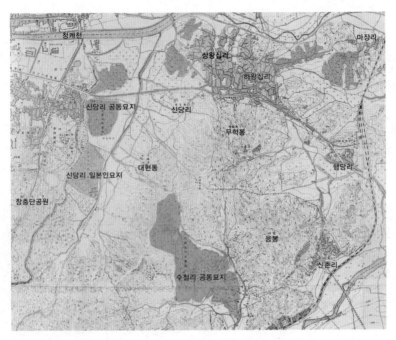

| 광희문 밖 신당동 공동묘지 지도 | 1922년 '경성도'. 주황색은 조선인 묘지, 푸른색은 일본인 묘지이다.

도 경치와 공기가 좋은 점이 부각돼 성공리에 분양됐다.

　이태원 묘지는 이태원동, 한강동(현 한남동)에 산재했다. 1920년
대 초반 분묘가 2만기를 넘어 포화 상태에 이르고 1930년대 접어들
면 4만기를 초과했다고 당시 신문이 경쟁적으로 보도했다. 1906년
군사시설인 용산기지가 조성되면서 배후 주거단지로 이태원 묘지
활용의 필요성이 제기된다. 신당동 주택 조성 사업 성공 이후 삼각
지에서 신당리까지 이어지는 남산 주회도로(현 이태원로)가 개통되며
1939년 이태원 묘지는 한남 토지구획 정리 지구로 지정되고 12만
4,000평의 토지가 고급 주택단지로 변모했다. 이태원 묘지의 무덤
은 망우리와 미아리, 신사리로 이전했다.

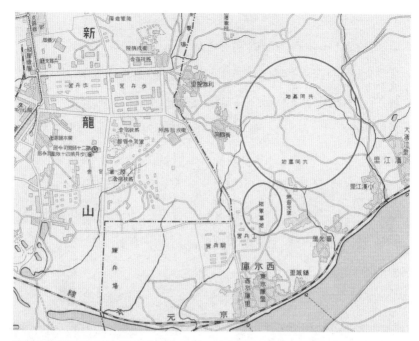

| **이태원, 한남동 공동묘지 지도** | 1924년 조선교통지도. 붉은 원 지역이 공동묘지이다. 왼쪽은 용산기지이다.

이태원·한남동 묘터, 서울 부자 동네 부상

　　이태원 공동묘지도 신당동처럼 일본인을 위한 전원도시를 지향
했지만, 일본이 패망하면서 광복 이후 서울의 부촌으로 자리 잡는
다. 보광동의 이태원 모범묘지는 1936년 조성돼 1950년 폐쇄됐다.

　　수철리 묘지(금호동)는 일제강점기 사회저명인사들이 묻혔으며
무덤이 3만 2,000기가 넘는 대형 공동묘지였다. 광복 후에도 존치
됐지만 폐지 등의 기록은 남아있지 않다. 다만, 1950년대 혼란기 속
에 생긴 판자촌에 의해 잠식됐을 것으로 추측된다. 1980년대까지

금호동 일대에 자리 잡았던 달동네가 공동묘지 자리로 이해된다.

　서소문은 광희문과 함께 시구문으로 불렸다. 서소문 밖 마포에도 공동묘지가 조선 후기부터 넓게 분포했다. 서소문 옆 아현묘지(마포 아현동)는 공동묘지와 함께 일제강점기 화장장, 경성형무소(공덕동), 분뇨처리시설 등 혐오시설이 집중됐다. 아현阿峴은 애오개(애고개)의 한자어로 동쪽 만리현과 서쪽 대현 사이의 작은 고개라는 의미에서 붙여진 지명이다. 아이들을 많이 묻어 애오개라고 했다는 말도 유전된다. 실제 애오개에는 아이 시체를 많이 묻어 작은 무덤이 많았다고 한다.

| **망우리 묘지 소재 이태원 합장묘** | 1937년 이태원, 한남동에 고급 주거지가 조성되면서 무연고 묘를 한꺼번에 화장해 망우리에 합장했다.

마포 전역 분포한 묘지, 도시 빈민촌 형성

도심부에서 마포를 지나 영등포로까지 연결되는 신작로가 나며 아현묘지는 1932년 폐기되고 홍제리 묘지로 옮겨졌다. 아현묘지는 경성부가 1930년대 경성에 산재해 있던 토막민을 집단수용하면서 도시빈민 주거촌이 형성됐다. 염리묘지(마포 염리동) 역시 조선 후기 도성 좌측의 성저십리 묘터였다. 경성 시가지계획에 의해 서부개발지에 포함됐지만 토지구획 정리 사업이 제대로 진행되지 않았고 한국전쟁 과정에서 빈민층의 거주지가 됐다. '개바위 마을(쌍룡산 남쪽)에서 집을 짓다가 인골을 흔하게 발견했다'는 기록도 있다.

마포 동교리 묘지도 일제 이전부터 분포했고 상여꾼, 장의사 마을도 존재했다. 1942년 1만 1,150기의 분묘 개장이 이뤄져 은평 신사리 묘지로 옮겨졌다. 한국전쟁 후 피난민이 이주하면서 무허가 주택들이 들어섰다. 주변 지역 개발이 가속화하고 1970년대 도로가 확충되면서 세련된 단독 주택지로 발전했다.

연희묘지는 연희로 동편의 공동묘지이다. 1942년 도시 발전 저해, 위생상의 문제로 매장이 금지됐지만, 일제의 재정 부족과 광복으로 분묘 처리가 안 됐다. 한국전쟁 때 연희묘지 일원에서 격전이 벌어져 분묘의 상당수가 파괴됐을 것으로 짐작된다. 연희로 서편은 1967년 토지구획정리사업지구로 지정돼 교외 주택지로 변모했지만, 공동묘지는 그러지 못해 무허가 주택이 난립하다가 개별 필지별로 주택이 증·개축돼 연세대 학생들이 거주하는 자취, 하숙촌으로 전환됐다.

서울 북망산 미아리, 아파트 밀집지로

미아리 1, 2묘지는 7만 3,000여 평 규모였으며 1913년 공동묘지로 지정돼 분묘수가 3만 5,000기에 이르렀다. 1963년 개장돼 고양 벽제리 묘지로 이동됐다. 미아는 미아사瀰阿寺라는 절에서 유래했다.

공동묘지 입구의 성북구 동선동과 돈암동 사이 고갯길이 유명한 미아리 고개이다. 병자호란 때 청나라 군대가 이 고개를 넘어왔다고 해서 '되너미 고개'로 지칭됐다. 한국전쟁 시에는 퇴각하던 북한군이 이 길을 통해

| 미아리 묘지 예전 모습(1958) | 미아리 묘지는 1958년 폐기되고 택지가 조성됐다.   ⓒ서울역사박물관

유명 인사나 애국지사를 납치해 간 것으로 널리 알려졌다. 미아리 길음 묘지는 미아동, 길음동 일대 14만 평에 분포했으며 난민정착지로 지정돼 택지 건설이 진행됐다.

은평 신사리는 조선시대 공동묘지와 처형장으로 활용됐고, 경성부에서 제일 멀리 떨어져 있어 묘지가 오랫동안 유지됐다. 신사리 묘지는 1968 ~1970년 사이 4만 5,000여 기의 분묘 중 2만여 기가 파주 용미리 묘지와 벽 제리 묘지로 옮겨지면서 사라졌다.

오늘날 서울 시민의 상당수는 과거 묘지였던 곳에서 살고 있다. 삶과 죽음의 경계를 구분 짓는 게 무슨 의미인가. 한가한 시간이 오면 망우리를 찾아 묘지를 베개 삼아 낮잠이나 잘까.

| 미아리 고개 | 서울의 북망산이었던 미아리 묘지 입구에 미아리 고개가 있었다. 지금은 묘지가 아파트와 주택으로 바뀌었다.
©서울역사박물관

배추와 미나리로 명성, 왕십리·서대문

인구 급증이 가져온 농업혁명

"왕십리의 무와 살곶이의 순무, 석교石郊(현 성북구 석관동)의 가지, 오이, 수박, 호박이며, 연희궁延禧宮(현 연세대)의 고추, 마늘, 부추, 파, 염교며, 청파青坡(현 중구 청파동)의 미나리와 이태인利泰仁(현 이태원)의 토란들은 최상급의 밭에 심지. 모두 엄 행수†의 똥을 가져다 써야 땅이 비옥해지고 많은 수확을 올릴 수 있으며, 그 수입이 1년에 6,000전†† 이나 된다네…"

박지원의 《연암집》 중 〈예덕선생전穢德先生傳〉의 한 대목이다. 엄행수는 도시의 온갖 더러운 똥을 수거해다가 농부에게 파는 이른

---

† 行首. 우두머리 또는 노인.

†† 錢. 10전은 1냥. 《정조실록》 정조 18년(1794) 12월 30일 기사에 따르면, 쌀 1섬(石)의 가격은 5냥이다. 현재 쌀 1섬의 가격은 36만 원 정도이니 1냥은 대략 7만 원인 셈이다. 따라서 6000전은 4200만 원에 해당한다.

바 똥 장수다. 박지원은 "뒷간에 말라붙은 사람 똥, 마구간의 말똥, 외양간의 소똥, 홰 위의 닭똥, 개똥, 거위 똥, 돼지 똥, 비둘기 똥, 토끼 똥, 참새 똥을 주옥珠玉인 양 긁어간다"고 했다. 하지만 이를 통해 도시가 깨끗해지고, 그 똥으로 농부가 질 좋은 채소를 키워 도시에 공급하도록 도우니 엄 행수는 자신의 덕을 더러움 속에 감춘 채 선행을 베푸는 숨은 성자聖者인 셈이다. 박지원은 그런 뜻을 담아서 똥 장수 엄 행수를 예덕선생으로 높여서 불렀다. 동시대 영국의 경제학자 애덤 스미스Adam Smith(1723~1790)가 제시한 '보이지 않는 손'의 개념도 연상된다.

〈예덕선생전〉은 18세기 후반 한양에서 성행한 상업적 농업의 실상을 잘 보여준다. 서울의 지역별로 품종을 특화해 전문성을 높이며 또한 도시에서 매일 배출되는 분뇨를 비료로 사용함으로써 작물의 품질과 수확량을 획기적으로 개선했던 것이다.

국초 종로 중학동·원서동에 왕실 과수원

17세기 이후 한양에는 채소와 과일 등 농산물의 수요, 공급과 관련해 커다란 변화가 일어난다. 임진왜란·병자호란의 전후 복구가 마무리되고 경제가 성장하면서 한양의 인구가 조선 전기에 비해 두 배 가까이 늘어난 것이다. 이와 더불어 대동법大同法의 시행으로 공물貢物을 쌀로 통일해 납부하게 되면서 종전 지방에서 진상 받던 채소와 과일의 새로운 공급처가 필요해졌다. 급증한 한양 인구의 수요와 국가의 공물 조달을 충족하기 위해 한양 근교에서 채소와 과일의 대규모 상업적 농업이 발달하게 된 것이다. 박지원이 언급한 5곳은 모두 성저십리에 해당하는 지역들이다. 양주 석교와 송계원은 동대문에서 15리가 넘지만, 여러 문헌에서 성저십리에 포함시키고 있다.

사실 왕십리는 조선 전기부터 배추 산지로 명성이 높았다. 다른 지역은 시대별로 재배되는 작물에 변동이 있지만 너른 평야의 왕십리에서는 배추와 무 등 김장 채소가 집중적으로 키워졌다. 성종 대학자인 성현의 《용재총화》는 "지금의 동대문 밖 왕십리는 무, 순무, 배추 따위를 심고 있으며 청파, 노원 두 역은 토란이 잘 되고 남산의 남쪽 이태원 사람들은 다료茶蓼(여뀌)를 잘 심어…"라고 했다. 여뀌는 물가에서 자라는 식용·약용 식물이다.

집 지을 땅도 부족한 도성 안에서도 농사를 지었다. 과수 재배와 진상을 담당하는 장원서掌苑署는 도성 안팎에 큰 면적의 토지를 보유하며 과수를 직접 재배했다. 서울대 규장각한국학연구원 소장의 〈장원서등록謄錄〉에 따르면, 장원서의 왕실 과수원은 도성 내 중학中學(현 종로 중학동), 광화방廣化坊(현 종로 원서동)을 중심으로 성저십리의 한강(현 한남동), 용산, 성저십리 외곽 경기 지역의 양주, 통진(현 김포), 부평, 교하, 고양, 강화, 가평, 남양(현 화성), 개성 등에 분포했다.

왕실 과수원은 처음에는 대궐 주변에 위치했지만, 수요 충족이 힘들어지자 외곽지로 넓혀나갔다. 《세종실록》 세종 10년(1428) 12월 9일 기사는 "서울 안의 과수원으로는 다만 창덕궁 서쪽의 협착

| **조선말 동소문(혜화문) 밖 모습(1884년)** | 오늘날 주택이 밀집한 동소문 밖은 농촌의 한가로운 풍경을 연상하게 한다. 조선시대 한성부 외곽에서는 서울 사람들에게 공급할 채소와 과일이 집중적으로 재배됐다.
©미국 보스턴미술관(퍼시벌 로웰 컬렉션)

한 땅을 쓰고 있으므로 각종 과목을 널리 재배하지 못하여 국가의 수용에도 부족하다"고 했다.

도성 내에서는 채소 농사도 성행했다. 광해군 때 우찬성을 지낸 이충李冲(1568~1619)은 겨울철이면 자기 집에 커다란 온실을 마련해 놓고 그 안에 채소를 심었다. 《광해군일기》 광해군 즉위년(1608) 12월 10일 기사는 "(키운 채소로) 반찬을 매우 맛있게 장만해 아침, 저녁으로 바쳐 올렸고, 그로 인해 총애를 얻어 높은 품계에 올랐다. 그가 길에 오가면 비록 삼척동자라도 반드시 잡채판서雜菜判書라 지목하면서 너나없이 침 뱉고 비루하게 여겼다"고 했다. 집에서 키운 나물로 잡채를 요리해 임금에게 바친 수준인데 가혹한 비난이다.

동대문은 채소, 남대문 밖은 생선 거래

채소는 왕십리가 주산지였지만 이에 인접한 곳에서도 집중적으로 재배됐다. 19세기 편찬된 《동국여지비고》에 의하면, 청계천, 중랑천, 정릉천, 홍릉천에 연한 답십리, 중화동, 제기동, 청량리동 일대가 채소밭으로 유명했다. 구체적으로 답십리는 미나리와 배추, 제기동은 토란과 배추, 청량리와 중화동은 미나리 주산지였다.

그러다 보니 한양 동부지방에서는 채소시장이 섰다. 유득공(1748~1807)의 《경도잡지京都雜志》는 "장안 생활에 필요한 물건들은 동부채칠패어東部菜七牌漁라 하여 동부에 채소가, 칠패에 생선이 많다"고 했다. 왕십리와 답십리 평야에서 재배된 채소와 과일이 동부의 큰 시장인 이현시장(또는 배오개 시장·종로4가 교차로 일원)에서, 서해에서 잡힌 생선이 한강을 거쳐 서울역 부근인 남대문 밖의 칠패시장에서 팔렸음을 알 수 있다. 서소문 밖은 경찰청이 있는 서대문 미근동을 중심으로 미나리 밭이 벌판을 이뤘다. 이 지역의 지명은 미나리를 많이 재배해서 근동芹洞으로 불렸으며 지금의 지명 미근동渼芹洞 역시 '미나리芹가 물결친다渼'는 의미를 담고 있다.

연희궁衍禧宮(현 연세대) 주변도 채소와 곡식 재배지였다. 연희궁은 세종 2년(1420) 연세대 자리에 건립한 이궁離宮으로 영조 40년(1764)까지 유지되다가 영조의 후궁 영빈 이씨(1696~1764)의 묘(의열묘)를 조성하면서 폐지됐다. 이곳은 조선 초부터 국가에서 운영하는 잠실이 설치돼 '서잠실'로 불렸다. 세조 때 연희궁에서 군사훈련을 하다가 곡식을 상하게 했다는 일화가 전해진다.

| **조선기독교대학교(연세대) 예정 부지(1917년)** | 연세대 자리는 조선시대 연희궁이 있었다. 연희궁 주변에는 잠실을 포함해 국가와 개인 농장이 다수 존재했다.

©미국 드류대도서관

《세조실록》 세조 9년(1463) 8월 3일 기사는 "좌상·우상으로 하여금 몰이를 하게 하니 군사들이 곡식을 짓밟아 상한 것이 많았다. 진무鎭撫 조맹춘도 밭 사이로 말을 달렸는데… 짓밟은 것이 얼마나 되는지 물어 보게 해서 그 값을 내게 하였다"고 했다. 박지원이 말한 것처럼 연희궁에서는 고추도 집단적으로 키웠다. 《동국여지비고》도 "고초전苦草田은 서쪽 연희궁 앞들에 있다"고 했다.

산지 많은 성북, 강북은 과일로 유명

밤섬은 국가 농업 단지로 활용됐다. 지금은 서강대교에 걸친 작은 무인섬이지만 한강 개발 전에는 여의도와 하나의 섬이었다. 여기서는 정책적으로 작물 재배 실험을 했다. 《문종실록》 문종 1년(1451) 11월 3일 기사는 "밤섬에 심었던 감초가 무성하니 내년 봄 각도에 나누어 심도록 하였다"고 했다. 밤섬은 여러 관서가 자체적으로 조달하기 위한 채소밭도 자리 잡았다.

선조 때는 국가 제사 관장 관아인 봉상시奉常寺가 관리하던 밤섬 채소밭 절반을 훈련도감에 떼어주자 두 관청 간 분쟁이 발생했다. 《선조실록》 선조 27년(1594) 10월 1일 기사에 따르면, 봉상시는 "종묘사직과 각 능의 제사에 드는 채소가 모두 밤섬 밭에서 가꾼 것을 쓰니 되돌려줘야 마땅하다"고 했지만, 선조는 "전쟁 중에 어떻게 제사에 사용하겠는가. 훈련도감이 배분해 채소를 가꾸어 군사를 기르도록 하라"고 지시했다.

성북구에서 강북구와 노원구로 이어지는 동북지역은 산간지대가 대부분이라 채소보다는 과일 농사가 주를 이뤘다. 도성과 인접한 성북동은 성북천이 만드는 맑은 계곡과 언덕을 끼고 있어 복숭아를 많이 심었다. 《동국여지비고》는 "북저동北渚洞(현 성북동)은 혜화문 밖 북쪽에 있다. 동 가운데 복숭아나무를 벌여 심어서 봄철에 복사꽃이 한창 피면 도성 사람들이 다투어 나가서 놀며 구경한다. 옛날에 묵사墨寺가 있어 묵사동墨寺洞, 북사동北寺洞이라고도 한다. 주민들이 맑은 시내의 언덕을 따라 복숭아나무를 심어서 생활한다.

늦은 봄철마다 노는 사람들과 거마車馬가 가득 찬다"고 했다.

《한경지략》도 "성북동의 복숭아꽃 구경은 한양십경漢陽十景 가운데 하나로 꼽혔다"고 했다. 조선시대 채석장으로 쓰였던 길음동 돌산 앞에는 앵두나무와 배나무가 많아 앵두나무골, 뱃골로 불렸고 하월곡동은 밤나무가 많아 율곡으로 통했다.

서울의 과일은 맛 좋기로 이름났고 채소도 품질이 뛰어났다. 허균(1569~1618)의 《도문대작屠門大嚼》은 과일, 고기, 생선, 채소 등 팔도의 진미를 소개한다. 이에 의하면, 앵두는 중랑천 하구의 옛 섬인 저자도의 것을 최고로 쳤다. 크기가 작은 밤만하고 맛도 달다고 했다. 살구는 서교西郊(서소문 밖 마포 일원)에서 생산되는 것이 가장 좋으며 자두는 서울 여러 곳에서 재배되지만 마찬가지로 서교의 것이 크고 맛이 제일 낫다. 고사리, 아욱, 콩잎, 부추, 미나리, 배추, 송이, 참버섯은 서울 어디든 맛이 좋으며, 가지, 참외, 호박, 무도 마찬가지로 어디서나 나며 맛도 좋다고 했다. 토란은 서울에서 생산되는 것이 맛이 뛰어나지만 크기가 작은 게 흠이라고 했다.

살곶이벌과 밤섬에 대규모 국가 농장 설치

동교東郊(동쪽 교외)로 많이 불린 뚝섬, 즉 살곶이벌(전관평)은 조선 초부터 국가가 운영하는 마장馬場이 설치됐다. 군사훈련이나 전시를 대비한 말을 키우는 장소여서 엄격히 관리됐다. 하지만 내시들과 대신들이 야금야금 개간해 경작했다. 《단종실록》단종 1년(1453)

| 개발 전 뚝섬 나루터(1967년 3월 25일 촬영) | 뚝섬에는 왕실 목장이 있었으며 각 관청과 고관들이 땅을 야금야금 개간해 채소를 키웠다.

©서울역사박물관

5월 21일 실록은 "지금 목장 안 궁궐 채소밭 가까운 땅을 영양위寧陽尉 정종(1437~1461·문종의 딸 경혜공주 남편)에게 지급해 담장을 가로질러 쌓았으니 목장 내 마신馬神 제단을 이전해야 마땅하지만 옮길 수도 없다"고 했다.

　살곶이벌 내 왕족과 양반들의 채소밭은 이후에도 지속적인 논란을 야기하며 그대로 존속됐다. 《중종실록》 중종 13년(1518) 8월 9일 기사는 "(살곶이벌에) 목장을 설치한 것은 백성에게 그곳에 농사짓는 것을 금하기 위함이지만 밭을 일군 곳이 많다"고 했으며 《명종실록》 명종 11년(1556) 4월 27일 기사는 "(살곶이 목장에) 봄보리

| **살곶이 다리(보물)** | 왕십리와 살곶이목장(뚝섬)을 연결하는 다리다. 다리 반대편이 뚝섬, 즉 오늘날의 성수동이다.

가 이랑에 가득하여 푸른 물결이 눈에 가득하다"고 했다.

아차산 남쪽의 낙천정樂天亭(잠실대교 북쪽 한강 변에 있던 정자) 주변, 즉 광진구 일대는 한양에 거주하는 사대부들의 대단위 농장이 많이 분포했다. 낙천정에도 잠실이 설치돼 연희궁의 서잠실에 대비해 '동잠실'로 이름 붙여졌다. 동잠실의 토지도 인접한 살곶이 목장처럼 각 관청과 왕실, 고관들이 차지해 채소밭으로 사용했다.

박지원은 채소 농사를 잘 지으려고 "인분은 물론 동물 똥까지 보물 마냥 긁어모았다"고했지만, 그의 제자 박제가(1750~1805)는 전혀 다른 말을 하고 있어 의아하다.

박제가는 《북학의》에서 이렇게 언급했다.

"냇가의 다리 석축 가에는 마른 똥 덩어리가 군데군데 쌓여있는데 큰 장맛비가 아니면 씻겨 내려가지 않는다. 개똥이나 말똥은 항상 사람 발에 밟힌다. … 재도 완전히 길거리에 버려진다. 바람이 조금이라도 불면 눈을 뜰 수가 없다. … 이것을 내버리고 전혀 사용하지 않으므로 수만 섬의 곡식을 버리는 것과 똑같다."

여하튼 18세기 이후 조선에는 변화의 바람이 불었고 농업에서도 진일보가 있었음은 분명한 사실이다.

산적이 우글대던 고개, 종로·중구

삶의 애환 깃든 꼬불꼬불 고갯길

　서대문구 현저동에서 홍제동으로 넘어가는 무악재는 오늘날 6차선의 탄탄대로지만, 불과 100년 전만 해도 호랑이가 수시로 출몰해 행인을 해치는 살벌한 고갯길이었다. 나라에서는 빈번한 호환虎患을 막기 위해 고개 아래(현 서대문 독립공원)에 유인막을 설치했다. 이곳에 군사를 주둔시켜 행인이 10명 이상 모이면 한꺼번에 고개 너머로 호송했다. 언젠가부터 군사들이 호송료를 갈취하기 시작하면서 도성민의 원성이 자자했다. '무악재 호랑이보다 유인막 호랑이가 더 무섭다'는 말이 퍼졌다.

　서울은 외사산과 내사산이 감싸고 산줄기 사이사이의 골짜기마다 하천이 흘러 청계천, 한강으로 흘러 들어가는 지형이다. 언덕과 구릉지가 발달한 대신 너른 평야가 많지 않다. 이런 지형적 특

| 고갯길(1906~1907년) |

©국립민속박물관(헤르만 산더 기증 사진)

성상, 서울에는 수많은 크고 작은 고개가 존재했다. 유독 서울 지명 중에는 고개를 뜻하는 현峴이나 재, 령嶺, 치峙(티)자가 들어간 지역이 많은 것도 그런 이유다. 여러 사료를 종합하면, 서울에는 모두 230개 이상의 고개가 있었던 것으로 집계된다.

한양의 고개 230개 이상 추정

무악재는 서울에서 개성, 평양, 의주로 가는 의주로(현 통일로)에 있어 국방과 교통, 통신면에서 중요했다. 그러나 인왕산仁王山과 안

| 무악재(1906~1907년) |
몇 사람이 겨우 지나갈 만큼
폭이 좁다.
ⓒ국립민속박물관(헤르만 산더 기증 사진)

산鞍山 사이의 좁고 경사가 가파른 협곡이었다. 명나라 사신 동월董
越은 '조선부朝鮮賦'에서 "천 길의 험한 산세를 이루었으니 어찌 천명
군사만을 이기겠는가. 서쪽으로 하나의 관문길을 바라보니 겨우
말 한 필만 지날 수 있네"라고 했다.

이수광(1563~1628)의 《지봉유설》에 따르면, 풍수지리적으로 북한
산의 부아암負兒嵒(인수봉)이 밖으로 뛰쳐나가는 형세여서 아이가 도
망가지 못하게 달래기 위해 안산을 어미산이라는 뜻의 '모악母岳'이

라고 지었고 차츰 무악이라는 명칭으로 자리 잡게 됐다는 것이다.

무악재는 1935년부터 시작해 1960년대 후반까지 여러 차례 확장공사를 통해 도로가 6차로로 넓어지고 경사도도 크게 낮아졌다.

버티고개, 산적 떼 설치며 인명 살상

중구 약수·신당동, 장충단공원에서 한남동으로 넘나드는 버티고개 역시 명칭이 풍수에서 비롯됐다. 북한산의 어린이(인수봉)가 달아나지 못하게 무악재가 달래는 담당이라면, 버티고개는 벌을 주겠다고 겁먹이는 역할이다. 따라서 버티고개는 처음에 벌아현伐兒峴, 벌아령伐兒嶺이라고 호칭했고 이후 벌티, 버티로 변화했다는 것이다. 버티고개에는 산적들이 많았다. 《세종실록》에 따르면, 세종 13년(1431) 4월 버티고개의 초막에 도적 떼가 침입해 승려 1명을 죽이고 2명에게 부상을 입힌 뒤 재물을 모두 빼앗아 달아나는 사건이 발생한다. 형조와 의금부, 한성부는 사대문을 막고 수색을 벌여 10여 일 만에 도적 6명을 체포해 참수했다. 예종 1년(1469) 8월에도 버티고개 남소문에서 도적 떼가 군사 2명을 활로 쏘아 상하게 하고 소지품을 훔쳐 달아나면서 도성을 소란케 했다.

도성 안에도 도처에 고개였다. 경복궁 오른편에 널찍한 공간이 펼쳐진다. '열린송현 녹지광장'이다. 일제강점기 식산은행 사택, 해방 후 미군 숙소, 미 대사관 숙소 등으로 사용되다가 삼성, 대한항공을 거쳐 2021년 12월 서울시에 소유권이 넘어간 땅이다. 현재는

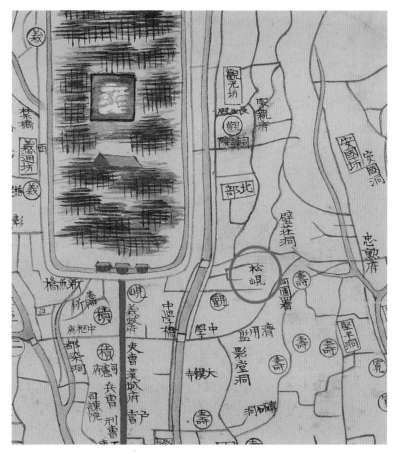

| **도성도 중 송현(조선말)** | 광화문 앞 오른편에 솔재, 즉 송현이 보인다. 현재는 광화문 앞으로 율곡로가 뚫려있지만 조선시대 송현은 소나무가 무성하고 험준한 고갯길이었다.

©국립중앙박물관

광장이 조성돼 시민들에게 개방되고 있다. 송현 녹지광장과 종로 중학동 사이의 고갯길이 송현松峴 또는 솔재였다. 《태조실록》 태조 7년(1398) 4월 16일 기사는 "(송현의) 산등성 소나무가 마르므로 그 가까이 있는 인가를 철거하라고 명령하였다"고 했다. 송현의 소나무는 국가에서 보호할 만큼 울창했음을 알 수 있다.

홍선대원군 이하응(1820~1898)의 사저 운현궁은 구름재雲峴(운현) 옆에 위치한다고 해서 붙여진 이름이다. 운현은 운현궁과 서운관 書雲觀 사이의 고갯길이었다. 현대건설 우측에 있던 서운관은 천문· 지리·역수·측후를 관장하던 천문기상대와 같은 기구로 조선 개국 초 설치됐으며 세종 때 관상감으로 명칭이 변경됐다. 홍선대원군 은 안국동 외가에서 출생해 살다가 운현의 허름한 집을 구입해 이 사했고 이 집에서 고종을 낳았다. 1863년 아들 명복이 왕위에 오르 자, 대원군의 칭호를 받고 고종을 대신해 섭정을 한다. 그는 작고 낡은 집을 궁궐 못지않은 대저택으로 개축했다.

지방 물산 모이던 배오개도 도둑 활개

종로 4가 사거리 북쪽 창경궁로에는 배오개, 즉 이현梨峴이 존재 했다. 배나무가 여러 그루 심겨 있어 배고개를 거쳐 배오개가 됐다 고 한다. 숲이 우거져 대낮에도 사람이 100명 모여야 겨우 지나갈 수 있다고 해서 백고개, 배오개가 됐다는 설도 있다. 어쨌든, 배오 개 하면 관허시장인 시전, 남대문 밖의 칠패시장과 함께 조선 3대 시장인 배오개 시장(이현시장)을 빼놓을 수 없다. 이곳 상인들은 동 대문을 통해 여러 지방에서 올라온 곡물, 과일, 채소, 포목 등을 판 매했다. 박제가(1750~1805)의 〈한양성시전도가漢陽城市全圖歌〉는 "이현 과 종루, 그리고 칠패는 온갖 공장工匠과 상인들이 모이네. 도성에서도 유명한 3대 시장이라 많고 많은 물화를 따라 수레가 줄을 잇지"라고 배오개의 활력 넘치는 분위기를 묘사했다.

인왕산에서 발원해 남쪽으로 뻗어 내려오는 산줄기에 차례로 고개가 만들어졌다. 마포의 대현大峴, 애오개, 중구의 만리재가 그 줄기에 있다. 대현은 서대문사거리에서 아현동을 통과해 신촌으로 넘어가는 큰 고개다. 몹시 가팔랐던 대현을 넘으려면 고개 밑에서 소나 말에게 물을 먹이고 대장간에서 굴레†를 갈아줘야 했다. 2호선 아현역 일대에 개천이 흘렀고 개천 위에는 다리가 놓여있었다. 다리 주변 대장간에서 굴레를 교체했다고 해서 이 지역을 '굴레방다리'라 했다.

애오개는 서대문사거리에서 충정로역을 거쳐 마포로 넘어가는 고개다. 애오개 일대에 지하철 5호선 애오개역이 있어 지금도 위치를 찾기 쉽다. 한자는 '阿峴' 또는 '兒峴'으로 표기한다. 아현은 위쪽의 대현과 아래 만리재, 두 고개에 비해 상대적으로 낮아 애(아이)고개라고 했고 애고개는 다시 애오개로 변화한 것으로 알려진다. 아현에 아이 시체를 많이 묻어 아이 묻은 고개라는 의미로 애고개라고 불렀다는 말도 있다.

만리재는 서울역 뒤편 중구 만리동 2가와 마포구 공덕동을 연결한다. 유본예의 《한경지략》은 "세종 때의 문신 최만리가 살았으므로 그 이름이 시작됐다"고 했다. 고개가 길고 높아서 넘어가는 길이 만리나 된다고 해서 만리재로 했다는 이야기도 전한다.

---

† 가축에 씌우는 틀.

| 만리재 도로(1974년 12월 15일 촬영) | 1974년 12월 만리동 고개와 마포구 공덕동 오거리를 잇는 신설도로가 개통됐다.

©서울 역사박물관

용산 당고개, 국사범 처형장으로 악명

당고개堂峴는 국사범 등 중대 범죄자들을 참수해 효수하던 고개
다. 서소문 밖 네거리, 양화진, 새남터와 함께 조선시대 국사범 및
천주교인 처형장으로 악명을 떨쳤다. 당고개는 성황당이 있는 고

개라는 의미다. 따라서 당고개는 서울에 다수 분포했다. 고을 어귀에는 고개가 많았고, 고개 옆에는 마을의 수호신을 모신 성황당이 있기 마련이었다.

용산 당고개는 용산 꿈나무 종합 타운(옛 용산구청·원효로 1가)에서 성산감리교회로 넘어가는 문배산(현 신계 역사공원) 고갯길이다. 현재 고개는 없어졌고, 문배산 정상까지 주택가가 형성됐다. 문배산 오른편으로 지금은 모두 복개됐지만 인왕산 서쪽에서 발원해 독립문 영천시장, 서소문 밖 네거리, 서울 서부역, 삼각지 고가차로를 거쳐 원효대교 아래로 빠지는 만초천蔓草川이 흘렀다. 만초천 변에서 헌종 5년(1839) 기해박해 때 많은 수의 천주교인이 순교했고 당시 처형장은 순교 성지로 조성돼 있다.

미아리고개는 흘러간 가요 덕에 유명해진 고개다. 성북구 동선동(현 지하철 4호선 성신여대입구역)에서 돈암동으로 올라가는 미아로(현 동소문로)에 위치했다. 서울에서 의정부로 가는 길목의 첫 번째 큰 고개며, 반대로 북쪽에서 서울로 들어오는 문턱이다. 북한산 칼바위 능선 아래의 '미아사'라는 절 이름을 따왔다. 병자호란 때 청나라 군대가 이 길을 넘어왔다고 해서 '되너미고개'로도 지칭됐다. 한국전쟁 당시에는 북한군이 소련제 탱크를 앞세워 미아리고개를 따라 서울로 쳐들어왔다. 북한군은 퇴각할 때도 이 길로 도망쳤고 '단장의 미아리고개' 노랫말처럼 서울의 무수한 인사들을 강제로 끌고 갔다.

조선시대 미아동 일대는 배밭과 호박밭이 흔했다. 고개는 도보로만 이용할 수 있었을 만큼 경사가 심했다. 일제강점기 이후 삼양

| **서부이촌동의 만초천(1966년 6월 3일 촬영)** | 인왕산과 남산에서 발원해 용산을 거쳐 한강으로 흘러간다. 용산 당고개 옆 만초천 변에서 국사범을 처형했다.

©서울 역사박물관

로 좌우 야산과 미아 3~4동은 일대에 한국인 전용 공동묘지가 형
성돼 미아리 하면 서울 사람들에게 공동묘지를 연상시켰다. 미아
리고개는 주거단지 개발을 앞두고 1960년대 확장공사가 대대적으
로 이뤄졌다.

동서남북 고갯길 입구엔 큰 주막거리

서울의 주요 진출입로에 준령峻嶺이 많았다. 중랑구 망우1동과 구리의 경계가 되는 망우리고개는 지금도 8차선의 잘 뻗은 도로이지만 조선시대에도 가장 넓은 길 중 하나였다. 태조 이성계의 능인 건원릉健元陵(현 구리 인창동)으로 가는 능행 길이어서다. 망우리길 관리, 정비는 양주목사의 제일 중요한 업무였다. 망우忘憂라는 명칭에는 이성계의 일화가 전한다. 조선을 건국한 태조는 자신이 묻힐 능자리를 구하기 위해 전국에 지관을 보내 명당을 찾았고 결국 동구릉 내 건원릉 자리를 발견했다. 태조는 중신들을 거느리고 직접 둘러봤으며 환궁 길에 망우산 고개 위에서 능 터를 바라보며 매우 만족해했다. 태조가 근심을 잊은 고개라고 해서 망우리 고개가 됐다.

현재의 도로가 생기기 전까지 해발 100m의 높은 지대였고 꼬불한 S자형의 길이었다. 망우로와 용마산길이 교차하는 망우사거리일대는 주막거리가 형성됐다. 험준한 망우리 고개를 넘은 길손들은 서울로 들어가기 전 주막거리에서 여독을 풀며 하루를 묵었다. 망우리고개 남쪽에는 1933년부터 지정된 망우리 공동묘지가 있다.

남태령南泰嶺은 사당사거리에서 경기도 과천으로 뻗어 서울과 경기도의 경계가 되는 큰 고개다. 남태령길은 충청, 경상, 전라의 삼남三南에서 한양으로 통하는 관문이었다. 1930년대 초까지만 해도 지금의 과천대로 오른편의 우면산 쪽으로 나 있는 산길이었으며 산적이 출몰해 행인을 나무에 묶고 달구지에 실었던 짐이나 소를 빼앗아 달아나는 일이 종종 발생했다. 지금의 남태령로는 1935

| **망우산에서 바라본 망우동 전경** | 망우리에는 여행자들을 위한 대규모 주막거리가 형성됐다.

년 관악산 자락을 깎아 개설했다.

　남태령 옛길의 원래 명칭은 여우가 출몰한다고 해서 여우고개狐
峴(호현)였지만 정조의 화성 현륭원(사도세자 무덤) 행차 이후 '남행할
때 첫 번째 큰 고개'라는 뜻으로 남태령이라고 호칭하기 시작했다.

고개 사라졌지만 지명으로 남아 전승

　서울의 고개들은 급속한 도시화 과정에서 대부분 사라졌거나 위치나 형태가 바뀌어 문헌이나 빛바랜 사진 속에서 겨우 자취만 짐작할 수 있는 실정이다. 비록 고개는 사라졌지만 고개 명은 동네 이름으로, 또는 지하철역 이름으로 여전히 남아 친숙함을 준다. 고갯길에는 우리 선조들의 애환과 삶의 숨길이 배어있는 많은 전설도 전래돼 온다. 고갯길은 무궁무진한 이야기의 보고다.

8장

오백년 사직 지킨 이데올로기

음악 관장하는 예조 관리들의 놀이터, 육조거리

유교통치의 상징적 공간 육조거리

"이달에 대묘大廟(종묘)와 새 궁궐이 준공되었다. … 문(광화문) 남쪽 좌
우에는 의정부議政府(최고 행정기관), 삼군부三軍府(최고 군사기관), 육조六曹,
사헌부司憲府(감찰기관) 등의 각사各司 공청公廳이 벌여 있었다."

《태조실록》 태조 4년(1395) 9월 29일 기사 내용이다. 한양은 조
선 왕조의 수도이자 정치와 행정이 집중된 곳이었다. 조선은 한양
천도와 거의 동시에 도성의 효율적 활용을 위해 중심부에 경복궁
을 설치하고 《주례周禮》에서 제시한 '좌조우사左祖右社'를 받아들여
동쪽에 종묘, 서쪽에 사직을 뒀다. 이어, '면조面朝'의 원칙에 따라
경복궁의 전면에 의정부와 이·호·예·병·형·공 등 행정의 핵심이 되
는 여섯 관서, 즉 육조六曹를 배열했다. 육조관서가 마주한 거리는

'육조거리' 또는 '육조대로'로 불리며 조선시대 정치와 행정을 대표하는 상징적 장소로 자리 잡았다. 조선왕조와 한양도성의 설계자 정도전은 경복궁 앞에 포진한 육조관서의 모습을 '열서성공列署星拱'으로 묘사했다. 그 광경이 마치 별들(신하)이 북두칠성(임금)을 둘러싸고 있는 것 같다는 것이다. 태조 7년(1398) 4월 26일 태조가 새로운 도읍지의 여덟 개 풍경을 담은 병풍을 제작해 반포하자 정도전이 팔경시를 지어 바쳤다. 그중 세 번째가 열서성공이다.

아래는 정도전의 《삼봉집》에 실린 신도팔경新都八景 중 〈열서성공列署星拱〉의 내용이다.

列署岌嶬相向	관청들 우뚝하게 서로 마주 서 있으니
有如星拱北辰	마치 별들이 북두칠성을 향하여 읍하는 듯
月曉官街如水	달 밝아 관청거리 물처럼 깨끗하매
鳴珂不動纖塵	수레 옥장식에 티끌 하나 일지 않는구나

폭이 60m, 편도 10차선 도로에 해당하는 넓이

성종 16년(1485) 편찬된 《경국대전》에 따르면, 조선은 중앙의 경관서는 84개였다. 84개 경관서 중 육조거리에 포진한 곳은 의정부, 중추부, 이조, 호조, 예조, 병조, 형조, 공조, 한성부, 사헌부, 사역원† 등 11개가 확인된다. 이후 비변사††가 추가됐다가 창덕궁으로

---

† 통번역 관청.
†† 임진왜란 이후 최고 의결기관.

| **광화문 앞의 육조거리(1906년~1907년)** | 육조거리는 경복궁 전면에 핵심 행정관서를 배열함으로써 치국의 근간을 마련해 태평성대를 이루겠다는 유교적 통치 이념이 반영된 공간이었다. ©국립민속박물관(헤르만 산더 기증사진)

이전했으며 기로소[†]가 더해지기도 했다. 육조의 서열은 태종 재위 당시 '이-병-호-형-예-공'의 순이었으나, 세종 때 '이-호-예-병-형-공'의 순으로 정리됐다.

육조거리는 한양창건 당시부터 궁궐과 관서를 연결하는 넓은 도로로 기획됐다. 《경국대전》은 조선의 도로규격을 정했다. 도로는 크기와 위상에 따라 대로 56척^{††}, 중로 16척, 소로 11척으로 구분됐다. 육조거리는 대로에 해당했지만 실제 폭은 법제의 규정보다 3배 이상 넓은 60m에 달했다. 한개 차선의 폭을 3m라고 가정할 때 편도만 10차로의 초대형 도로이다.

---

† 원로문신 예우 기관.
†† 17m를 말한다. 참고로 1척은 0.30303m이다.

의정부를 포함해 육조 관청들은 육조거리를 향해 서로 문을 두고 마주한 구조였다. 관청의 위상에 따라 동쪽(임금의 위치에서 볼 때 좌측)에서부터 배치했다. 세종대 정비된 관청배치를 반영한 《신증동국여지승람》에 의하면, 동쪽에 의정부–이조–한성부(수도 관할)–호조, 서쪽은 예조–중추부(자문기구)–사헌부(관원 감찰)–병조–형조–공조 순으로 기술돼 있다.

이조는 역사박물관 자리, 한성부는 미국대사관

이들 기관의 현재 위치를 살펴보면, 우선 의정부는 대한민국역사박물관 북편 광화문시민열린마당에 있었다. 의정부에 이어, 육조거리 동쪽은 이조가 대한민국역사박물관, 한성부는 미국대사관, 호조는 KT빌딩, 기로소는 교보문고에 각각 자리했다. 육조거리 서쪽은 예조와 중추부가 정부서울청사 본관 앞마당, 사헌부와 병조는 외교부 청사 앞쪽 세종로공원, 형조와 병조는 세종문화회관, 공조는 세종문화회관 미술관에 각각 위치했다.

의정부는 전체 관원을 통솔하고 정사를 총괄하던 최고 행정기관이었다. 의정부는 도당都堂, 묘당廟堂, 정부政府, 그리고 대신의 집무실이라는 뜻의 황각黃閣으로도 불렸다. 조선 전기 문신 홍귀달(1438~1504)의 《허백정집》 중 〈사인사연정기舍人司蓮亭記〉는 이렇게 말했다.

閤于六曹庶府之上	육조의 많은 관청 중 으뜸이 의정부
而獨巍然高大者	유독 우뚝하여 높고 크니
曰政府	정부라 하네

　이조는 육조 중 수석관청으로 '천관天官'으로 불렸다. 문관의 선발, 관원들의 근무성적 평가, 공훈에 따른 작위 부여를 관장했다. 이조의 정랑(정5품)과 좌랑(정6품)은 인사 실무를 담당해 전랑銓郎으로 별칭 됐다. 이조전랑은 홍문관, 사헌부, 사간원 등 사정기관 삼사의 관리를 추천, 선발하는 실권을 쥐고 있어 이를 차지하기 위해 당파 간 갈등이 격화되기도 했다. 호조 역시 세금과 나라의 재정을 총괄해 서열이 높았으며 돈을 만지다 보니 호조 관원들은 늘 금전적 유혹에 노출됐다. 호조의 정자 명칭을 '더러움에 물들지 않는다'는 뜻의 불염정不染停으로 지은 것도 이와 무관치 않았다.

| 육조거리 관청(일제강점기) |

©국사편찬위원회

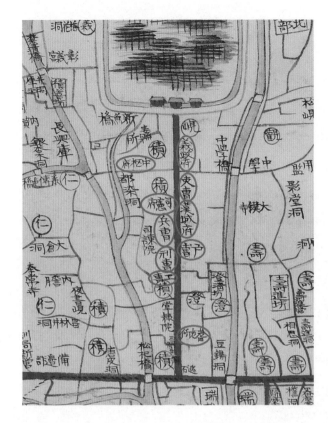

　　예악과 외교, 교육, 과거를 담당했던 예조는 의정부 맞은편에
나란히 둬 권위를 부여했다. 육조관서들은 대체로 업무량이 많았
지만, 예조는 일이 별로 없었고 관원들의 근무태도도 불량해 음악
을 검열한다는 핑계로 근무시간에 기생을 끼고 술을 마시기까지
했다. 박동량(1569~1635)의 《기재잡기》는 "예조가 육조 가운데서도
조용하고 한가해 일이 없으면서도 좋은 일은 가장 많았다. 출근하
는 날에는 음악을 살핀다는 핑계로 남쪽 누각 위에 앉아 예쁜 기생

과 좋은 음악을 마음껏 골라 종일토록 술을 마시면서 노래하고 춤
추고 떠들어댔다"고 전했다.

방화 목적의 연못, 명승지로 유명

각 관청의 내부는 크게 세 영역으로 나뉜다. 진입 영역인 대문
은 솟을삼문[+] 형태로 육조거리 방향으로 나 있었다. 중문 안에 들어
서면 업무공간인 당상대청[++]과 아방[+++] 등이 배치됐다. 세 번째 영역
은 휴식과 접객의 영역으로 정자와 연못이 갖춰졌다. 연못과 정자
는 업무 스트레스를 푸는 동시에 손님을 접대하는 장소였다. 홍귀
달의 《허백정집》은 의정부의 연못 광경을 보며 이렇게 읊었다.

自署事罷	업무를 파하고
府庭公事少	공무가 적어지면
舍人尊俎	사인[*]들이
管絃於其中	그 속에서 연회를 열고 음악을 연주하며
以娛賓客而樂太平	빈객들과 더불어 즐기니 태평성대로세

육조의 연못 중에서는 역시 예조의 것이 명승지로 각광받았다.

[+] 지붕과 문이 3개이며 중앙의 지붕을 한 단계 높게 세운 대문.
[++] 堂上大廳. 당상관이 근무하던 건물.
[+++] 兒房. 관원들의 휴식 및 대기 장소.
[*] 의정부 정4품 벼슬.

성현의《용재총화》는 "땅을 파서 서지西池를 조성하고, 대청을 개축하고 대청에 연이어 서헌西軒을 만들고, 돌기둥을 물속에 세우니 아로새겨지는 그림자가 물결 위에 떨어졌다. 서쪽은 산봉우리가 높고 집들이 좋고 나무가 빽빽하여 풍경이 서울에서 제일"이라고 했다. 연못은 화재를 대비한 소방시설의 기능을 하기도 했다. 대량의 물을 저장하고 다수의 사람이 한 번에 퍼 나를 수도 있어서였다.

육조의 인원은 고위직에 속하는 당상관과 실무자인 낭관郎官으로 구성됐다. 육조의 운영에서 중대사는 판서(정2품·장관), 참판(종2품·차관), 참의(정3품·차관보) 등 당상관이, 일상 사무는 소속 관청을 주관하는 정랑(정5품)과 좌랑(정6품)이 중심이 돼 처리했다. 육조 문관의 교체 빈도가 높아 행정실무는 거의 서리들 몫이었다. 서리는 사무에 대한 기록을 맡거나 문서와 장부 등을 관리하는 행정업무의 말단을 담당한 직위였다. 신분이 낮고 경제적 처우가 불안정해 대부분 중인으로 채워졌다. 실무 이해를 토대로 자행된 서리의 부정과 수탈은 조선시대 내내 골치 아픈 문제가 됐다.

육조관원들 격무, 근무 중 음주 행위 묵인

육조관원들의 일상은 어땠을까.《조선왕조실록》과《승정원일기》에 의하면, 조선시대 관리들은 묘시卯時(오전 6시 전후)에 출근해 유시酉時(오후 6시 전후)에 퇴근하는 '묘사유파卯仕酉罷' 규칙이 적용됐다. 지금과 비교해 출근 시간은 조금 빠르고 퇴근 시간은 비슷하다. 퇴근 후에는 바로 집으로 가기도 했겠지만, 술집을 전전하기도 했다. 심지어, 숙직하면서 기생들과 술을 마셨다는 기록이 이기의 《송와잡설》에 실려있다.

"조종조祖宗朝(선왕때) 육조에 숙직하는 낭관(정랑, 좌랑)들은 달밤에 창기들과 어울려 광화문 밖 한편에 모여서는 시와 술과 노래와 고성으로 밤새 이야기하고 마셔댔으니, 이것은 태평시태의 일이다. 한갓 육조만 그랬던 것이 아니라 미원薇垣(사간원)의 관원도 사사로운 연회를 일삼았고 입직하는 밤에는 반드시 기생을 끼고 잤다."

육조 낭관들이 격무에 시달려 근무 중 음주 등 일탈행위도 어느 정도까지는 묵인했을 것으로 추측된다.

경복궁과 육조거리는 선조 25년(1592) 임진왜란 때 철저히 파괴됐다. 경복궁은 공역의 부담, 풍수적 이유 등으로 중건되지 못한 채 이후 270여 년간 빈터로 남아있게 된다. 그러나 육조거리의 관청들은 광해군 대 애초의 자리에서 복구된 이래 조선이 멸망할 때까지 제 위치를 지켰다.

경북궁 폐허 된 후 광장으로서 기능

육조거리가 건재할 수 있었던 것은 건국 초 정립한 육조거리의 대표성, 상징성이 여전히 유효했기 때문이다. 육조의 중앙관청들

| 확장공사 중인 세종대로(1966년 7월 4일 촬영) | ©서울역사박물관

은 행정실무 관청이어서 왕과의 거리가 크게 중요하지 않은 점이 고려되기도 했다. 다만, 왕과 멀어진 육조 관청들은 창덕궁 주변에 조방朝房(임시청사)과 직방直房(당직 청사)을 설치해 다소간의 불편을 해소했다. 물론 왕을 지근에서 보좌하는 궐내각사들(승정원, 규장각, 홍문관, 예문관 등)은 창덕궁에 있었다.

육조거리는 조선 후기 광장으로서 역할이 더욱 컸다. 도성 내 광활한 장소가 많지 않던 상황에서 넓은 공간의 육조거리는 다양한 행사에 유리했다. 육조거리의 주요 관서들은 국장이나 가례 등 국가 의례 행사를 준비하기 위한 공간으로 적극 활용됐다. 도성의 중앙에 위치해 각 궁궐과의 연결이 용이했고 물산이 모이는 운종가와도 가깝다는 지리적 이점이 작용했다.

육조거리는 과거시험장으로도 널리 애용됐다. 본래 문과는 예조에서 시행했지만, 응시 인원이 많을 때에는 과거시험장을 육조거리로 확장했다. 《일성록》 정조 24년(1800) 3월 21일 기사에 따르면, 예조는 과장科場을 예조와 중추부를 포함해 북쪽으로는 광화문, 남쪽으로는 한성부 앞길까지 각각 장막을 둘러 설치해 3만 2,590명이 들어가는 공간을 마련했다.

조선시대 육조거리는 단순한 물리적 공간을 넘어 유교적 통치 이념이 구현된 이상적 공간이었다. 경복궁과 일직선상에 행정관청을 배치한 것은 군주가 인과 덕으로 백성을 이끌고 백성은 군주에 복종하는 유교의 정치 질서를 현실에서 구현했음을 의미했다. 이를 통해 치국의 근간을 구축하고 궁극적으로 태평성대를 염원했던 것이다.

70·80대 학생들의 공부 성지, 성균관

국가 이념의 산실, 성균관

病臥賢館側	성균관 옆에서 병들어 누우니
窮冬白雪飛	엄동설한에 궁핍하기까지 하구나
懷親千里隔	천리 밖 부모님 생각 간절하고
戀闕一身微	미천한 한 몸 대궐만 그리웁네

김수인(1563~1626)의《구봉집九峯集》중《병와반중病臥泮中》[†]의 한 대목이다. 경상도 밀양의 선비 김수인은 광해군 즉위년인 1608년, 46세에 과거 합격 하나만을 바라보고 성균관에 입교했다. 늦은 나이에 객지 생활은 고달팠고 중병까지 걸리자 향수병이 심해졌다.

[†] 성균관 공부 중 병들어 눕다.

김수인은 장의†로 있으면서 광해군에게 인목대비 폐모의 부당함을 간하는 상소를 올렸지만 받아들여지지 않자 낙향했다. 인조반정 직후, 다시 성균관으로 돌아왔지만 결국 과거급제의 소원을 이루지 못한 채 죽었다.

홍직필(1776~1852)의 《매산집梅山集》에 실린 〈김수인 행장行狀〉은 "성균관에 있는 4년간 명망이 성대하여 상께서 한창 등용하고자 하였는데 공이 갑자기 별세하였으니…"라고 했다.

TV드라마 등의 영향으로 성균관 유생은 '젊은 미소년'과 '한양 명문가 자제' 이미지가 쉽게 떠올려지지만, 김수인의 예와 같이 학생 상당수가 지방 출신이었고 노인들이 허다했다. 심지어 재학 중인 학생이 노환으로 사망하는 일도 빈번했다.

조선시대 과거 하면 '한양 천리 시험 보러 가는 시골 선비'가 깊게 각인돼 있지만, 서울의 성균관에서 수년간 체계적인 교육을 받지 않으면 급제는 사실상 불가능했다. 워낙 경쟁이 치열하다 보니 과거급제 자체가 어려웠지만 성균관 입학조차도 결코 쉽지 않았다. 성균관은 어떤 기관이고 그곳에서의 생활은 어땠을까.

고관들 성균관 졸업, 학생들 자부심 대단

성균관은 조선시대 최고의 국립교육기관이자 공자에 제사하는

---

† 掌議. 학생 대표.

신성한 장소였다. 인재를 교육하고 양성하는 동시에, 국가의 이데 올로기를 뒷받침하는 가장 중요한 공공기관이었던 것이다.

'성균成均'은 널리 인재를 고루 양성한다는 뜻이다. 성균관은 주 나라의 대학이 반수泮水 강변에 있고, 반수에 미나리芹를 심었다고 해서 반궁泮宮 혹은 근궁芹宮 등으로 기록됐다. 최고 교육기관이라는 의미에서 태학太學, 공자사당이 있다고 해서 문묘文廟 혹은 학궁學宮 으로도 불렸다. 성균관은 국가의 핵심시설인 만큼 조선 태조는 한 양 천도 직후인 태조 4년(1395) 10월 성균관 건립을 명했고 태조 7 년(1398) 7월 완공했다. 주요 건물은 공자를 비롯한 유교 성현 위패 를 봉안한 대성전大成殿(문묘), 학생들이 강의를 듣는 명륜당明倫堂과 비천당丕闡堂, 기숙사 시설의 학사(동재와 서재), 도서관인 존경각尊經 閣, 식당, 관원 사무실 정록청正錄廳 등을 뒀다. 문묘가 전면에, 나머 지 교육시설이 뒤쪽에 배치됐다.

국비로 교육이 실시되고 조정의 관리들도 대부분 성균관을 거 쳐 출사해 성균관 유생들의 자부심은 컸다. 성균관 입학 대상은 소 과 합격자인 생원生員과 진사進士였다. 조선시대 과거는 소과, 문과, 무과, 잡과로 분류된다. 소과는 대과인 문과의 예비시험으로 국립 중등교육기관, 즉 서울의 4학과 지방향교 소속 유생들이 응시했다. 소과는 사마시司馬試, 감시監試라고도 하며 3년에 한 번씩 실시해 생 원과 진사 각 100명을 뽑았다. 생원시는 사서오경四書五經 등 유교 경전에 대한 지식과 이해를, 진사시는 시詩와 부賦 등 문학 능력을 평가했다.

| 젊은 양반들(1904년) |

©미국 헌팅턴도서관(잭 런던 컬렉션)

| 명나라 사신 주지번(朱之蕃)이 직접 쓴 명륜당 현판 | 선조 39년(1606) 명나라 사신 주지번이 조선에 왔다가 새로 건립한 명륜당 편액을 썼다.

이황, 김인후 등 대학자들 청강생 출신

성균관 정원은 개국초 100명이었으나 세종 때 200명으로 늘어났다. 정식 학생인 생원·진사 뿐 아니라 관료 자제에 입학 기회를 주기 위해 일반유생도 청강생 형태로 받았다. 정식 학생은 상재생上齋生, 일반유생은 하재생下齋生으로 호칭했다.

대학자와 명신들이 뜻밖에 하재생 자격으로 성균관에서 공부했다. 퇴계 이황(1501~1570)이 하재생으로 수학했다. 《퇴계집》 중 '퇴계 선생 연보'에 의하면, 이황은 23세에 상경해 성균관 하재생이 됐지만 다시 낙향했다. '퇴계 선생 연보'는 "많은 이들이 선생(퇴계)의 법도 있는 행동거지를 보고 비웃었다. 서로 상종하는 이는 오직 김인후 한 사람 뿐"이라고 했다.

김인후(1510~1560) 역시 하재생이었다. 당시 성균관 유생들이 퇴계를 하재생이라고 무시해, 같은 처지의 김인후와 주로 교유했던 것으로 짐작된다. 퇴계는 세월이 한참 흘러 초시에 합격한 뒤 33세에 정식으로 성균관에 입학했다. 성균관 학생들의 나이는 우리가 생각하는 것보다 훨씬 많았다. 《승정원일기》에 의하면, 상재생은 30대 후반부터 40대 후반 사이에 집중돼 있으며 더러는 70~80대 노인들도 있었다. 영조 10년(1734) 반수班首 윤봉삼尹鳳三은 84세, 영조 46년(1770) 반수 어필명魚必潓은 83세였다. 반수는 최고령자를 칭하는 용어다.

과거에서 9번이나 장원을 했던 율곡 이이(1536~1584)는 특이한 사유로 성균관 입학을 거부당했다. 유성룡(1542~1607)의 《운암잡록

《雲巖雜錄》에 의하면, 이이가 명종 19년(1564) 생원시에 장원으로 합격해 성균관에 들어가려고 했지만 유생들이 제지했다. 이이가 젊은 시절 승려를 했다는 이유였다. 퇴계의 제자였던 권문해(1534~1591)의 도움으로 겨우 입교했다.

유생들은 성균관 내 기숙사에 머물며 공부했다. 유생들은 동재와 서재에 나눠 기숙했다. 동재와 서재는 방이 모두 28개였고 한 방에서 4명이 생활했다. 애초 생원이 동재, 진사가 서재를 사용했지만 당색 간의 갈등이 심해지면서 동재에는 소론, 남인, 북인 유생이, 서재에는 노론 유생이 거처했다. 기숙사에 들어가지 못한 나머지 대부분은 성균관 밖 반주인泮主人이 운영하는 하숙집에 묵었다.

유생들은 유복儒服을 입고 유건儒巾을 썼다. 시대별로 붉은색, 흑색, 흰색, 청색 등 여러 색의 옷을 섞어 입다가 영조 34년(1758) 당하관 복식이 개정되면서 유생의 복장도 청의靑衣로 통일됐다. 식사는 나쁘지 않았다. 윤기(1741~1826)의 《반중잡영泮中雜詠》에 따르면, 식사는 밥, 국, 장, 김치, 나물, 젓갈, 자반, 생채가 기본으로 나오고 열흘에 네 번꼴로 생선, 고기 등 특식이 제공됐다. 삼복에는 개고기, 참외, 수박도 맛볼 수 있었다. 술도 매월 초하루와 보름 방마다 지급됐다.

공부 강도 높고 시험 매년 20회씩 시행

교육과정은 경학 공부인 강경講經, 문장공부인 의疑, 의義, 논論,

| **성균관의 기숙사 중 하나인 동재** | 성균관 기숙사는 서재, 동재가 있다. 조선 후기 이후 당쟁이 치열해지면서 서재는 노론이, 동재는 나머지 당파가 기숙했다.

부賦, 표表, 대책對策 등의 제술製述이 양대 축을 이뤘다. 문과시험을 대비한 과목들이다.

재학 중에는 다양한 시험을 치렀다. 《승정원일기》에 따르면, 정조 후반 성균관 과시 횟수는 한 해 총 20회나 됐다. 성적 우수자는 문과급제 혜택을 줬다. 정약용(1762~1836)은 정조 7년(1783) 생원이 됐고, 이후 성균관 시험에서 7차례 입상한 후 정조 13년(1789) 2월 춘도기†에서 1등 해 문과급제 자격을 받았다.

---

† 春到記. 봄 졸업시험.

성균관 교육에서 유생만큼 중요한 것이 교관이다. 성균관 최고 관직인 대사성은 정3품 당상관으로 유생 교육에만 집중하도록 겸직을 금지했다. 대사성을 포함해 성균관 교육을 전담하는 교관은 총 14명이었다.

임금 중에서 정조가 이례적으로 성균관에서 숙식했다. 정조 14년(1790) 2월 24일 정조는 명륜당에 행차해 유생들을 불러 모아 시험을 치른 후 명륜당 마당에서 수행한 신하, 유생들과 함께 식사를 했다. 이어, 명륜당에서 잠을 잤다. 이튿날 문묘에 작헌례†를 행한 뒤 근신 4~5명과 함께 벽송정碧松亭에 올랐다.

《홍재전서》 중 《일득록》에 의하면, 정조는 "(벽송정은) 경성에서 아름다운 기운이 듬뿍 서린 장소로 학문을 연마하고 교양을 쌓는 장소로 삼기에 알맞다"며 대사성에게 아름다운 소나무를 더 심어 울창하게 보이게 하라고 지시했다.

벽송정은 성균관 뒤편, 현재 성균관대 도서관 일대의 소나무 숲이었다. 정자 건물이 실제 있지는 않았고 푸른 소나무 숲이 정자처럼 그늘을 만들어 주었다고 해서 붙여진 이름이다. 이곳은 공부에 지친 학생들의 휴식처였다. 과거가 있는 날이면 학부모들이 벽송정에 올라 자식들의 시험을 구경했다.

---

† 酌獻禮. 국왕이 친히 참배하고 술잔을 올리는 제례.

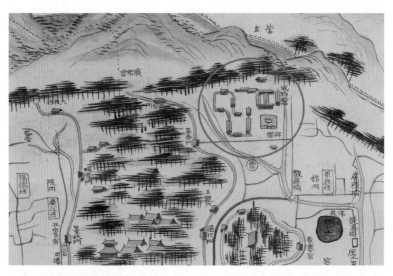

| 도성도 중 성균관과 반촌(조선말) | 붉은 원이 성균관이다. 우측 아래쪽의 관동 일대가 성균관 교육특구인 반촌이다.
©국립중앙박물관

강당에서 과거시험, 응시자 몰려 압사도 발생

성균관은 예조와 함께 과거시험장으로 사용됐다. 정조 24년(1800) 3월 21일 순조의 왕세자 책봉을 기념하는 과거가 거행됐다. 문과 시험장은 1소를 예조와 육조거리에, 2소를 성균관 비천당에, 3소를 명륜당에 설치했다. 이날 실록은 "3개소의 참가자가 도합 11만 1,838명이었고 거둬들인 시험지는 3만 8,614장이었다"고 했다.

과거시험장은 응시자가 넘쳐나며 불상사가 일어나기도 했다. 《숙종실록》 숙종 12년(1686) 4월 3일 기사는 "거자†들이 앞다투어 (비

---

† 擧子. 응시자.

천당) 뜰 안으로 먼저 들어가려고 하다가 쓰러져 밟혀 죽은 사람이 8명이나 되었고, 그 나머지 다쳐서 목숨이 거의 끊어지게 된 사람도 매우 많아서 반교* 밖에 울부짖는 소리가 그치지 않았다"고 했다.

조선 후기 성균관 주변, 종로 명륜동과 혜화동에는 성균관과 문묘를 관리하고, 유생들의 학업을 지원하는 노복과 그 가족들이 거주했다. 반촌泮村이라 불린 교육특구다. 반촌에 사는 사람들을 반인泮人이라고 했다. 반인들은 오로지 성균관 업무에 복무하기 위해 다른 부역에서는 면제됐다. 반촌에는 3,000여 호가 거주했고 이들에게는 소 도살권이 부여됐다. 소를 잡아 성균관에 공급하고 나머지는 판매해 생계를 꾸렸다. 황윤석(1729~1791)의 《이재난고頤齋亂藁》 영조 47년(1771) 4월 11일 기사는 "태학 노예에게는 도사**를 생업으로 삼아 생계를 꾸리도록 허가하였다. 반촌 남쪽 돌다리*** 안쪽에는 동서로 삼천여 호가 산다"고 했다.

반인들은 반주인으로서 하숙집이나 원룸 주인처럼 성균관 유생, 과거시험을 보러 반촌에 머무는 응시생, 한양에 출사하는 관료 등에게 숙식과 편의도 제공했다. 반촌은 과거시험과 관련한 온갖 정보가 모이는 정보의 집합지였고, 상소 모임, 독서 모임 등 유생 모임도 반촌을 중심으로 이뤄졌다. 유본예의 《한경지략漢京識略》은 "서울에 사는 유생들도 과거에 응시할 때는 반촌에 머물러 제각기 반주인을 정해 두었다"고 했다.

---

† 泮橋. 성균관 동쪽 다리.
†† 屠肆. 푸줏간.
††† 관기교, 성균관 남쪽 대명길 주변의 다리.

| 작자미상 평생도 중 삼일유가(조선시대) | 과거 급제자가 3일간 스승, 친척 등 주변 사람에게 인사를 드리러 다니는 일을 묘사했다.

©국립중앙박물관

반촌에는 주점도 널려 유생들은 풍류를 즐기며 더러는 기생과 인연을 맺었다. 조선 전기의 문신 최숙정(1433~1480)의 《소요재집逍遙齋集》은 "성균관 시절 기생 일지홍一枝紅과 사건이 좀 있었지. 하지만 과거에 급제해 벼슬길에 나가면서 15년간 못 봤네. 어느 날 저녁 벗들과 한창 술을 마실 때 일지홍을 발견하고 이름을 물어보니 과연 옛날의 그 기생이더라"고 했다.

일제강점기 때 어용단체로 전락하여
광복 후 성균관대로 부활

성균관이 고등교육기관이었다면 4학(4부 학당)은 중등교육기관이었다. 4학은 5부 중 동부, 서부, 남부, 중부에 세운 동학, 서학, 남학, 중학을 함께 아우르는 명칭이다. 사학에는 양인 이상이면 입학이 가능했고 8세가 되면 입학을 허가했다. 15세 전후의 연령층이 많이 재학했으며 간혹 20세 이상도 공부했다. 4학의 정원은 100명으로, 교육과정은 성균관 진학을 목

| **동부학당 옛모습(1898년~1912년 촬영)** | 미국 북감리교회 의료선교사인 윌리엄 밴턴 스크랜튼(William Benton Scranton, 1856~1922)이 1892년 동부학당에 여성전문병원 보구여관의 동대문 분소인 볼드윈 진료소(이대 동대문병원 전신)를 세웠다.

©서울역사박물관(미국 드류대 도서관 소장 연합감리교회 아카이브)

표로 편성됐으며 성균관에서 교관을 파견해 가르쳤다.《경성부관내지적목록》(1917),《경성시가도》(1927) 등 일제강점기 문헌과 지도에 따르면, 중학은 케이트윈타워(종로 중학동 83), 동학은 흥인지문공원 일원(종로 6가 62), 남학은 매경미디어센터와 중부세무서 사이(필동 1가 24), 서학은 조선일보(태평로 1가 62)에 위치했다.

성균관은 조선 말기 이후 혼란 속에 위상을 급속도로 잃어갔다. 결국 1911년 경학원經學院으로 개편되며 전국 유림을 통제하는 어용단체로 전락한다. 광복 후에야 성균관대가 설립되며 교육기관으로 다시 부활한다.

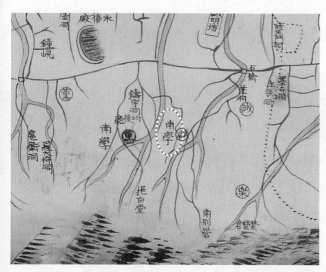

지도 중앙부에 4학의 하나인 남학이 보인다. 남학 오른쪽 아래로 남별영(현 남산한옥마을)이 위치한다.
©국립중앙박물관

| 현재의 남부학당 터 | 표지판이 세워져 있다.

궁궐·도성 석재의 주요 석산,
삼청동·창신동

조선의 정신을 지탱한 채석장

"광화문의 선단석[+]을 영풍정映楓亭에서 떼어왔다. 훈련도감의 자원 부역군 725명이 끌고 왔다."

고종 2년(1865)에서 고종 5년(1868) 까지의 경복궁 중건과정을 적은 《경복궁영건일기》의 내용이다. 영풍정은 종로 창신동 돌산에 있던 정자다. 19세기 편찬된 《동국여지비고》는 "동대문 밖 연미정동 燕尾亭洞에 훈련도감 군마의 기예를 시험하는 곳이 있고 영풍정이 있다"고 했다.

창신동 돌산은 낙산(낙타산) 자락으로, 예로부터 풍광이 수려해

[+] 縇端石·아치 밑을 받치는 돌.

| **낙산(낙타산)의 좌룡정 활터** | 남자들이 활을 겨누는 방향이 창신동 돌산이다. 창신동 돌산은 낙산의 자락으로 풍광이 수려했지만 오랜 기간 채석장으로 이용되면서 황폐해졌다.

©국립민속박물관

도성 주변 명승지로 꼽혔다. 그러나 화강석의 질이 뛰어나고 무엇보다 도심과 가까워 채석장으로 널리 활용되면서 환경이 크게 파괴됐다. 현재 서울경찰청 기동본부와 창신아파트 서편에 산의 단면을 잘라낸 듯한 수직절벽이 눈에 들어온다. 바로 이곳이 채석장소다. 고종대 경복궁 주요 전각을 중건할 때 창신동 채석장의 돌을 가져다 썼다. 《경복궁영건일기》는 광화문 선단석뿐 아니라 영추문 홍예석[+], 경회루 기둥도 창신동에서 가져왔다고 언급한다.

[+] 虹霓石·아치형 석재.

경복궁 전각, 창신동 채석장 돌로 건축

　도심의 대형 공사장들도 창신동 돌을 탐냈다.《경운궁중건도감의궤》에 의하면, 1906년 벨기에 공사관이 공사관 건물을 신축하기 위해 영풍정 뒷산의 석재 사용 허가를 요청했지만 경무청은 금처禁處라며 불허했다. 일제강점기에도 1912년 조선은행(현 한국은행)과 1925년 경성역(현 서울역), 1926년 경성부청(현 서울시청)과 조선총독부를 지을 때 창신동 석재를 사용했다. 광복 후 시영채석장이 운영되다가 주민 민원이 제기되자 1961년 폐쇄됐다. 현재 암벽은 콘크리트로 덮여 있는 상태며 채석장 터 가까이는 쓰레기 처리시설과 무허가 주택들이 들어서 있다. 창신동 채석장 동편의 숭인동 동망봉도 채석장으로 쓰여 숭인주차장 쪽이 절개돼 있다.

　안암동 고려대 뒷산인 개운산開運山은 조선 초부터 채석장으로 활용됐다.《세종실록》세종 2년(1420) 8월 17일 기사에 따르면, 왕릉 석실 덮개가 너무 무겁고 부피가 커 운반에 어려움을 겪자, 태종(상왕)은 "두 개로 나눠 옮기라"고 명한다. 신하들이 이를 반대하자 상왕은 안암동 석처⁺로 직접 거둥해 석공을 시켜 철퇴로 덮개돌을 쪼개 둘로 만들어 버렸다. 안암동의 석처는 지형적 구조로 봤을 때 개운산으로 추정된다. 개운산은 돌산으로 모양이 북처럼 생겼다고 해서 북바위, 한자로는 고암鼓岩 또는 종암鐘岩 등으로 불렸다. 오늘날 종암동의 지명이 여기서 유래했다.

⁺ 石處·채석장.

《경복궁영건일기》에 해창위계海昌尉契 돌을 사용했다는 기록이 몇 군데 나타나는데 이 역시 개운산을 일컫는다. 개운산 동편의 숭례초 주변에 현종의 3녀 명안공주明安公主(1665~1687)와 남편인 해창위海昌尉 오태주吳泰周(1668-1716) 묘가 있어 일대를 이렇게 불렀다. 해창위와 명안공주의 묘는 안산 시사동으로 이장됐다.

고려대 북쪽 개운산도 채석장으로 유명

개운산 채석장은 종암 채석장이라고도 했으며, 지금도 개운산 북쪽의 개운초, 개운산 남쪽의 종암중 주변에서 채석장 자취가 발견된다. 고려대 석조건물 건축 때 종암채석장의 돌을 이용했으며 채석장은 1960년대까지도 운영됐다.

북한산 칼바위능선 자락에 있는 성북구 길음뉴타운 신안파크아파트, 길음중·길음초 일대에도 대형 채석장이 존재했으며 이곳에서는 비교적 최근인 1970년대 후반까지 채석이 이뤄졌다. 조선시대 건축용 석재가 채취됐고 일제강점기에는 길음동에 대규모 공동묘지가 조성되면서 묘지 비석이나 계단을 만드는 대리석을 생산했다. 채석장은 90도에 가까운 가파른 직벽으로 돼 있어 한때 생활고를 겪던 사람들이 절벽 위에서 투신하면서 '자살 절벽'으로 불리기도 했다.

19세기 중반, 시멘트가 발명되기 전에는 석재가 최고의 건축자재였다. 조선시대 서울은 성곽은 물론 궁궐, 왕릉, 각 관청, 벼슬아

| 창신동 채석장 흔적 |

| 창신동 채석장 터의 무허가 건물들 | 창신동 채석장은 폐쇄 후 방치돼 쓰레기 처리시설과 무허가 주택들이 생기면서 도심 흉물이 됐다.

치들의 고급 주택 등의 석재 수요는 지방의 다른 도시와 비교도 할 수 없을 만큼 많았다. 다행히 서울은 지질구조가 암반인 데다 크고 작은 바위산이 곳곳에 있어 양질의 화강석을 쉽게 구할 수 있었다. 조선시대 서울의 주요 채석장은 어디에 있었을까.

국립문화재연구원이 조선왕조실록과 비변사등록, 승정원일기 등 총 79종의 문헌, 592건의 기사를 분석한 결과, 석재 공급처는 아래 표와 같았다.

조선시대 한양의 채석장

궁궐	인경궁, 창덕궁, 창경궁, 경희궁, 경덕궁, 대보단, 경복궁 등	창의문 밖, 우이동(우이천 계곡), 창의문 밖 사암동(獅岩洞·평창동), 옹암동(瓮岩洞·독바위역), 선암(禪岩·인왕산 선바위) 근처, 조계(북한산 구천계곡), 노원(수락산), 삼청동(삼청공원 동북쪽), 옥천암(홍은동), 영풍정(창신동), 해창위계(종암동), 납대울(불암산 아래 중계동), 상계, 손가정(孫哥亭·북한산 정릉3동), 동소문 밖, 안남동(安南洞), 사월리(沙月里), 불암(불암산), 홍제원 근처, 수마동(水麻洞·홍은동), 청수동(淸水洞·정릉4동), 한북문(漢北門·홍지문) 밖
종묘	정전, 영녕전	조계, 창의문 밖, 노원구내동(仇乃洞)
진전		도성암(道成菴·수유동), 조계, 우이동
사묘		창의문 밖 서운사(棲雲寺) 근처, 노원
성곽		성 밖 사동(寺洞·홍제동 인왕중 일원) 근처, 성내 사동(寺洞), 소녹번(불광역), 대녹번(녹번역 남쪽), 안현(안산) 아래 동네 골짜기, 노원, 성밖 두모현(옥수동)
왕릉		조계, 노원 중계·상계, 불암, 사기막동(고양 효자동), 우이동, 중흥동(고양 북한동), 진관 삼천리동(은평구 진관동 삼천사 계곡), 가오리(수유동)

조선 초와 중기에는 가까운 도성 주변에서 석채를 취재했지만 조선 후기 이후 풍수지리에 입각해 설계된 한양 궁궐을 중심으로 주변 사산四山의 지맥地脈을 보존하기 위해 채석을 엄격히 금지했다.

조선 전기는 삼청동, 인왕산 북쪽에서 채석

정조 대 경복궁에서 700m 남짓한 서촌 명소 필운대弼雲臺(이항복 집터)에서 돌을 캐다가 적발돼 논란이 됐다.《금위영등록》정조 11년(1787) 7월 18일 기사에 따르면, 비변사가 정조에게 "필운대 근처의 석재를 떠낸 일이 있다고 많은 사람들이 말하니 매우 놀랍습니다"고 고했다. 정조는 "관련된 자를 엄히 다스리고 떠낸 곳을 즉시 메우라"고 명했다. 그러나 조선 말까지도 중요한 전각이거나, 돌이 무거워 불가피하게 도성 안에서 부석해야 할 경우 삼청동에서 채석했다. 고종 2년(1865) 경복궁 중건 때 경회루 돌기둥과 신무문 홍예석을 삼청동에서 부석했다.《경복궁영건일기》고종 2년(1865) 5월

| 숭인동 동망봉 채석장 모습 | 창신동 채석장 동편 동망봉에도 넓은 절개 면이 드러나 있다.

26일 기사는 "경회루 돌기둥 1개를 삼청동에서 떠내어 묶어서 끌어왔다. 금위대장 이경하가 휘하의 병사 300명을 데리고 하루 반 동안 끌어서 궁 안으로 옮겼다. … 기둥은 48개이며 훈련도감, 금위영, 어영청의 삼군영에서 각각 16개를 담당하여 떠서 가져왔다"고 했다.

삼청동 채석장의 정확한 위치는 모른다. 다만,《금위영등록》숙종 30년(1704) 5월 20일 기사는 "노인들이 전하는 말로는 경회루(임진왜란 화재 이전 건물) 돌기둥을 삼청동 동쪽 비탈에서 떠냈다고 하였는데…"라고 했다. 이 기록으로 미루어 보아, 말바위 전망대 아래쪽으로 짐작 간다.

창의문 밖은 통칭해 서교西郊로 분류된다. 도성 근처 5리(2km) 내외 지역으로 조선 초·중기 석재 주요 공급지였다. 대표적인 부석처로 사동, 녹번, 옥천암, 옹암동, 사암동 등이 있다.《금위영도성개축등록》,《금위영등록》,《어영청등록》등 군영 등록에는 성곽을 축성하기 위한 채석지로 사동이 오랜 기간 반복적으로 등장한다.《여지도》의 〈도성도〉에 표기된 사동寺洞은 현재 서대문구 홍제3동이며 인왕산 서북단의 지역이다.

돌산인 인왕산과 그 맞은편 안산 자락에는 채석처가 집중적으로 분포했다. 안산 동북 사면의 기원정사(홍제동 79-116) 뒤편, 인왕산 서쪽 사면의 환희사(홍제동 산 1-1) 진입로, 문화촌현대아파트(홍제동 463) 뒤편, 인왕산 남쪽의 인왕사(종로 무악동 산 2-13)와 인왕산 선바위(무악동 산 3-12) 절개지 암벽이 채석장으로 쓰였을 것으로 추정된다. 보물 마애보살좌상, 일명 '보도각 백불'이 있는 옥천암에서도

| 돈암동 개운초등학교 뒤편의 채석장 자취 | 종암 채석장으로도 불렸던 개운산 채석장은 조선시대뿐만 아니라 1960년대까지도 활발히 운영됐다.

| 채석을 금지하는 표시인 '금표' | 지맥 보호를 위해 바위에 채석 금지를 새겼다.

©국가유산청

채석을 했다. 《경복궁영건일기》1865년 기록은 광화문 홍예석을 옥천암에서 부석했다고 했다. 백불 인근의 암반에서 채석 흔적이 관찰된다.

조선 후기 이후 수락산·북한산에서 집중 채취

성곽 축성의 부석처로 녹번도 자주 나타난다. 《금위영도성개축등록》숙종 26년(1700) 2월과 7일 기사는 "숭례문 북쪽과 남쪽의 성곽이 붕괴된 부분을 녹번현 근처에서 돌을 가져와 개축한다"고 했다. 《여지도》를 비롯한 여러 한양 지도에서 대녹번과 소녹번이라는 명칭이 확인된다. 지하철 3호선 녹번역 근처 레미안 베라힐즈 아파트(녹번동 283) 뒤편 등산로와 공원에서 채석장 자취를 찾을 수 있다.

옹암동은 녹번의 북쪽에 위치한 북한산 자락으로 지하철 6호선 독바위역 부근을 말한다. 북한산 족두리봉(수리봉)은 독처럼 생겼다고 해서 옹암甕岩 또는 독바위로 불리기도 했다. 채석장은 불광사(불광동 25-1) 일원으로 보인다. 창의문 밖 사암동은 《창덕궁만수전수리도감의궤》1656년 기록에 부석처로 기록돼 있다. 사암獅岩은 사자바위다. 《동국여도》〈연융대도鍊戎臺圖〉를 보면 사암은 선혜청 신창(현 예능교회·종로 평창동 156) 뒤에 서 있다.

동대문 밖 채석장은 동교†로 언급되며 노원, 불암, 우이, 조계

---

† 東郊·동쪽 교외.

등이 있다. 광해 9년(1617) 서촌의 궁궐 인경궁의 영건 과정에서 규모가 큰 석재는 동교에서 부석했다는 내용이 나타난다. 18세기 후반부터는 동교가 서교西郊에 비해 훨씬 빈번하게 부석처로 등장한다. 동교 중에서도 노원의 돌을 제일 많이 썼다. 정조 11년(1787)부터 조선 말기인 순조, 헌종, 철종까지의 도성 복원 석재는 도성의 방위에 상관없이 노원에서만 공급됐다.

노원 채석처는 불암산 서쪽 사면인 중계동, 수락산 남쪽 사면인 상계동 등을 말한다. 중계동 납대울 위쪽 학도암 부근에서는 지금도 채석 흔적이 발견되며 수락산 남쪽(현 수락산 스포츠타운 계곡)에는 1960~70년대까지 채석장으로 활용됐던 채석장터가 존재한다. 노원 지역은 도성에서 거리가 43리(17㎞) 이상 떨어져 있어 석재 운송을 위해 많은 공역이 소요됐다. 《숙종실록》 숙종 30년(1704) 3월 25일 기사에 따르면, 도성수축에 소요되는 돌을 노원과 주암舟巖 등지에서 가져오게 했다. 돌을 이동하는 과정에서 많은 사상자가 발생했고 사람들이 모두 원망했다. 따라서 석재 운송 시 중랑천과 한강 수로를 이용했을 가능성도 제기된다.

우이와 조계는 북한산 동편의 계곡들이다. 북한산 여러 계곡에도 부석처가 산재했다. 우이는 현재의 지명과 같으며 북한산 진달래능선 등산로 입구 쪽 우이천 계곡에 채석처 터가 확인된다. 조계曹溪는 수유동 구천계곡을 지칭하며 돌의 품질이 좋아 궁궐과 왕릉의 석재를 이곳에서 많이 조달했다. 구천계곡은 경치가 아름다워 인조의 3남 인평대군이 별장 송계별업松溪別業을 짓기도 했다. 남양주 진건읍 소재 사릉(단종비 정순왕후 능)의 석물도 조계에서 채석했다. 구천계곡 입구의 국립통일교육원 옆 '사릉 석물 채석장 터思陵石物採石場址'가 2019년 8월 서울시 기념물로 지정됐다.

수려했던 명소들, 장기간 채석으로 황폐화

조계와 도성암 채석장은 동일한 장소로 이해되며 가오리 채석장도 조계 부근에 있었을 것으로 추측된다. 정릉계곡의 청수동 채석장은 현재 지명이 사라졌지만 북한산국립공원 정릉사무소 옆에 청수폭포가 있어 청수동이 정릉계곡임을 알 수 있다. 정릉계곡의 암석에서도 채석 흔적이 드러난다.

옛 문헌들은 이들 지역이 모두 아름다운 경관을 자랑했다고 전하지만 오랜 세월 채석장으로 이용되면서 지금은 그런 정취가 많이 사라져 아쉬울 따름이다.

참고문헌

1부 조선의 서울, 한양

1장 낯선 조선, 뜻밖의 서울

소고기 맛에 흠뻑 취하다

1. 김동진, 《조선, 소고기 맛에 빠지다》, 위즈덤하우스, 2018
2. 안대희·김세호·박현순·정재훈·조영준, 《성균관과 반촌》, 서울역사박물관, 2019
3. 강명관, 《노비와 쇠고기》, 푸른역사, 2023
- 고문헌: 《조선왕조실록》, 《승정원일기》, 《비변사등록》, 《동국세시기》(홍석모), 《북학의》(박제가), 《세시잡영》(이덕무), 《목민심서》(정약용), 《어우야담》(유몽인), 《동국여지비고》, 《수운잡방》(김유), 《부사집》(성여신), 《음식디미방》(장계향)

술을 숭배하다

1. 정구선, 《조선왕들, 금주령을 내리다》, 팬덤북스, 2014
2. 엄현상, 〈향음주례와 금주령을 통해 본 조선시대 술 문화 연구〉, 동양대, 2020
3. 장혜영, 《술, 예술의 혼》, 어문학사, 2012
- 고문헌: 《조선왕조실록》, 《승정원일기》, 《용재총화》(성현), 《필원잡기》(서거정)

조선시대 한양도 부동산 불패

1. 유현재·김현우, 〈조선 후기 서울 주택가격 변동과 의미〉, 《조선시대사학보》 제95권, 조선시대사학회, 2020
2. 홍승재·강인선, 〈조선 후기 한성부 상류주택의 규모와 영역별 실구성에 관한 연구〉, 《한국주거학회논문집》 제22권, 2011
3. 《서울 2천년사: 조선시대 서울의 사회변화》, 서울특별시 시사편찬위원회, 2014
4. 〈조선 후기 한성부 토지·가옥 매매문서 1(중부·동부 편)〉, 서울역사박물관, 2023
- 고문헌: 《조선왕조실록》, 《승정원일기》, 《옥호집》(이조원)

떠들썩했던 한양의 설날

1. 《한국세시풍속사전-정월편》, 국립민속박물관, 2004
- 고문헌: 《열양세시기》(김매순), 《경도잡지》(유득공), 《동국세시기》(홍석모), 《조선왕조실록》, 《삼국사기》, 《삼연집》(김창흡), 《견한잡록》(심수경), 《지봉유설》(이수광), 《하재일기》(지규식)

2장 지옥보다 못한 최악의 헬조선

숙종 호시절을 휩쓴 대기근

1. 김미성, 〈조선 현종~숙종 연간 기후 재난의 여파와 유민 대책의 변화〉, 《역사와 현실》 제118호, 한국역사연구회, 2020
2. 김소라, 〈불과 물: 조선 후기 이상저온 현상 속 한성부의 온돌 확산과 청계천 준설〉, 《조선시대사학보》 제102호, 조선시대사학회, 2022
3. 고동환, 《조선 후기 서울상업발달연구사》, 지식산업사, 1998
4. 김덕진, 《대기근, 조선을 뒤덮다》, 푸른역사, 2008
- 고문헌: 《조선왕조실록》, 《비변사등록》, 《성호사설》(이익), 《오주연문장전산고》(이규경), 《임하필기》(이유원)

서소문 밖에 내걸린 범죄자의 머리

1. 김성우, 〈조선시대 감옥, 사형, 그리고 사형장의 변화〉, 《지방사와지방문화》 제19권 1호, 역사문화학회, 2016
2. 심재우, 《네 죄를 고하여라: 법률과 형벌로 읽는 조선》, 산처럼, 2011
3. 김용관, 《서울, 한양의 기억을 걷다》, 인물과 사상사, 2012
- 고문헌: 《조선왕조실록》, 《심리록》, 《코리아리뷰》(호머 헐버트), 《조선과 그 이웃들》(이사벨라 버드 비숍), 《패관잡기》(어숙권), 《나, 코리아》(아손 그렙스트)

한양은 호랑이 소굴

1. 심승구, 〈조선시대 사냥의 추이와 특성: 강무와 착호를 중심으로〉, 역사민속학, 2007
2. 배성열, 〈조선 후기 중앙군영의 착호활동과 의의〉, 한국학중앙연구원, 2021
3. 문종상, 〈17~18세기 조선정부의 포호정책 검토〉, 단국대, 2020
4. 야마모토 다다사부로, 《정호기: 일제강점기 한 일본인의 한국 호랑이 사냥기》, 에이도스, 2014
5. 엔도 키미오, 《한국호랑이는 왜 사라졌는가?》, 이담, 2009
- 고문헌: 《조선왕조실록》, 《승정원일기》, 《일성록》, 《비변사등록》, 《조선견문기》(H.N.알렌), 《상투의 사람들과 함께 한 15년》(릴리어스 호턴 언더우드)

3장 혼돈과 격동의 역사

왜군이 점령했던 1592년

1. 《조선시대 정치와 한양》, 서울특별시 시사편찬위원회, 2013
- 고문헌: 《조선왕조실록》, 《송와잡설》(이기), 《서정일기(西征日記)》(텐케이), 《속잡록》(조경남)

반란군 온데도 임금은 유흥에 빠지다

1. 송웅섭, 〈중종반정 핵심 주동자들과 반정 경위에 대한 검토〉, 《조선시대사학보》 제92호, 조선시대사학회, 2020
2. 《조선시대 정치와 한양》, 서울특별시 시사편찬위원회, 2013
- 고문헌: 《조선왕조실록》, 《음애일기》(이자), 《일성록》

한국판 메이지유신의 3일 천하

1. 신용하, 〈갑신정변의 역사적 성격〉, 《현대사회》 제15집, 현대사회연구소, 1984
2. 문동석, 《한양, 경성 그리고 서울》, 상상박물관, 2013
3. 장규식, 《서울, 공간으로 본 역사》, 혜안, 2004
- 고문헌: 《조선왕조실록》, 《승정원일기》, 《매천야록》(황현)

정치의 변화 따라 바뀌는 정자 주인

1. 《서울의 누정》, 서울특별시 시사편찬위원회, 2012
2. 〈명승 관련 신사료 연강정사기를 통한 18세기 한강 연안 명승의 현황 및 복원방향 연구〉, 국립문화
재연구소, 2015
- 고문헌: 《조선왕조실록》, 《동국여지비고》, 《용재총화》(성현), 《다산시문집》(정약용), 《동각잡기》(이
정형), 《홍재서》(정조), 《견한잡록》(심수경)

4장 발길 닿는 곳마다 명승지

조선 팔도 과거응시자들의 성지, 한양도성

1. 《서울한양도성》, 서울역사박물관, 2015
2. 《도성일관》, 한양도성박물관, 2015
3. 《서울 도성을 품다》, 서울역사박물관, 2012
4. 《도성과 마을》, 한양도성박물관, 2014
- 고문헌: 《경도잡지》(유득공), 《한경지략》(유본예), 《춘성유기》(유득공), 《무명자집》(윤기), 《번암집》
(채제공), 《조선왕조실록》

불우한 양반 거주지에서 외세 각축장으로, 명동

1. 김영환, 〈이희승의 '딸깍발이'에 나타난 선비관 비판〉, 《선도문화》 제20권, 2016
2. 진민희, 〈심능숙의 남고시사 연구〉, 성균관대, 2023
3. 〈명동변천사〉, 《중구향토사자료》 제7집, 중구문화원, 2003
4. 〈서울 문화유산 답사 1번지 중구〉, 《중구향토사자료》 23집, 중구문화원, 2022
- 고문헌: 《매천야록》(황현), 《조선왕조실록》, 《동국여지승람》, 《이계집》(홍양호), 《임하필기》(이유원)

승과 시험 보려는 스님 벌판, 강남 삼성동

1. 《서울의 사찰》, 서울역사편찬원, 2024
- 고문헌: 《조선왕조실록》, 《신증동국여지승람》, 《동국여지지》, 《고려사》, 《용재총화》(성현), 《홍재전
서》(정조), 《화계사략지》, 《동국여지비고》

원래는 강북 뚝섬의 일부, 잠실

1. 경강, 《광나루에서 양화진까지》, 서울역사박물관, 2017
- 고문헌: 《승정원일기》, 《연강정사기》(엄경수), 《견한잡록》(심수경), 《퇴계선생문집》, 《일성록》, 《국토
정보플랫폼》

2부 한양의 사람, 삶의 이야기

5장 조선의 주인, 경화사족

조선의 지배자, 동방갑족 문벌가

1. 《서울사람들의 생로병사》, 서울역사편찬원, 2020
2. 《중구사화(中區史話)》, 서울 중구문화원, 1997
3. 《한국야담사화집》, 동국문화사, 1959~1961
- 고문헌: 《조선왕조실록》, 《승정원일기》, 《경도잡지》(유득공), 《오주연문장전산고》(이규경), 《문곡집》(김수항), 《묵재일기》(이문건), 《흠영》(유만주), 《청음집》(김상헌), 《동국여지비고》, 《다산시문집》(정약용)

천하 호령하던 벌열가문

1. 배우성, 〈종로 시전 뒷길의 능성구씨들〉, 《서울학연구》 제67호, 서울시립대 부설 서울학연구소, 2017
2. 배우성, 〈전동 큰 길 주변의 근대와 조선 벌열가문의 후예들〉, 《서울과 역사》 제101호, 서울역사편찬원, 2019
3. 오세현, 〈조선 후기 한양 동부 관동의 인문지리와 연안이씨 관동파〉, 《서울학연구》 제61호, 서울시립대 부설 서울학연구소, 2015
- 고문헌: 《조선왕조실록》, 《승정원일기》, 《열양세시기》(김매순)

한양 인구 절반이 노비였다?

1. 최진옥, 〈조선시대 서울의 사족연구〉, 《조선시대사학보》 제6권, 조선시대사학회, 1998
2. 고동환, 《조선시대 서울 도시사》, 태학사, 2007
3. 《조선시대 서울의 사회변화》, 서울특별시 시사편찬위원회, 2014
- 고문헌: 《조선왕조실록》, 《반계수록》(유형원), 《성호사설》(이익), 《홍재전서》(정조)

조선시대 최고 재상은 척추장애인

1. 정창권, 《역사 속 장애인은 어떻게 살았을까》, 글항아리, 2011
2. 《서울사람들의 생로병사》, 서울역사편찬원, 2020
- 고문헌: 《조선왕조실록》, 《해동야언》(허봉), 《경국대전》, 《필원잡기》(서거정), 《어우야담》(유몽인), 《용재총화》(성현)

6장 같은 듯 서로 다른 인생

조선에서 가장 천한 무당이 국정농단

1. 손태도, 〈조선후기의 무속〉, 《한국무속학》 제17집, 한국무속학회, 2008
2. 이능화(서영대 역주), 《조선무속고 : 역사로 본 한국무속》, 창비, 2008
3. 장정태, 〈한국불교와 민간신앙의 습합현상〉, 《한국불교학》 제75집, 한국불교학회, 2015
4. 홍태한, 〈도시와 무속 : 서울굿을 중심으로〉, 《실천민속학연구》 제9호, 실천민속학회, 2007
- 고문헌: 《조선왕조실록》, 《매천야록》(황현), 《소호당집》(김택영), 《좌계부담》(작자 미상), 《연려실기술》(이 긍익), 《오주연문장전산고》(이규경)

후궁들, 머리 깎은 비구니 되다

1. 이기운, 〈조선시대 왕실의 비구니원 설치와 신행〉, 《역사학보》 제178집, 역사학회, 2003
2. 탁효정, 〈조선시대 정업원의 위치에 관한 재검토 : 영조의 정업원구기비 설치를 중심으로〉, 《서울과 역사》 제97호, 서울역사편찬원, 2017
3. 탁효정, 〈15~16세기 정업원의 운영실태 : 새롭게 발견된 단종비 정순왕후의 고문서를 중심으로〉, 《조선시대사학보》 제82집, 조선시대사학회, 2017
4. 《정업원구기 : 정밀실측조사보고서》, 서울특별시, 2020
5. 다카하시 토오루, 《이조불교》, 동경 보문관, 1929
6. 김영태, 《한국불교사》, 경서원, 1997

거세당한 내시들이 1등 신랑감이었다?

1. 박상진, 〈은평의 내시·궁녀〉, 《은평향토사료집》 19호, 은평문화원, 2021
2. 《은평발굴 그 특별한 이야기》, 서울역사박물관, 2009
- 고문헌: 《조선왕조실록》, 《고려사》, 《경국대전》, 《연려실기술》(이긍익), 《신증동국여지승람》, 《성호사설》(이익)

군인인구만 5만 명, 군인 도시 한양

1. 노영구, 〈조선후기 전술변화와 중앙 군영의 편제 추이〉, 《군사연구》 제144집, 2017
2. 이수환, 〈19세기 전반기 삼군문의 운영실태〉, 영남대, 2007
3. 《한양의 삼군영》, 서울역사박물관, 2019
4. 《한양을 지켜라》, 서울역사박물관, 2020
- 고문헌: 《조선왕조실록》, 《승정원일기》, 《난리가(亂離歌)》, 《시폐(市弊)》

7장 삶과 죽음이 공존하는 공간

도시의 하수구, 청계천

1. 〈청계천, 중구의 물길을 따라〉, 《중구향토사자료》 제13집, 중구문화원, 2012
2. 〈문학속에 피어난 서울 중구〉, 《중구향토사자료》 제22집, 중구문화원, 2021
3. 《다시 찾은 청계천》, 서울역사박물관, 2005
4. 《청계천》, 서울역사박물관, 2006
- 고문헌: 《조선왕조실록》, 《한경잡영》(강준흠), 《목민심서·다산시문집》(정약용), 《하재일기》(지규식), 《경도잡지》(유득공), 《추재집》(조수삼)

서울 공식 공동묘지, 마포·이태원

1. 이의성, 〈근대도시계획과정에서 나타난 공동묘지의 탄생과 소멸: 서울 사례를 중심으로〉, 서울대학교 대학원 석사학위논문, 2020
2. 정일영, 〈식민지 조선에서 죽음을 기억하는 두 가지 방식: 용산 사자공간의 의미 변화를 중심으로〉, 《서울과 역사》, 2019
3. 〈경성부내 공동묘지 사용지역〉, 매일신보, 1913. 9. 7
4. 《국역 경성부사》, 서울특별시시사편찬위원회, 2015
5. 《서울사람들의 생로병사》, 서울역사편찬원, 2020

배추와 미나리로 명성, 왕십리·서대문

1. 이민우, 《조선시대 성저십리의 농업》, 서울역사편찬원, 2019
2. 《조선시대 서울의 의식주와 시민생활》, 서울특별시 시사편찬위원회, 2014
- 고문헌: 《조선왕조실록》, 《연암집》(박지원), 《장원서등록》, 《도문대작》(허균), 《동국여지비고》, 《한경지략》(유득공), 《북학의》(박제가)

산적이 우글대던 고개, 종로·중구

1. 《서울의 고개》, 서울특별시사편찬위원회, 1998
2. 《서울지명사전》, 서울특별시사편찬위원회, 2009
- 고문헌: 《조선왕조실록》, 《지봉유설》(이수광), 《동국세시기》(홍석모)

8장 오백년 사직 지킨 이데올로기

음악 관장하는 예조 관리들의 놀이터, 육조거리

1. 《한양의 중심, 육조거리》, 서울역사박물관, 2020
2. 《육조거리, 한양의 상징대로》, 서울역사박물관, 2021
- 고문헌: 《조선왕조실록》, 《승정원일기》, 《일성록》, 《경국대전》, 《삼봉집》(정도전), 《허백정집》(홍귀달), 《용재총화》(성현), 《송와잡설》(이기), 《기재잡기》(박동량)

70·80대 학생들의 공부 성지, 성균관

1. 이순우, 〈근대시기 사부학당 터의 위치 확인과 공간 변화과정에 대한 고찰〉, 《향토서울》 제89호, 서울특별시 시사편찬위원회, 2015
2. 《성균관과 반촌》, 서울역사박물관, 2019
3. 《조선시대 서울의 교육과 학문》, 서울특별시 시사편찬위원회, 2014
- 고문헌: 《조선왕조실록》, 《승정원일기》, 《구봉집》(김수인), 《매산집》(홍직필), 《퇴계집》(이황), 《운암잡록》(유성룡), 《반중잡영》(윤기), 《홍재전서》(정조), 《이재난고》(황윤석), 《한경지략》(유본예), 《소요재집》(최숙정)

궁궐·도성 석재의 주요 석산, 삼청동·창신동

1. 《조선시대 궁릉에 사용된 석재 산지》, 국립문화재연구원, 2023
2. 《도성발굴의 기록 III : 종합 보고서》, 서울역사박물관, 2016
3. 《창신동: 공간과 일상》, 서울역사박물관, 2011
4. 《길음동》, 서울역사박물관, 2010
5. 성북마을아카이브, 성북문화원
- 고문헌: 《조선왕조실록》

우리가 몰랐던

옛적 서울 이야기

초판 1쇄 2025년 5월 28일

지은이 배한철
펴낸이 허연
편집장 유승현 **편집1팀장** 김민보

책임편집 장현송
마케팅 한동우 박소라 구민지
경영지원 김민화 김정희 오나리
디자인 김보현

펴낸곳 매경출판㈜
등록 2003년 4월 24일(No. 2-3759)
주소 (04557) 서울시 중구 충무로 2 (필동1가) 매일경제 별관 2층 매경출판㈜
홈페이지 www.mkpublish.com **스마트스토어** smartstore.naver.com/mkpublish
페이스북 @maekyungpublishing **인스타그램** @mkpublishing
전화 02)2000-2631(기획편집) 02)2000-2646(마케팅) 02)2000-2606(구입 문의)
팩스 02)2000-2609 **이메일** publish@mkpublish.co.kr
인쇄 · 제본 ㈜M-print 031)8071-0961
ISBN 979-11-6484-778-5(03910)